天津出版传媒集团
天津人民出版社

图书在版编目（CIP）数据

三国绝对很有趣 / 李飞著 .—天津：天津人民出版社，2019.4

ISBN 978-7-201-14577-8

Ⅰ.①三… Ⅱ.①李… Ⅲ.①中国历史 – 三国时代 – 通俗读物 Ⅳ.① K236.09

中国版本图书馆 CIP 数据核字（2019）第 038087 号

三国绝对很有趣

SANGUO JUEDUI HENYOUQU

出　　版　天津人民出版社
出 版 人　刘　庆
地　　址　天津市和平区西康路35号康岳大厦
邮　　编　300051
邮购电话　（022）23332469
网　　址　http://www. tjrmcbs. com
电子信箱　tjrmcbs@126.com

责任编辑　刘子伯
装帧设计　孙希前

印　　刷　北京溢漾印刷有限公司
经　　销　新华书店
开　　本　710×1000毫米　1/16
印　　张　16
字　　数　211千字
版次印次　2019年4月第1版　2019年4月第1次印刷
定　　价　42. 80元

前言

preface

这是一个英雄辈出的时代，这是一段带着血腥和诡异的历史。

自汉末黄巾之乱到西晋灭吴，三国硝烟燃烧不过百年，却是流传最广、后人议论最多的一段历史。枭雄、奸雄、英雄；智者、谋者、诈者，犹如云从龙、风从虎，虎啸龙吟，龙争虎斗，激荡人心。霸者趁机于乱世，豪杰崛起于草根，或挥斥方遒，或艰难逆袭，你征我伐，尔虞我诈，铁马银枪，侠骨担当……政治家揣摩它的权谋，军事家研究它的韬略，咱老百姓则痴迷于它的传奇……汉末三国那一段过往，于中国人而言，是一部不同凡响的启示录。

这是中国历史上最为精彩的乱世，雄主谋臣奇谋迭出，云诡波谲：既与强敌一较生死于外，又与政敌智勇博弈于内，殿上殿下，兄弟之间，卧榻之侧，看不见的刀，触不到的剑，却往往伤人于无形，福祸生死，就在一夕之间。一段三国，时时上演着成王败寇的历史故事。

这是一个津津乐道的话题。正史记载，野史传说，小说演义，影视编排，不同时期，有着不同的理解，不同的人有着不同的感悟，不同作品有着不同的描述，是是非非、真真假假，众口不一，众说纷纭，疑窦丛生……历史，

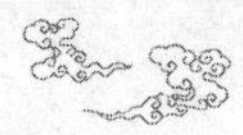

就像犹抱琵琶的少女，面纱的背后还得我们自己亲自探索。

这是我们精心撰写的历史。本书站在大众视角，揭秘正史，穿插野史，通过现代思维，以故事讲述人物，以人物回顾历史，以历史了解文化，以文化解读人性。全书史实翔实，贴近真实历史，诙谐叙事，通过写人物的命运，来写时代风云，通过写时代风云，来写历史规律。我们把英雄请下了神坛，使人物呈现本色，力图恢复历史的原貌。读过之后你会发现，这样的三国比演义还精彩！

第一卷 枭雄当道

雄霸辈出似潮涌，不尽长江滚滚来

第二卷　谋定天下
夺命从不刀血刃，运筹决算有神功

第三卷 耀武扬威

战马刀枪许岁月，剑断黄沙飞热血

第四卷 名士风流

半是佯狂半酒狂，虚名真意两相忘

第五卷　红颜往事

长息伊人成往事，红颜薄命古今同

第六卷 奇人异事
白鹤高飞不逐群，天下人间一片云

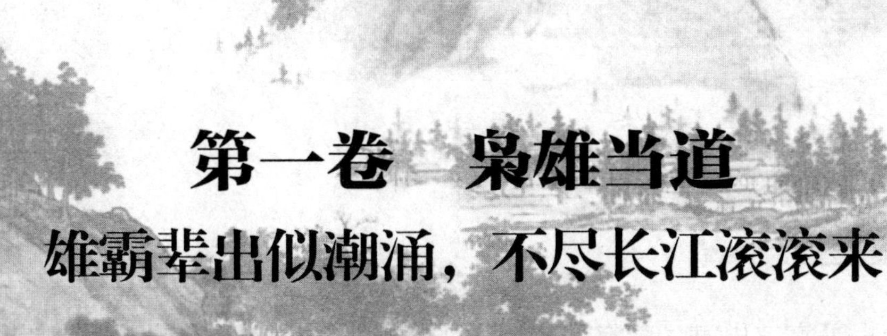

第一卷　枭雄当道

雄霸辈出似潮涌，不尽长江滚滚来

东汉末年，帝王昏庸，吏治腐败，社稷崩坏，各路豪杰趁势而起。一时间，神州动荡，风起云涌，大小军阀，相互攻伐。大浪淘沙之下，究竟谁是枭雄?

何为枭雄？枭者，凶猛之谓；雄者，骁勇雄豪。

枭雄和英雄其实差不多，都说乱世出英雄，其实乱世更出枭雄。名垂千古者是英雄，得天下者往往是枭雄。其原因渺渺不可言说。

董卓：穷凶极恶之极品

野蛮凶狠富家子

董卓是富家出身，董家是凉州陇西临洮县的大族，但属于没有文化的土豪。

董卓自小养尊处优，少年时期便形成了一种放纵任性、粗野凶狠的性格，他“少好侠，尝游羌中”，“性粗猛有谋”。董卓不仅体魄健壮，力气过人，还通晓武艺，骑上骏马，能带着两张弓，左右驰射。他那野蛮凶狠的性格和粗壮强悍的体魄，使得当地人们都畏他三分，不仅乡里人不敢惹他，周边羌人也不敢有丝毫怠慢。他倚仗地主豪强的出身和富足的资产，多与羌族部落酋长交往。

羌族首领惧于董卓淫威，极力迎合趋附他，并与之结好，称兄道弟，以求暂时相安无事。董卓见羌人如此敬畏自己，便寻思如何来利用和控制他们，培植自己的势力。他挥金如土，每当羌人首领来家作客，便杀牛宰羊大肆款待，以此收买人心。

羌人一方面惧怕董卓的凶悍，一方面感激董卓的“豪爽”，所以都归附他，愿意听候他调遣。除了结交羌人，董卓还拉拢、兼并其他地方势力，不断巩固和扩大自己的力量。他经常扮演游侠豪杰的角色，在当地享有“健侠”

的美名。同时，董卓还收罗大批失意、落魄的无赖之徒，他们为董卓的“义气”所感动，愿意死心塌地跟随左右。当时，董卓就出任州兵马掾一职，负责带兵巡守边塞，维护地方治安。这样一来，董卓通过控制更多的羌人，为他今后势力发展奠定了坚实的基础。一时之间，董卓成为闻名陇西的风云人物，不管是在官府，还是在民间，董卓都具有举足轻重的地位。

趁乱世，雄起

黄巾之乱爆发以后，东汉朝廷派皇甫嵩、朱儁领兵征讨颍川，同时，任命卢植为中郎将，征讨河北黄巾军。本来，卢植已经取得了初步的胜利，但由于得罪了前来视察军事战况的宦官特使，遭到诬陷，无辜被囚，随后，朝廷任命董卓为中郎将，代替卢植继续攻打河北黄巾军。

黄巾之乱虽然被平定，但主要是人家皇甫嵩的功劳。董卓呢？未建寸功，“军败抵罪”，被免了官。所幸董卓这个人善于钻营，贿赂十常侍，当凉州战事再起，董卓又被起用。

在征讨凉州叛乱的过程中，董卓开始有了闪光的功勋。

某一夜，皓月当空，群星灿烂，夜半时分，静悄悄的夜空突然出现一道长达十余丈的流星雨，半壁天空火光如柱，惊得边章、韩遂军营中的战马狂嘶不已。熟睡中的士兵惊醒后也被这一突如其来的怪异现象吓得目瞪口呆，不知所措。他们以为这是战争将败的不祥之兆，不愿再留在这里打仗，都想归回旧地金城。顿时，整个军营一片骚乱，久久不能安静下来。

董卓得知以后，当机立断，立即与鲍鸿等人合兵夹击。由于对方军心受

到影响，组织不严，大部分士兵根本没有思想和防卫准备，顷刻之间遭受沉重创击，死伤无数。董卓大获全胜；边章、韩遂败走榆中。

汉家军队见敌军溃败，觉得机会难得，便合兵追剿。由于金城是羌人的本家，势力无所不及，到处都驻有军队，而汉军盲目深入西羌，又犯了“穷寇勿追”的兵家大忌，在追赶过程中，遭到数万名羌人围击。孤军深入的东汉大军完全陷入西羌部队的分割包围之中。由于后方援军无法及时赶到，不到数日，各军粮草殆尽，而围兵不仅没有丝毫减退，反而进攻更加猛烈，情势十分危急。当时，由周慎等人率领的军队被彻底击溃，只有董卓军队设计得脱。沉着老练的董卓在如此情况下，仍不惊慌，他命令士兵在河中筑一高堤坝，截断上游的流水。羌人对此感到莫名其妙。这时，羌骑侦察回来传出消息说，东汉军队整天在坝中捕捉鱼虾。西羌将领以为董卓军粮已尽，只得靠捕捉鱼虾充饥，于是便放松了警惕，只围不攻，想困死董卓的军队。可是，很久都不见动静，等羌骑探明情况时，董卓军队早已消失得无影无踪，不知去向。原来，董卓筑坝的真正目的是迷惑敌人，以此作掩护，然后伺机悄悄撤退。胡兵、羌骑听闻董卓军队逃遁，前往追击，由于河水太深，无法渡河。因抗击边章、韩遂有功，表现突出，董卓不久便被封为台乡侯，食邑千户。

镇压凉州叛乱以后，董卓实力越来越强。其军队主体是战斗力强悍的湟中义从和其他羌汉混合兵。这是董卓培植豢养的一支私兵，只听命于董卓。

东汉政府为了巩固西北边防，需要董卓这样的人。但董卓的迅速壮大，又让东汉政府忐忑不安，于是，朝廷先后两次要董卓到洛阳任职，甚至打算让他做位列九卿的少府，其目的显然是要夺他的兵权。但每次一调任，凉州的羌族就开始搞事，董卓就赶紧告诉朝廷，这边又发生动乱了，我离不开啊。至于这些羌族和朝廷为什么这么有默契，我们就不得而知了。

无奈之下，东汉政府只能退让一步，给他一个实权很大的官职——并州牧，这也可以把他调离其根据地凉州。董卓看穿了朝廷的用心，遂要求带

上亲兵。国家疲弱之际，无力和强臣讨价还价，只好答应董卓的要求。于是董卓带上三千亲兵，前往并州赴任。

董卓赴任过程中，汉灵帝驾崩了，给东汉王朝留下了一个重大的历史转折点，这个转折点好像是专门给董卓预备的。董卓嗅到了机会，不顾朝廷下诏阻止其进兵，直奔洛阳。

满城尽是西凉军

董卓能带兵进洛阳，多亏了一个人的“帮助”，这个人就是大将军何进。何进这个人用现在的话说，就是脑残，他飞黄腾达之前就是个屠夫，当然，不是说屠夫就一定头脑简单，但何进绝对没多少脑子。若单以能力论，何进或许也只能流连于市井。但他有个好妹妹，何氏根据选择宫女的制度被选入掖庭，得到汉灵帝刘宏的临幸，生下皇子刘辩，逐步登上皇后之位。于是何氏一门平步青云，父何真封舞阳侯，母称舞阳君，兄何进官拜大将军，手握兵权。但大将军的头衔也不能掩盖他的愚蠢，东汉彻底崩坏有其很大的责任。

汉朝的政权有个奇葩的传承，就是外戚专权。这一点从刘邦开始，吕后专权。雄才大略的汉武帝也未能免俗，每一次成亲都重用老婆的娘家人，卫青、霍去病、李广利、霍光。但汉武帝这个人狠，外戚也不敢造次，能力都不俗，功劳也都挺大。可汉武帝一死，外戚就越来越嚣张了，霍光废立皇帝，王莽作乱，光武中兴仍然没能解决好外戚问题，从东汉第四任皇帝汉和帝刘肇开始，又形成了一个恶性循环圈——外戚和宦官轮流专政。

刘肇即位时年幼，仅有10岁，只得依靠太后窦氏，窦太后的哥哥窦宪于

是把持朝政。皇帝想夺回权力，无法借助朝臣之力，只能依靠宦官。后来，汉和帝在中常侍郑众的帮助下，消灭窦氏势力，论功行赏，郑众自然是首功。于是宦官开始干政弄权。

刘肇死后，皇后邓绥立刚刚出生百余日的刘隆为帝，史称汉殇帝，汉殇帝短命，仅当了220天皇帝的刘隆悄然离世。刚满13岁的清河孝王刘庆之子刘祜又被立为皇帝，是为汉安帝。邓太后掌握大权，引用外戚，但她汲取窦太后覆灭的教训，尽量恭谨守法，礼待宦官郑众、蔡伦等人。邓太后死，安帝亲政，邓氏一门立遭贬黜，邓骘等兄弟子侄7人被迫自杀。邓氏被灭，宦官并未得势，安帝又引其母家耿氏，妻家阎氏等外戚掌权，但更加骄横无度，政治也愈加腐败。

安帝死，阎皇后无子，便先废了安帝的独子济阴王刘保，然后找个幼儿刘懿为皇帝，想自己垂帘听政，掌握朝政大权。刘懿做了7个月的皇帝就死了，宦官曹腾、孙程等十九人便发动宫廷政变，赶走阎太后，将时年11岁的刘保拥立为帝，是为汉顺帝，那十九位拥立刘保的宦官也全部封侯。汉顺帝因宠爱梁皇后，梁皇后的父亲梁商、弟弟梁冀先后当大将军。梁冀跋扈专权，又与宦官勾结，开始了长达二十多年的梁氏专权。

顺帝死，梁冀连续立冲、质、桓三帝。汉桓帝与宦官单超等合谋消灭梁氏势力，宦官又开始专权。

桓帝死，皇后窦妙临朝问政。桓帝无子即位，窦妙与其父窦武等商议，最终选择了汉章帝玄孙刘宏继承大统，是为汉灵帝。从此窦武把持朝政，并密谋铲除宦官。但不料被宦官势力反扑，窦氏灭族。宦官集团再次成为胜利者，即我们所熟知的“十常侍”。

汉灵帝死，汉少帝刘辩即位，刘辩的母亲何太后把持朝政，何太后的哥哥就是何进！

东汉王朝，迎来了外戚与宦官的最后一次火并。何进为了不致重蹈窦武

的覆辙，增加自己致胜的筹码，许诺给董卓以好处，以圣旨名义召他立即进京讨伐宦官张让等人。地方豪强趁机上台，把持了政权，天下就这么乱了。

董卓接到圣旨后，大喜过望，立即召集人马，即日引军进京。谁知他还没赶到洛阳，何进就在争斗中被张让等人杀了。这时，虎贲中郎将袁术也在洛阳统兵，听闻何进被杀，放火烧毁南宫，追杀张让等人。张让、段圭等无力还击，劫持少帝和陈留王刘协逃去。尚书卢植、河南中部掾闵贡率军追到，张让等人投河自尽，卢植又把少帝和刘协迎回宫内。

奉何进之令入京“勤王”的董卓来到京城西，听说少帝一行在北边就要回宫了，就率军与大臣们一起到洛阳城北的北邙山下迎接少帝。少帝望见董卓突然率大军前来，吓得哭泣流泪。董卓上前与少帝叙话，少帝说起话来语无伦次，而一旁的陈留王则对答如流。董卓十分高兴，觉得陈留王比少帝贤能，而且认为自己与抚养陈留王的董太后是同族，于是心里有了废黜少帝，改立陈留王为皇帝的念头。

董卓把刘辩奉迎至皇宫后，开始挟天子以令诸侯。长期统兵的董卓深知：要想征服百官、控制朝廷，必须先掌握强大的军事力量。初到洛阳时，董卓部属不到三千人，为了给百官造成强烈的军事威慑影响，他每隔四五天就命令所部晚上悄悄溜出洛阳，第二天早上再浩浩荡荡地开进洛阳，战鼓震天，旌旗招展，俨然千军万马源源不断。几乎所有洛阳人，都被董卓如此强大的实力所吓倒，不敢有丝毫越轨行为。

虽然假象能暂时迷惑人，但终会被人识破。董卓此举当然只能是权宜之计，稍稍调整后，他便开始采取实际行动，以扩充兵力，收揽兵权。大将军何进被张让伏杀后，他的部将吴匡对何进的弟弟车骑将军何苗怨恨很深，认为何苗存心不肯与何进合作，而且还怀疑他与张让勾结，共同对付何进。吴匡感念何进平日对自己有恩，发誓要杀死何苗，替何进报仇。他发动手下士兵，告诉他们说：“是车骑将军何苗勾结张让杀死了大将军，我们一定要替大

将军报仇！”于是，他便联合董卓的弟弟董旻，共同攻杀何苗。何苗死后，董卓坐收渔翁之利，不费一兵一卒收编了何进、何苗的部队。

至此，董卓成功地开辟了一条地方豪强掌权的先河，东汉政权就开始进入了名存实亡的阶段了。

倒行逆施，人神共愤

董卓大权独揽以后，决定废除少帝。他在崇明殿召开百官大会，在他的胁迫下，何太后下诏废黜少帝刘辩，降为弘农王，改立陈留王刘协为帝，这就是汉献帝。何太后呜咽流泪，文武官员满目悲怆，但都不敢吱声。

完成这一法定程序后，何太后已经没有什么用处了，三天后，董卓下令用鸩酒将何太后毒死，何太后的母亲舞阳君亦被杀，尸体抛入御花园。何苗被开棺戮尸。东汉最后一家专权的外戚家族彻底灰飞烟灭。

改立献帝后，董卓将自己升迁为太尉，成为三公之一，后又自封郡侯，拜国相，跃居三公之首，掌宰相权。董卓虽然名为“一人之下，万人之上”的国相，但实际早已不在皇帝之下。在董卓的淫威逼迫和阴谋陷害下，他的竞争对手和朝中许多忠义之臣，不是被逼迫出逃，就是被铲除消灭。董卓恣意玩弄权术，滥杀无辜，引起广大官员和人们的强烈愤慨和反对。

董卓“性残忍不仁，遂以严刑协众，睚眦之隙必报，人不自保”。率兵进洛阳时，见城中富足贵族府第连绵，家家殷实，金帛财产无数，便放纵手下士兵，实行所谓“收牢”运动。这些士兵到处杀人放火，奸淫妇女，劫掠物资，把整个洛阳城闹得鸡犬不宁，怨声载道。

控制中央政权后，董卓残忍不仁的恶性更加膨胀，经常派遣手下士兵四处劫掠，残暴百姓。有一次，董卓部属的羌兵在阳城抢劫正在乡社集会的老百姓。士兵们杀死全部男子，凶残地割下他们的头颅，血淋淋地并排悬挂在车辕上，令人触目惊心，然后掳走大批妇女和大量财物。回到洛阳后，他命手下将领把头颅集中起来加以焚烧，而把妇女和财物赏赐给士兵，却对外人宣称是战胜敌人所得。

迁都长安时，为了防止官员和人民逃回故都洛阳，董卓将整个洛阳城以及附近二百里内的宫殿、宗庙、府库等大批建筑物全部焚火烧毁。昔日兴盛繁华的洛阳城，瞬时之间变成一片废墟，凄凉惨景令人顿首痛惜。

为了攫取财富，董卓还派吕布洗劫皇家陵墓和公卿坟冢，尽收珍宝。

整个洛阳城狼藉不堪，在董卓肆意践踏破坏下，已是千疮百孔，满目疮痍。曹操对此悲愤不已，他写了一首诗《薤露行》，予以讥讽：

贼臣持国柄，杀主死宇京。
荡覆帝基业，宗庙以燔丧。
播越西迁移，号泣而且行。
瞻彼洛城郭，微子为哀伤。

为了自己聚敛巨额财富，董卓大量毁坏通行的五铢钱，还下令将所有的铜人、铜钟和铜马打碎，重新铸成小钱。粗制滥造的小钱不仅重量比五铢钱轻，而且没有纹章，钱的边缘也没有轮廓，不耐磨损。小钱的流通直接导致了严重的通货膨胀：货币贬值，物价猛涨。据史书记载，当时买一石谷大概要花数万钱。老百姓苦不堪言，生活陷于极度痛苦之中。董卓却利用搜刮来的钱财，整日歌舞酒宴，寻欢作乐，生活荒淫无度。

恶事做尽，终是罪孽难逃

董卓的倒行逆施终于激起了全国上下的愤怒与反抗。起初，议郎杨勋与左将军皇甫嵩秘密商议，准备共同讨伐董卓，只是后来由于皇甫嵩被征调，杨勋势单力薄，才就此罢休。

随后，冀州牧韩馥、兖州刺史刘岱、豫州刺史孔伷、南阳太守张咨和渤海太守袁绍等十余人都纷纷起兵反抗董卓，从此便开始掀起了大规模持续反抗董卓的斗争浪潮。

不久，长沙太守孙坚率领豫州各郡军队征讨董卓，在今汝州梁县西南被董卓部将徐荣打败，联合孙坚反董卓的颍州太守李旻也被生擒。

孙坚重整兵马，董卓派东郡太守胡轸督步骑五千攻击孙坚，任吕布为骑督。吕布与胡轸素来不和。孙坚率兵出击，大破董卓军，并斩其都督华雄（三国演义为戏剧效果移花接木给关羽，因而造出了温酒斩华雄）。孙坚趁胜进军，董卓亲自率兵迎战。董卓兵败逃走，屯军渑池。孙坚接着进军洛阳，击败吕布。董卓使东中郎将董越屯渑池，中郎将段煨屯华阴，中郎将牛辅屯安邑，其余诸将分布在诸县，用来防御山东诸军。董卓自己引兵回长安。孙坚于是修整诸皇陵，引兵回鲁阳。

此时，山东诸路豪杰也纷纷揭竿而起，共同起兵声讨董卓。被多方义军逼得无路可走的董卓决定迁都长安，以避锋芒。

司徒王允早有除掉董卓之心，可是考虑到董卓平时戒备森严，而且他本人武力过人，如果不采取周密措施，恐怕不易得手。于是，王允便物色了董

卓的亲信吕布做内应。

《三国演义》中用一出离奇的美人计展现了整个事件的过程。一个倾国倾城的女子为了家国大义，周旋于两个勇猛的男人之间，进而将他们玩弄于股掌之间，略施计谋，便将董卓这一大害轻易除去。这种充满艳情的故事很符合听众的需要，但真实性就值得商榷了。当然，吕布戏貂蝉的故事也不是无中生有，正史中就有吕布因为和董卓的侍婢私通而有所不安的记载。总之，在王允的利诱和挑唆下，吕布和董卓反目了。

当时，正逢皇帝大病初愈，文武大臣都集会于未央殿，恭贺天子龙体康复。吕布借此机会，事先安排李肃等人带领十多名亲兵，换上卫士的装束隐蔽在宫殿侧门的两边。董卓刚到侧门，便遭到李肃等人的突袭。董卓虽然奋力反抗，但已无济于事，当场被杀，并株连三族。

董卓被杀后，据说被暴尸东市，守尸吏把点燃的捻子插入董卓的肚脐眼中，点起天灯。因为董卓肥胖脂厚，火光甚至可以将漆黑的夜晚照亮，燃烧了好几个昼夜才熄灭。如果这一奇异的传闻属实，那么就意味着那几日历经劫难的长安一直处于光亮之中。似乎预示着黑暗已经结束，光明终将来临。

然而，这似乎只是个美好的愿望。

袁绍：矜愎自高的贵公子

出身不佳的贵族子弟

袁绍出身于东汉后期一个势倾天下的官宦世家。从他的高祖父袁安起，四世之中有五人官拜三公：父亲袁逢，官拜司空；叔父袁隗，官拜司徒；伯父袁成，官拜左中郎将，早逝。

虽说家庭背景相当显赫，但袁绍本人的家族地位并不高。这是因为袁绍的母亲很有问题。

公孙瓒在讨伐袁绍时，发布檄文列举袁绍的罪状，其中第九条罪状揭了袁绍身世的老底：

“春秋之义，子以母贵。绍母亲为婢使，绍实微贱，不可以为人后。以义不宜，乃据丰隆之重任，忝污王爵，损辱袁宗，绍罪九也。”

由此可见，袁绍的母亲并不是袁逢的正妻，甚至也不是妾或侧室，只是“婢使”，一个使唤丫头或者女佣之类的地位卑微的女子。袁绍据冀州之后，天下豪杰纷纷前来归附，他弟弟袁术很生气，说道：“群竖不吾从，而从吾家奴乎？”可见，虽是同父所生的亲兄弟，但在袁术眼里，袁绍压根不是哥哥，只是“家奴”而已。袁术为什么这么看不起袁绍？就是因为袁绍的母亲地位太低了。

虽说因为家世背景，袁绍的仕途起步比很多人要高，但相比于袁术还是低了些。十常侍之乱的时候，袁绍是中军校尉，袁术是虎贲中郎将，中郎将的级别高于校尉。董卓霸权的时候，为了拉拢人心，升袁绍为渤海太守、邟乡侯，升袁术为后将军、阳翟侯，后将军的地位堪比九卿，高于太守，阳翟侯是县侯，地位也比邟乡侯高。可见，即便是在袁绍已经成为一颗冉冉升起的政坛新星之时，在当时人眼里，他的身份还是不如袁术尊贵的。说到底，都是因为袁绍的出身不好。所以说他的童年生活不免有些抑郁，因而也养成了袁绍孤傲的性格。

曾经也是进步青年

袁绍深知自己出身的弱点，因而非常注重自身的修养。东汉以孝治天下，袁绍丧母，以古礼守丧三年，又追服父丧，共六年，因而被天下人广为称赞。

袁绍辞去濮阳令离职回家，车马徒众，十分豪华，但将要进入汝南境内时，却把宾客都打发走了，说：“我这样的车马装束，难道可以让许子将看见吗？”

许子将，即许劭，是个有节操的人，在当地很有名气，无论官民都非常敬重他，袁绍为了表示敬意，遣散宾客车马，单身而行。袁绍少年养名，以品行高洁名动天下，为其将来事业的发展打下了坚实的政治基础。

袁绍又好游侠，结交了不少天下豪杰，当时他有四个好朋友都很有名：

名列“八厨”的张邈。张邈少时以侠义闻名，接济贫困，助人为乐，倾家荡产，壮士多有归附于他的，被称为“八厨”之一，曹操、袁绍都是张邈

的朋友。朝廷征召他做官，他以出色的应考成绩被任命为骑都尉，不久又被任命为陈留太守。

为友复仇的何颙。何颙有个朋友虞伟高父仇未报却重病将死，何颙去看望他，虞伟高忍不住向他哭诉，何颙二话不说为他报了仇，用仇人的脑袋祭了虞伟高父亲的坟墓。

陈蕃、李膺谋杀宦官失败后，何颙因与陈蕃、李膺交好，被宦官诬陷，他于是改变自己的姓名，逃亡汝南郡境内。他所到的地方，结纳豪杰，有名于荆州、豫州一带。

袁绍仰慕他的为人，悄悄地与他往来，结为谕德宣誓的朋友。这时党祸起，天下不少人遭了难，何颙经常私下里跑到洛阳，与袁绍一起计议：对一些穷困无助的人，帮助他们渡过祸患。对一些被追捕的人，就大为出谋献计，使他们得以逃跑或隐藏起来，使不少人免于党祸。

赴难不惮的许攸。“赴难”即所谓“救时难”，属于游侠的最高准则。许攸曾与冀州刺史王芬、周旌谋划废掉汉灵帝，诛除宦官，改立合肥侯为帝，匡扶社稷。王芬打算趁着汉灵帝北巡的时候，以征黑山贼为由举兵，但是汉灵帝又刚好收回了兵权，召王芬入朝，王芬心里没底，就自杀了，许攸这才投奔了袁绍。

仗义刺卓的伍孚。伍孚曾是何进的门客，愤恨董卓的残暴不仁、倒行逆施，于是某日怀里藏着佩刀去见董卓，准备找机会暗杀。在向董卓汇报完工作，董卓出来送他的时候，伍孚拔刀刺向董卓。可惜董卓习武出身，身手很不错，伍孚没刺中，反而被董卓拿住。董卓厉声责问：“你难道想造反吗？”伍孚义正词严：“你什么时候成了我的君主？我什么时候成了你的臣子？你这个乱国篡主、罪大恶极的奸贼。今天我就是来诛杀你的，恨不得将你碎尸万段以谢天下。”《三国演义》总赞伍孚道：“汉末忠臣说伍孚，冲天豪气世间无。朝堂杀贼名犹在，万古堪称大丈夫。”

俗话说“物以类聚，人以群分”，由此可见袁绍很年轻时就是个豪杰，其声名远在嫡子袁术之上。袁本初少年豪杰，名不虚传。

据四州，虎视何雄哉

十常侍之乱，袁绍、袁术领兵诛灭宦官，但却被董卓掌握了天下的实际操控权，董卓独断专横，心狠手辣，袁绍、袁术、曹操、鲍信纷纷逃离洛阳。

随着董卓的倒行逆施，各地讨伐董卓的呼声日益高涨。而讨伐董卓，袁绍是最有号召力的人物，这不仅因为他的家世地位，还因为他有诛灭宦官之功和不与董卓合作的行动。于是，关东州郡起兵讨董时，袁绍被推举为盟主。怎奈各路诸侯各自心怀鬼胎，保存实力，真正与董卓交锋的人少之又少，袁绍虽为众望所归，其实很负众望。作为盟主，他既不率先杀敌，也指挥不了这支十余万的大军。最终一场讨伐不了了之。这次董卓讨伐战看似谁也没捞到好处，其实最大的受益人是袁绍，本身没有什么损失，而且作为十三路诸侯的盟主，声望达到了顶点。于是，前来投靠袁绍的豪杰名士络绎不绝。

袁绍充分利用了这次机会，准备抢夺冀州。冀州是个好地方，兵精粮足，袁绍此时虽然有一定实力，但想独自吞并冀州几乎不可能。逢纪献策，与公孙瓒两面夹击韩馥，后又结好韩馥的叛将鞠义，让他进攻韩馥。

冀州太守韩馥是个老实的读书人，胆小软弱，又没多大才能。和公孙瓒打了几仗，都输了。韩馥这个时候已经很自危了，袁绍看准时机派出高干、荀谌去对韩馥“申明大义”，在高干、荀谌的一番恐吓之下，韩馥乖乖让出了冀州，袁绍兵不血刃就吞下了一大块肥肉，开始了他的争霸之途。

也是因为袁绍的势力膨胀，导致了公孙瓒将矛头指向了他。公孙瓒以其弟公孙越的死为借口，出兵讨伐袁绍。在战争初期，公孙瓒的实力占了上风，不过因为对战局判断失误，导致公孙瓒的部队在界桥一战战败后，开始出现了实力下滑。袁绍在截获公孙瓒的求援情报之后，得知其他的援军将以火光为信号来击袁绍。于是袁绍将计就计，夜里以火把为信号，诱使深藏高台之后的公孙瓒出兵。袁绍乘机伏击大败公孙瓒的部队，公孙瓒走投无路之下，杀死妻儿然后自焚而死。

在大败公孙瓒后，袁绍占据了整个幽州，吞并了公孙瓒旧部。这时的袁绍，已拥有冀州、青州、幽州、并州，且四州之地是当时中原最为富庶、辎重最广的土地。袁绍的势力达到顶峰，一跃成为诸侯之首。这期间，袁绍唯一错过的，就是拯救汉献帝刘协，只能眼睁睁地看着曹操从李傕与郭汜手中将汉献帝夺走，迎回许昌，挟天子以令诸侯。

败官渡，戚戚然不得善终

袁绍的成功来得突然，失败来得也很快，序幕在他倾四州之兵马南下攻伐曹操时就拉开了。

官渡之战伊始，即建安五年元月，刘备杀了徐州刺史车胄，决定和袁绍联合起来，对抗曹操。曹操知道刘备绝非等闲之辈，如果不趁他羽翼未丰之时除掉他，任由他坐大会对自己构成极大的威胁，于是决定先领兵攻打刘备。此时，袁绍手下的谋士田丰对他说：“曹操东击刘备，一时半会儿不会罢兵，明公如能举兵偷袭他的后方，令其首尾不能相顾，定可以大破曹军。”但袁绍

却推说孩子有病，不能离开。田丰气冲冲地退了出来，边走边说："庸主啊！千载难逢的时机，就这样浪费了，可惜啊，可惜啊。"袁绍听说以后，恼羞成怒，从此疏远了田丰。

待曹操打败刘备还军官渡后，袁绍才仓促决定出兵，田丰认为战机已失，不可贸然出兵，再次进谏说："曹操既然打败了刘备，现在许都必有重兵把守，已不再是空虚的了。而且曹操善于用兵，变化无常，常能以少胜多，不能等闲视之，需要从长计议。"袁绍不仅不听田丰的劝告，反而以扰乱军心的罪名，将田丰拘押起来。

九月，两军会战，曹军失利，于是深沟高垒，坚守不战。袁绍修筑壁楼，堆起土山，从高处向曹营发箭，一时箭如雨下，曹营招架不住，将士们只得举着盾牌走路，但壁楼、土山不久就被曹军的"霹雳车"轰毁了。一计不成，又施一计，袁绍又暗凿地道通往曹营，不料，曹军早有准备，在营中挖掘长沟进行防御。曹军虽然处于守势，但还是派兵袭扰了袁军的运粮车。

两军就这样处于胶着状态，持续了一百多天，河南老百姓苦不堪言，很多人背叛曹军，投靠了袁军。然而，这种有利于袁绍的态势出人意料地急转直下。这时，袁绍派淳于琼带领万余人北迎运粮车，粮草关系全军安危，谋士沮授特别提醒说："可派蒋奇领一支人马伏于淳于琼之侧，以防止曹操偷袭。"而谋士许攸则提出偷袭许都的建议，因为此时许攸意识到曹军倾巢而出，许都定然守备不足，此时若能派轻骑奔袭许都，能既快又省地结束战斗，而且许攸还料到此时的曹军粮草已然不足，若能攻下许都，则断了曹军粮草的来源，到时曹军自会不战而降。

然而，刚愎自用的袁绍没有听进去分毫，无所动作。事有凑巧，此时有人告发许攸的儿子犯法，袁绍决定要严加惩罚，许攸感到事情不妙，一则自己的儿子犯法自己必然难逃罪责；二来袁绍刚愎自用，败绩必然，不如趁早开溜的好，于是决定投奔曹操。

在许攸的谋划下，曹操亲自领兵赴乌巢袭击袁绍的粮草囤积地，此时，袁军部将张郃主张救乌巢，于是对袁绍说："曹操亲自出马，一旦得手，事情就无可挽回了。"郭图却"别出心裁"地说："不如现在发兵去进攻曹军大营，只要攻拔曹营，曹操就无家可归了。"袁绍认为郭图说得对，于是派高览、张郃率领重兵攻击曹营，而只派一支轻骑救援乌巢。可袁绍哪里知道，曹操既然亲自出马，那曹军大营必定是重兵把守。果然，高览、张郃攻营不下，而乌巢大败的消息却先传来了，二将无心恋战，竟自向曹军投降。

袁绍全军一下子全垮了。慌忙之中，袁绍及长子袁谭各单骑逃遁，直奔黄河渡口。

逃回冀州后，袁绍感到窝囊至极，郁郁而终。袁绍之子袁谭、袁尚在袁绍死后争权相攻，被曹操各个击破。袁谭被杀，袁尚与二兄袁熙逃亡辽西乌丸。曹操北定乌丸后，袁尚、袁熙败走辽东，被公孙康所杀。

在这场战役中，袁绍错过了多次成功击败曹操和挽救战局的机会。比如说，田丰和许攸偷袭许都的建议，都是天赐良机，尤其是许攸提出袭击许都的想法和条件更为成熟，又如张郃建议先救乌巢的想法也是可以扭转战局的意见，但是袁绍都没有采纳，结果一败涂地。

回顾三国那段铁马金戈的历史，官渡之战的刀光剑影犹在眼前。诸葛亮在《隆中对》中评价这场战争时说道："曹操比于袁绍，则名微而众寡。然操遂能克绍，以弱为强者，非惟天时，抑亦人谋也。"在这里，诸葛亮指出了袁绍的名气比曹操大，资本也比曹操雄厚，但曹操最后却得胜了，得胜的原因是"人谋"，诚然这场战争的胜利和曹操善于谋划分不开，但是袁绍在关键时刻的优柔寡断，糊涂无知也是重要的原因。

有了四世三公的名望，有了庞大的军队，对于成就一番事业来说，是多么好的机遇啊，但是袁绍没有把握住，于是历史的天平倾向了曹操，历史的轨迹也不再是以袁绍为主线了。

曹操：宁可我负人，不可人负我

扑朔迷离的出身

曹操的父亲曹嵩被宦官曹腾收养，其本来身份一直存在争议。

读过裴注《三国志》或者《三国演义》的人可能会说，曹操本应姓夏侯，是夏侯惇的堂兄，由于曹操的父亲曹嵩被宦官曹腾收养才改姓曹。这种说法的历史依据见于《三国志·武帝纪》中裴松之注引的《曹瞒传》和《世语》中的一段话："（曹）嵩，夏侯氏之子，夏侯惇之叔父。太祖于惇为从父兄弟。"

持这种说法的人认为，曹操的父亲曹嵩本姓夏侯，夏侯家的祖上是夏侯婴，刘邦帐下猛将之一，多年担任刘邦的马夫兼职护卫，忠心耿耿，多次救主。夏侯惇、夏侯渊等都是夏侯婴的后人。不过到了东汉末年，已经没落到朝中无人的地步，为了谋取政治上的地位，便联合当时的宦官势力曹氏，曹家也是名门大族，是西汉名臣曹参之后，两个很早以前就颇有渊源的大家族因为政治原因再次结合在一起，走向联合，曹嵩被过继给太监曹腾，所以说曹操虽姓曹，却是夏侯氏后裔，也因此才能得到曹家、夏侯家两方面的支持。

也有说法说，曹操就是曹参之后，这种说法源出于《三国演义》第四十三回"诸葛亮舌战群儒，鲁子敬力排众议"——"座上又一人应声问曰：'曹操虽挟天子以令诸侯，犹是相国曹参之后。刘豫州虽云中山靖王苗裔，却

无可稽考，眼见只是织席贩屦之夫耳，何足与曹操抗衡哉！'”说的是，曹操虽然做了很不厚道的事情，但是出身好，好歹是曹相国的后人，刘备虽然口口声声说自己是中山靖王的后人，但无证可查，是为了抬身价自己说的，大家能够看到的，就是他织草席卖草鞋的身份，拿什么和曹操比呢？不过，《三国演义》终究是一本小说，这个证据的可信度非常值得商榷。

2013 年 11 月 11 日，复旦大学历史学和人类学联合课题组发布关于曹操家族 DNA 研究最新成果，首次 100％确定曹操家族 DNA，证实曹操并非汉相曹参后代，曹操 Y 染色体类型为 O2-m268，汉代丞相曹参的家族基因为 O3-002611+，同时推翻了曹操为夏侯氏抱养而来的说法。

至于曹操的祖上到底是什么背景，曹操的身世真相是什么，我们还是等待有关专家慢慢揭开吧。

从小他就不消停

无论曹操姓曹还是姓夏侯，不管他的祖上是谁，但毫无疑问，在当时他是个不折不扣的官宦子弟，但他又不是高衙内那种游手好闲、爱耍流氓的官二代，据说，打小曹操就特别机敏，巧于应变。当然，他也有古代官宦子弟的一些毛病：任性好侠，放荡不羁，不修品行，不好好学习，所以认识他的人当时都觉得他很平庸，认为他必将平庸地度过一生，估计连曹嵩都没料到他儿子日后能成为名震千古的枭雄。

当时只有极少数人看出了曹操的与众不同，梁国的乔玄就对曹操说：“天下将乱，非命世之才不能济也，能安之者，其在君乎？”相比之下，南阳何颙

则更肯定道："汉室将亡，安天下者，必此人也！"南阳许劭看人非常有准头，说得更是一针见血："君清平之奸贼，乱世之英雄。"

天将降大任于斯人也，必先劳其筋骨，苦其体肤，在其他官宦子弟逗猫遛狗、流连花街的时候，曹操在阅读兵法，勤练武艺。

他将自己喜欢的诸家兵法韬略挑出来，一边抄写、一边理解，在家中做沙盘，对一些著名的战役进行复盘和推演。

他四处拜师，闻鸡起舞。为了试试自己的武艺如何，他曾潜入中常侍张让家行刺，在众多护卫的围攻下，竟然跳墙跑了出来。

他的好战个性，从小就显露无遗。

刘邦当年斩过白蛇，曹操当年也单挑过鳄鱼。

十岁那年，有一次曹操在龙潭中玩耍，突然有一条凶猛的鳄鱼想欺负他。但曹操一点也不害怕，反而与鳄鱼缠斗在了一起，鳄鱼从没见过这么凶狠不要命的小孩子，竟然被他吓走了。曹操打过"怪兽"，自然不把其他动物放在眼里，一次，他看到几个大人被一条蛇吓得惊惶失措，禁不住大笑起来："一条小虫而已，有什么可怕的！我在龙潭里单挑过鳄鱼。"众人询问，曹操不无得意地讲述起来，那些大人听完无不惊叹曹操的胆略。

曹操的勇狠、好战，他对兵法的热衷，不久就变成了他的职业素养，跟曹操这个名字有关的故事，几乎都与战争牵连在一起，他这一辈子，似乎不是在打仗，就是在去打仗的路上，当然，也有被打的时候。

他是个不折不扣的战争狂人，是三国史中极为闪耀的一颗明星，客观上，也是寡妇制造者。

来自发小的控诉

在三国群雄中，曹操和袁绍因为都是官宦子弟，相交甚早，很早就在一起厮混了。

后来慢慢长大了，两人都在朝中做了官，面对天下大势，曹操经常与袁绍交流看法，就像后来与刘备“煮酒论英雄”一样。袁绍心眼少，和曹操说话，往往都是有什么说什么，曹操就不一样了，他心眼多，说话总是喜欢说半句留半句。

比如两个人一起起兵讨伐董卓的时候，互相探讨未来发展，袁绍问曹操：“大事如果不顺，有什么后路呢？”曹操反问：“你是怎么想的呢？”袁绍和盘托出：“我南据黄河，北守燕、代，兼有乌丸、鲜卑之众，然后南向争夺天下，这样也许可以成功吧！”曹操的话虽然被后世视为大格局，但依据当时的情境来看，未免有些含糊其辞，他说：“我广纳天下的人才和英雄，以正义之道驾驭他们，应该会无往不胜。”怎么看，曹操的心机都要更重一些。

后来，在两个枭雄创业的初期，袁绍给了曹操不少的帮助，不承想自己的宏图霸业正是被曹操拦腰折断，想必袁绍内心受到伤害的指数一定非常高吧。

正如陈琳那篇著名的檄文里提道：“……于是和曹操共同商讨讨伐董卓，本来以为曹操是英雄之才，可以任用，谁知他愚昧短见，轻易发动进攻，打了大败仗，丧失了许多兵力，袁绍于是又分给他兵力，休整队伍，上表推荐他担任东郡太守；又让他担任兖州刺史，让他披着虎文将袍，交给他军队，

给他奖罚的权力，希望他能够像秦国将军孟明视一样将功赎罪。但是曹操趁机飞扬跋扈，更加变本加厉，剥削人民，残害贤能良善的人，前任九江太守边让，英才俊逸，天下出名，直言正色，从不阿谄奉承，却被曹操杀死把头颅悬挂起来示众，妻子儿女都被杀害。从此官员怨愤痛恨，民怨沸腾，一个人振臂一呼，整个州群起响应，所以被徐方打败，土地被吕布夺取，逃到东部故乡，没有立足之地。袁绍本着扶弱惩强的意愿，而且不和善于叛变的吕布同党，于是又发动兵马，征讨吕布，金鼓震天，吕布被打败，拯救了曹操面临死亡的威胁，恢复他的官职，就算袁绍对兖州的百姓没有恩惠，也对曹操有大恩。”

这些感情色彩强烈的措辞，与其说是陈琳在代笔声讨国贼，倒不如说是袁绍对曹操“忘恩负义”的强烈谴责，不知道曹操当时看完以后作何感想，也不知道他在袁绍墓前痛哭有几分真几分假。

杀人总是有借口

曹操杀人从不手软，而且每次杀人总能找到借口。

曹操刺杀董卓失败，逃离洛阳，途中被陈宫所救，两人逃亡途中来到父亲的故友吕伯奢家。

吕伯奢不怕受到牵连，让曹操和陈宫二人留下好好休息，自己则出去买酒准备款待他们。曹操和陈宫坐在屋子里，听到外面有磨刀声便起了疑心，怀疑他们要杀自己，后来声音越来越大，人也越来越多，二人坐不住了，恶从心头起，狠向胆边生，冲出去就把外面忙活的人一顿乱剑砍死。杀完人之

后，才看见门外面绑着一头猪。原来他们是要杀猪，不是要杀他们。二人也慌了神，上马就跑。结果正好遇见了买酒回来的吕伯奢，曹操搪塞几句，一个翻身一剑刺死吕伯奢。并留下一句“宁我负天下人，莫叫天下人负我”的借口。

当然，这只是演义里的桥段。吕伯奢灭门有很多讲法，一般都指向曹操的不仁不义，不过早期的相关叙述并不支持这种看法。《魏书》讲吕伯奢是曹操的老朋友，曹操从董卓处逃亡时和几个人骑马去找吕伯奢，刚好吕伯奢不在，结果吕伯奢的儿子和宾客共谋抢劫曹操一行人，结果曹操反击杀了数人。这算正当防卫，没什么不仁可言。不过，虽然演义有太过之嫌，但《魏书》毕竟是曹家写的，其真实度也值得商榷。

《世语》则说吕伯奢虽然外出，但是五个儿子都很客气，以宾主之礼相待，但是曹操因为吕家对自己太过热情，反而满怀疑心，拿剑在当天晚上杀了八人后离开。

《孙盛杂记》则提到，因曹操听到异声，于是满怀疑心，连夜杀人，临走前悲凄地留下一句：“宁我负人，毋人负我！”

曹操打袁术的时候，部队缺粮，粮官来请示曹操。曹操说：“可以先用小碗分发，以应一时之急。”粮官问：“如果士兵抱怨的话，怎么办？”曹操回答：“我自有办法。”果然晚上军营里怨声四起，“皆言丞相欺众”。

于是，曹操偷偷地把粮官叫来，说要向他借件东西，稳定军心，希望粮官不要吝啬。粮官于是问，“丞相欲用何物？”曹操说要借他的头示众。粮官争辩：“我实无罪！”曹操说：“我也知道你没有过错，但不杀你，部队就会造反；你死后，我会善待你的家属，你就放心地去吧。”然后一剑把人劈了，并贴出布告，说粮官故意用小碗，盗窃军粮，已正军法，终于把军心稳了下来。

为了安抚军心，“名正言顺”地杀害无辜，曹操委实是为成大事不择手段。

曹操总是害怕有人会趁自己睡觉的时候加害自己，常常吩咐左右道："我梦中喜欢杀人，我睡着的时候大家不要靠近。"一天白天，曹操在帐中睡觉，被子掉在地上，一个侍卫过来帮曹操把被子盖好。曹操跳起来，拔剑杀了侍卫，又上床继续睡觉。醒来之后，曹操故意惊问道："是谁杀了侍卫？"左右把实情告诉了他，曹操痛哭，命令厚葬侍卫。从此大家都相信曹操会在梦中杀人，但只有杨修知道曹操的真实用意，在埋葬侍卫时叹息道："丞相不在梦中，你才是在梦中呢！"曹操知道了越发厌恶杨修。

显然，曹操是在有意识的状态下拔刀杀人的，但为了不失人心，才找了这样一个堂而皇之的借口，不想却被杨修道破了，那么接下来，就该轮到杨修了。

关于杨修之死，大家在课本里面已经学过了，大意就是，杨修这个人不知深浅，又爱耍小聪明，曹操因为忌才而杀了他。不过在史学家看来，这只是表面原因，因为曹操本人虽多疑狡诈，但没有这么狭隘。曹操手下，谋士能臣犹如过江之鲤不可胜数，奇变横生的贾诩，深通兵法和政治的荀彧、荀攸叔侄，有胆有谋的程昱等，这些人军事和政治上的能力远过于杨修，却没有一个因为有才而遭曹操忌杀的。

杨修之死的真正原因，其实是出于政治立场考虑，杨修是正统儒学出身，本身对曹操就很有意见，因为曹操的出身不太好，所以即使高居丞相之位，依旧有些名不正言不顺，而曹操杀杨修，就是为了除掉自己在政治上的敌人。

在一方面，出于为曹丕的地位考虑，曹操依旧要杀掉杨修，因为他是曹植的人，留下必有大祸。在曹植和曹丕争位之时，杨修作为曹植智囊，屡屡出谋划策，所以为了提防之后曹植兄弟再度互争，必须把曹植所有羽翼全都翦除，断了他的念想，从这一点上看，杨修必死。"扰乱军心"，就像他屡次杀人一样，只不过是曹操给自己找的一个借口而已。

据说杨修被杀后，有一天，曹操碰到他的父亲杨彪，问道："杨公为何瘦

成这个样子？”杨彪回答说：“愧无日磾先见之明，犹怀老牛舐犊之爱。”意思是说，我惭愧没有金日磾那样的远见（金日磾的儿子，为汉武帝所喜欢，称为弄儿；后来渐渐长大了，有一天，金日磾撞见弄儿在殿里同宫女戏耍，他怕将来连累自己，便把弄儿杀死了），而又还有老牛舐犊的爱子之心呀。曹操听了，很有点下不了台。

老曹是个人妻控

曹操在军事、政治、文学上的造诣很高，广为后世称道，但他还有一个特殊癖好，也让后世议论纷纷，那就是跟人打仗灭了对方以后，经常把别人的老婆一并给抢回去。

曹操的这个恶习可以追溯到他年少的时候了。

那时候曹操和袁绍还厮混在一起，好人好事基本没做过，调皮捣蛋、恶作剧一类的事情倒干了不少。

有一次，小哥俩看到别人家在娶媳妇，便动了歪心思，趁着散席的混乱场面溜进庭院，大喊：“有小偷啊，快抓小偷啊！”场面一下子就乱了，连新郎都放下新娘去抓贼了。二人就跟职业采花贼似的溜进洞房，把新娘子劫持了。

这桩绑架案的发展有两种说法：

一种说法是，曹操让袁绍背着新娘子先跑，他自己则走另一条路，边走边喊：“小偷往这边跑了！大家快来追啊！”于是大家都跟在曹操的屁股后面跑，虽然跑了好久也没见到贼影，但大家还是很感激小少侠助人为乐的侠义

精神，曹操不仅诱敌走错路的目的达到了，还得了个交口称赞，简直不能再皮了。

另一种说法说，两个坏小子挟持新娘子逃跑，袁绍一不小心卡在了荆棘丛里，半天也挣扎不出来，曹操冷不丁喊了一句："贼人在这里！"吓得袁绍一个激灵，腾地就蹦出来了。这个心术和他后来的"望梅止渴"如出一辙，都是在困境中以刺激别人的心理来激发潜能，若是生在现代，曹操说不准还是个不错的心理学家。

这就是"贼喊捉贼"的由来。

俗话说，"小时偷针，长大偷金"，曹操这个恶习一直没改，世人时评曰："曹魏好人妻。"

曹操剿灭吕布后，就把吕布部将秦宜禄的妻子杜氏抢了过来。杜氏是关羽首先看上的，曹操和刘备围下邳时，关羽屡次请求曹操把杜氏赏给自己，曹操当时满口答应。然而曹操生性多疑，关羽三番两次的请求，自然引起了曹操的怀疑，下邳城破后曹操见到杜氏，心说这也太美了吧，于是就自己受用了。

又有俗话说"常在河边走，哪有不湿鞋"，曹操为了这些人妻也曾付出过惨重的代价。

曹操四十三岁那年，率军征张绣，张绣自知不是对手，采纳下属建议，归顺了曹操。

曹操收编张绣以后，志得意满，于是又开始打起了人妻的主意，就问左右："这里有没有十足妇女呢？"曹安民心领神会，说："张绣叔叔张济的媳妇邹氏，长得相当不错。"曹操忙命人赶快请来。这邹氏的确花容月貌，曹操一见色迷心窍，便强行收了，夜夜欢愉。

按理说，张绣新降，理应好好安抚，曹操应该顾及人家的面子，搞好团结，增进感情。毕竟江山要紧，美人易得，来日方长。就是真喜欢这个女人，

也该和张绣打好招呼，以礼聘娶，给足张绣面子。可这时的曹操估计太得意忘形，也是欲火中烧急不可耐了，毫不顾忌地做起了苟且之事。再者，你做了也就做了，悄悄进行不行？可曹操偏偏要搞得人尽皆知。

这下张绣的面子彻底挂不住了，就有了弄死曹操的想法。结果曹操觉察到了张绣的心思，也开始谋划怎么干掉张绣。不知是谁走漏了风声，张绣连夜集结部队，给曹操来了个先下手为强，偷袭曹营。

曹操此时正忙着和张绣婶婶对酒当歌人生几何，没什么防备，被杀得丢盔弃甲，一路狼狈逃窜，一直从今天的河南南阳跑到泌阳，才得以喘息。

这一次，曹操被揍得相当惨，他是侥幸逃脱了，可折了嫡长子曹昂、一级战将典韦，侄子曹安民也身负重伤，最终不治而亡，以如此代价换来的邹美人也在乱军之中不知所踪。

这还不算完，曹操的正妻丁夫人发飙了！曹昂幼年丧母，由没有生育的丁夫人抚养长大，视如己出。对丁夫人来说，自己含辛茹苦培养的宝贝儿子就这么没了，而且还是死于老公的风流韵事，这个心结怎么能解得开？

她怒骂曹操："你害死了我儿子，从此我没什么可留恋的！"随即回了娘家。后来，曹操曾亲自去接丁夫人，他抚摸着丁夫人的背说："我们一起坐车回家，好不好？"丁夫人没搭理他，曹操走到门前又问："跟我回去，行不行？"丁夫人还是没搭理他，二人关系从此断绝。后来曹操病重，自认为时日无多，叹息说："我一生做事，没有什么后悔的。假如死后还有灵的话，子修如果问我他的母亲在哪儿，我将怎么回答啊！"

好色的曹操，这一次真可谓"赔了夫人又折兵"。

千古谜题曹操墓

曹操的葬骨处从宋代开始就成了个谜。

史料记载，曹操葬在邺城西门豹祠以西丘陵中，没有封土建陵，没有多少随葬品。数百年后，简单的曹操墓就被湮没在历史的陈迹之中了。宋代以后曹操被视为奸雄，墓址不详成了他奸诈的一个证明，七十二疑冢等说法在民间传说和文学作品中广为传布，不少人信以为真。

昔日的邺城在今河北省邯郸市临漳县香菜营乡、习文乡和河南省安阳市北郊一带。在民间传说中，曹操墓有四种说法：在邺城以西（今河北磁县和河南省安阳市安丰境内）设七十二疑冢；在漳河河底；在许昌城外；在邺城遗址的铜雀台等三台之下。这些传说都没有多少依据，七十二疑冢大体上处在曹操自己安排的墓葬方向，但真正的墓主是北朝皇家贵族。其他说法与史实不符，也没有考古发现的证据。文史界的许多专家学者虽不相信七十二疑冢之类传说，但由于曹操墓千余年来无人知晓，河道、区划等地理因素变动很大，对曹操墓的具体位置也说法不一，认为在临漳、磁县和河南安阳的都有。

曹操墓引发了当地一些文物、文史工作者的极大兴趣。近人邓之诚《骨董琐记全编》中记载，1922 年河北磁县农民崔老荣发现过一个古墓，其刻石所叙为曹操，刻石由县署保存。邯郸市的考古工作者对这一线索进行了专门的核实，结果没有找到可靠的依据。

邯郸市历史学会会长刘心长多年潜心于曹操墓研究，在对历史文献进行

研究和实地勘察的基础上，认为曹操墓可能在邯郸磁县时村营乡中南部和讲武城乡西部约五平方千米的范围内。他认为：曹操生前对自己墓葬的位置有明确安排，说“葬于邺之西冈上，与西门豹祠相近”，这里方位与之相符；还说要其后人“时时登铜雀台，望吾西陵墓田”。经实地考察，这一带处在从铜雀台一带登高西望所见最好位置；这里地势较高，漳河不能灌淹，土质较差，至今这里不少土地仍难以耕作，符合曹操所说“古之葬者，必居瘠薄之地”的要求。

河南省安阳市文物部门也在安丰乡出土了后赵十一年的鲁潜墓志，上面记载鲁潜是葬在曹操墓的西北角，这又说明曹操墓可能位于河南安丰乡。

那么，曹操究竟葬在哪里呢?

2009 年，高陵经考古发掘，并且经过中国考古学界一致认定，确认河南省安阳市安丰乡西高穴村曹魏大墓为曹操墓。2009 年 12 月 27 日，国家文物局宣布河南安阳曹魏大墓墓主为曹操。国家文物局表示，“曹操高陵的考古发掘、学术认定和研究成果公布等程序，符合考古工作规程”。

2010 年 6 月 11 日，安阳曹操高陵入选“2009 年度全国十大考古新发现”之首。

2013 年 5 月，安阳高陵成为第七批全国重点文物保护单位。

2013 年 6 月，曹操高陵及邺城遗址入围国家文物局和财政部批准的《大遗址保护“十二五”专项规划》。

2018 年 3 月，河南省文物考古研究院发布曹操高陵 2016 ~ 2017 年度考古发现，披露了包括高陵内外夯土基槽、神道、东部建筑、南部建筑在内的五大陵园的主要结构。该发现称，此次发掘又得出了不少颠覆性的新结论。考古发掘确认了高陵陵园及相关建筑遗迹的存在，也说明高陵并非如文献记载的完全“不封不树”，地面建筑只不过是有计划地拆除了。更重要的是，基本确认找到了曹操的遗骸。另外，曹操主墓旁边发现了一个小墓穴，专家认为，或是曹操长子曹昂的衣冠冢。

千百年来所有的猜测、所有的争论终于停止，千古谜团最终破解。

刘备：从市井小贩到一代枭雄

“刘皇叔”有点不靠谱

三国，是个极其讲究出身的时代，像袁绍、袁术那样出身于名门望族的人，早早就赢在了起跑线上。

所以刘备非常爱炫耀自己的身份，逢人便说自己是中山靖王之后，硬生生把自己说成了皇叔。

《三国演义》里讲，刘备见到汉献帝，把自己家世一表白，汉献帝马上跟刘备叙了叙家谱，双方共同的谱系可以从汉景帝开始算起，最后发现刘备比汉献帝长一辈，汉献帝“大喜，请入偏殿叙叔侄之礼”。

真实的情况是，汉献帝刘协是汉景帝的十四世孙，而刘备是景帝的十九世孙。辈分上，刘备比汉献帝整整低了五辈，这个“皇叔”未免叫得太荒诞了。

那么，刘备“中山靖王”之后的身份，又有多少含金量呢？这就要从中山靖王说起了。

中山靖王就是西汉的刘胜，汉景帝刘启的儿子，汉武帝刘彻的异母哥哥，比刘备大三百多岁。刘胜最大的特点就是好酒色，一辈子生了一百多个儿子。

而且，刘备的先祖还不是刘胜的嫡子，刘胜的嫡子是中山哀王刘昌，刘备的先祖是陆城侯刘贞。这个陆城侯后来还因为献祭金不合格被削去爵位，最后在涿县定居下来，开始繁衍生息，祖祖辈辈有很多人在州郡供职，俨然是涿县的一个大家族。这样一看，且不说皇室宗族在当时有多少，光是刘胜的后代恐怕都数不过来了。也就是说，刘备整天挂在嘴上的“中山靖王”之后，含金量相当低，更何况陆城侯刘贞还被废了爵位，刘备的那丝皇室血脉估计可以用发丝来做比较了。

说点题外话，有时候这生儿子多还真有好处。你看，刘备说自己是刘胜的后代，西晋司空刘琨也说自己是刘胜的后代，唐代文学家刘禹锡也说自己是刘胜的后代——一个碌碌无为的风流王爷，愣是靠这些后代标榜自己的皇室血脉而在历史上名气不小，比起太多烟消云散的诸侯王，要好太多了。

言归正传。于是，我们似乎可以看到这样一个景象：汉献帝见到刘备，问及家世时，刘备回答“中山靖王之后”，估计献帝一下子就懵了——这位的后代也太多了！要想确定刘备的辈分估计挺难，献帝一看刘备的岁数大，干脆认个皇叔吧。献帝当然有自己的盘算，他当时受制于曹操，见刘备算个人物，自然想把他拉拢过来，然而，在“衣带诏”事件中，这位皇叔的表现可不怎么样，他一看形势不妙，自己脚底抹油，溜了。

但是皇叔这个身份已经被承认了，这块招牌给了刘备相当大的好处。

陶谦对刘备礼遇有加，甚至三让徐州，一个相当重要的原因就是刘备汉室宗亲的身份，按演义中所说是“刘公乃帝室之胄”。

袁绍虽然不把刘备放在眼里，但当刘备失了徐州前来投奔之时，还是迎出邺城三十里，袁绍礼贤下士没错，但是未尝没有看重刘备皇叔身份的原因。

刘表虽然不喜欢刘备，但还是勉强接纳了刘备，还给了他一座新野城，一个原因也是看在同是汉室宗亲的份上，当然让刘备替他挡在曹操南下第一线也是一个原因。

和投奔刘表原因差不多，刘璋之所以邀请刘备入川帮忙抵抗张鲁，正是因为刘备和刘璋都是汉室后裔。结果被刘备直接鸠占鹊巢了。

刘备一次次投奔别人，别人也不忌讳地一次次收留他，和他这块皇叔的招牌都有莫大关系，要知道，刘备投奔谁，基本上谁就离灾难不远了。

后来，在曹丕称帝后，刘备亦称帝，国号仍为汉，他的汉室宗亲和大汉皇叔身份更是使他在法理上占据了道义的主动。可以说，这个身份一次比一次管用。

不爱读书爱交友

刘备的家境从他父亲起开始中落，他爷爷刘雄在世时，官至东郡范县县令，那可是县长一级的官。他父亲刘弘也被举为孝廉，但因为去世得早，才使得家里越来越不景气了，刘备与母亲只能以织席贩履为生，日子过得不怎么样。

生活虽然困顿，但并没有困住刘备的志气。他家篱笆墙边上有一棵五丈多高的大桑树，从远处看去繁盛的树冠如同大车盖一样。来往的人都觉得这棵树长得不像凡物，说此家必出贵人。刘备小时候和小伙伴们在树下玩耍，有次突然说道："我将来一定会乘坐这样用鸟羽装饰车盖的车子！"他叔叔刘子敬听了吓一跳，因为羽盖的车只有帝王才可以享用，他赶紧对刘备说："别胡说八道，我们会被灭九族的！"另一同宗叔父刘元起赞叹道："这孩子将来前途无量啊！"

15 岁时，深明大义的刘母做出了一个改变刘备人生走向的决定——砸锅

卖铁，送儿子外出求学。

刘母相中的老师就是卢植，卢植当时的名声相当响亮，不单是东汉经学领袖，还曾经任中郎将与黄巾军作战，可谓文武双全。能成为卢植的学生，那就好比现在上清华北大一样，甚至比这还耀眼。可是，刘备家里钱不够啊！卢家没有免费的午餐，卢植不是到刘备家乡支教，也不会因为刘备长得奇异就免去他的学费。就在这个困难的时候，刘元起挺身而出，资助刘备和自己儿子刘德然一起去上学，还把他当成亲儿子一样看待。

按理说，一个寡母省吃俭用送孩子去上学，又有同宗长辈的真诚相助，刘备应该懂事，努力读书以为报答才是。可是，刘备对学习一点儿也不感兴趣，而是“喜狗马、音乐、美衣服”，爱好吃喝玩乐、锦衣华服、声色犬马，完全一副纨绔子弟的派头！

他还非常爱交朋友，在卢植门下，刘备结识了生命中非常重要的一个人物——汉末群雄之一公孙瓒，后来公孙瓒给了他相当多的帮助，还帮他当上了平原令。

学业结束后，正值汉末大动荡的前夜，刘备交朋好友的性格使他笼络了一群人。山东大商张世平、苏双等携千金贩马来到涿郡，见到刘备，觉得他是个人物，将来必成大器，于是给了他很多资助。

在此期间，刘备结识了创业团队的两位核心成员。一位是通缉犯关羽，一位是屠户张飞，三个人一见如故，寝则同床，食则同器，在桃园结义，成为比亲兄弟还亲的兄弟。

借别人的东西成自己的霸业

要以家底论，刘备在三国群雄中差不多是最差的，大概只有两个人和他在伯仲之间。

一个是孙坚，孙坚的父亲孙钟是个瓜农，以种西瓜为生，和贵族沾不到一点关系。

一个是马腾，马家据说是伏波将军马援的后代，但传到马腾父亲马平的时候已经家道中落。马平当过小官，后来失业流落陇西，与羌人杂居。家贫无妻，于是娶了羌女，生了马腾。马腾青年时期穷得很，没有产业，要经常从彰山砍伐木材，背到城里去卖，以此养活自己。

不过，相较于以上两位，刘备有一样本事更出众，那就是“借”，刘备一生借过很多东西，也一步步借出了自己的霸业。

除了那位同宗叔父刘元起外，刘备最早借助的应该是他的同窗好友公孙瓒。公孙瓒出身贵族，因美貌、声音洪亮与才智受太守赏识，被招为女婿。遇到这样一个有背景的同学，以刘备的情商，绝对猛抱大腿，《三国志》记载：“瓒年长，先主以兄事之。”刘备没白讨好，后来公孙瓒成了威震一方的诸侯，刘备落难时去投奔他，老同学很大方，不仅给了他一个“别部司马”的官职，还借给他兵马抵御袁绍。

赵云也是刘备从公孙瓒那儿借来的。当年陶谦被曹操痛打，向各路诸侯求救，公孙瓒不帮，但刘备想去，于是又向公孙瓒借兵。公孙瓒婉拒说，战事吃紧，没有兵可以借给你啊。刘备说，那我就借一个人吧。公孙瓒估计是

不好意思一再拒绝老同学，就应允了，于是赵云就被借走了。这一借用，刘备与赵云之间就建立了深厚的友谊。公孙瓒死后，赵云誓死追随刘备，肝脑涂地在所不惜，屡立奇功忠心耿耿，蜀汉政权的建立，赵云的功劳相当之大。

刘备比较有心机的一次“借”，是借小沛，直接导致了吕布的覆灭。其实这次事件还是吕布咎由自取。当时吕布被曹操打得到处逃窜，走投无路来投奔刚刚接管徐州的刘备。刘备略一犹豫，就收纳了这股军事力量，希望以后可以共同对抗曹操，不是有那么句话么——敌人的敌人就是我的朋友。

不承想吕布狼子野心，趁刘备、关羽外出迎击袁术之机突袭徐州，打跑了喝醉酒的张飞。而刘备果然枭雄风范，非但没有当下与吕布开撕，反而忍辱负重回来向吕布借小沛。估计吕布也觉得自己做得不怎么地道，不能把事情做太绝，让天下英雄戳脊梁骨，所以就答应了。但刘备在小沛招兵买马，又让吕布有了危机感，于是再次发兵攻打。刘备败投曹操，曹操亲自领兵攻打吕布，把这三国第一猛将吊死在了白门楼。

刘备最著名的一次“借”，是借荆州。孙刘联合在赤壁大胜曹操没多久，周瑜就英年早逝了。鲁肃成了东吴的新一任军事指挥官。这个时候的刘备没有可以作为根据地以图长远的地盘，于是以联盟之名向孙权借城池，在鲁肃的推波助澜之下，就把荆州借到手了。这一下如虎添翼，刘备有了根基之后迅速发展，然后组建精兵就入川了。

比较过分的是，刘备虽然承认荆州是借的，但就是找借口拖延不还。

《三国志·吴主传》记载：“是岁刘备定蜀。权以备已得益州，令诸葛谨从求荆州诸郡。备不许，曰：吾方图凉州，凉州定，乃尽以荆州与吴耳。”

《三国志·先主传》记载：“二十年，孙权以先主已得益州，使使报欲得荆州。先主言：须得凉州，当以荆州相与。”

刘备的这种做法，连一向亲刘的老好人鲁肃也愤怒了。他亲自带兵在益阳与关羽对峙，并只身前来责备关羽以及刘备不够意思。

刘备比较风流的一次“借”，是借别人的媳妇。刘备与刘璋反目，打下益州，占领了成都。但益州之地为刘焉、刘璋父子经营多年，根深蒂固，刘备虽然得了地盘却不得人心。想要在此地站稳脚跟，就必须和这里的旧主人攀上亲密关系，这样起码能拉拢一大部分刘璋旧属的心。于是，在法正、诸葛亮等人的见证下，刘备就娶了刘璋的寡嫂子，也就是吴懿的妹妹。吴懿是前益州的军事一把手，这样一来，刘备顺利拉拢了刘璋在政界和吴懿在军界的两股势力，为自己以后在川蜀称王打下了雄厚基础，真可谓“借”得漂亮啊。所以说，善于借势的人，往往都是能成大器的。

一路哭出来的江山

古人说，男儿有泪不轻弹。但只要稍微了解三国历史的人估计都知道，刘备这个古人是很爱哭的，也是最会哭的。有细心人统计过，一部《三国演义》，白纸黑字记录着刘备一共哭过数十次。爱哭，成了刘皇叔的一个标签。不过，刘皇叔的眼泪可不是白流的，这个哭不是一般意义上的哭，而是一种策略，一种政治手段，犹胜雄兵十万。

最初，刘皇叔看到招军榜，一声慨然长叹（还没哭），这一叹引出了生死兄弟关羽、张飞，成就了桃园三结义的一段佳话，博得了张世平、苏双的敬重，赚得了人生中的第一桶金，为后来的创业打下了根基。后来，在公孙瓒处遇赵云，顿时觉得这是个栋梁之材，大有“恨不相逢未嫁时”之感，分手时恋恋不舍，眼含泪珠，愣把忠心耿耿、一身是胆的铁汉赵云给暖得心都化了，若不是怕背负背叛的名声，恐怕早就离开前任公孙瓒，投入到刘皇叔的怀抱中了。

那一次，被曹操追杀，刘皇叔带着百姓一路奔逃，跑着跑着，刘皇叔突然大哭，满满的自责："因为我一个人的缘故，让这么多百姓跟着受苦受难，我还有什么脸面活在世上！"说着就作势要跳江，把身边那一圈人给感动得都跟着哭了起来。眼见曹操的追兵越来越近，手下的人就劝他，自己先逃吧，带着这么多人肯定跑不了，刘皇叔又哭了，"在下做不到啊！老百姓死心塌地追随我，我怎么能丢下他们自己跑呢？"这一下，老百姓感动涕零，刘皇叔仁义无双的美名众口相传。

紧跟着，赵云白马银枪，血战长坂坡，七进七出才将他儿子救了出来，送到他怀里。刘皇叔却随手将孩子一扔，哭着骂道："为了你这小崽子，差点牺牲了我一个好干部！"那边赵云早已被感动得跪在地上，从此肝脑涂地在所不惜。

刘皇叔不光对男人哭，对女人也哭。

东吴为了讨回荆州，设下"美人计"，将刘备软禁起来。他回不去荆州，哭着对孙尚香说："夫人，我不是走不了，也不是不想走，我是真舍不得你啊，我对你可是真爱啊！"于是，孙尚香被彻底感动了，连兄妹之情都不顾，瞒着母亲，违抗军令，一路护送刘备安全回到荆州。

刘皇叔就这样一路哭了下去，哭成个泪人儿，哭得泪湿满襟。

鲁肃来讨荆州，他把人家哭得胆战心寒，愣是三番五次也讨要不成。

曹丕称帝，他又哭，而且水米不进，每日痛哭，令百官挂孝，遥望许昌而祭之，直到哭出病来。还是诸葛亮神机妙算，找到了病根，率群臣上表奏请刘皇叔当皇帝。刘皇叔一见这场面，果然不哭了，转而"怒怪"诸葛亮等人陷他于不忠不义。但诸葛亮他们"执念太深"，非要刘皇叔当皇帝，刘皇叔"不忍辜负"生死相随的兄弟们，这才"勉为其难"自立为帝。

直到临终前，他还在哭。他哭着对诸葛亮说："丞相啊，我大概活不过今天了，阿斗这孩子从小娇生惯养的，没经什么历练，就拜托你好好提携他吧。

如果他实在不是当皇帝的料，你就把他淘汰掉，自己干。”说完，不等诸葛亮回答，又痛哭不止，满面流泪。

诸葛亮何等智慧，岂能听不出刘备的“哭外之音”，震惊得汗流遍体，手足失措，赶紧哭拜于地：“臣怎么敢不竭尽全力？安敢不尽股肱之力也？愿效忠贞之节，继之以死。”说完，以头叩地，双目泪流。刘皇叔这一哭，就哭出一个鞠躬尽瘁死而后已的一代名相。

哭，刘备练得炉火纯青，那眼泪就跟自来水一般，拧开就来。刘备的哭，不管是发自内心的，还是心机手段，有一点毋庸置疑：他的哭，哭动了广大百姓，大得民心；哭动了文官武将，誓死相随；哭动了东吴郡主，舍母离乡。他的哭，哭出了水平，哭出了境界，也哭到了一片蜀汉江山。

孙权：间接毁掉了江东基业

生的神奇，长得奇异

中国古代的帝王，总会有一些与之相关的神异记载，似乎这样才能证明他们是天命所归，或者说是命中注定。

相传，舜的父亲是一个盲人，有一次他梦见一只凤凰，衔米来喂他，而且说它来给他当儿子，随即他的妻子有了身孕，生下了舜。舜的每只眼睛中都有两个瞳仁，所以又叫“重华”。

《史记·高祖本纪》一开始就指出刘邦不是他爹的儿子，而是龙的儿子。说是刘邦的母亲有一天在河边睡着了，做了一场春梦——“梦与神遇”。此时电闪雷鸣，乌云滚滚，刘邦的父亲刘太公一看天气不好，就出门去接老婆回家，走到河边，就看见有一条蛟龙伏在妻子身上。刘邦的母亲回家后不久就怀了孕，后来生下了刘邦。刘邦外貌隆准，美须髯，面呈龙相，左腿上还有七十二颗黑痣。

《隋书》记载，杨坚出生时，满屋子紫气。他的体态像龙一样，额头上有五柱入顶，生下来手心上就写着一个“王”字。有一次，他母亲抱着他，瞥见他头上生着角，遍体长着鳞片，吓了一跳，竟把他摔到地上。恰恰一位尼姑看到此情此景，赶忙将杨坚抱起来说：“这个孩子是有来头的，你这一摔使他晚得天下了。”

类似的记载在正史、野史上可谓数不胜数。同样的，在吴大帝孙权的身上，也少不了神奇的传说。

干宝在《搜神记》中，以及裴松之为《三国志》做注时都曾提到：孙权的母亲吴夫人怀孙权时，梦到太阳入怀，感到很惊异，就告诉夫君孙坚说：“从前我怀孙策的时候，曾梦到月亮入怀，现今又梦见太阳入怀，这是什么缘故呢？”孙坚想了想说：“太阳与月亮乃是阴阳之精华，是极其贵重的象征，这表明我们的儿子将来一定会创立大业的！”

孙权的长相也不同于常人。据《江表传》记载，孙权出生时目有精光，方颐大口，形貌奇伟。裴注《献帝春秋》记载孙权为“紫髯将军，长上短下，便马善射”。《三国演义》中描写孙权“碧眼紫髯，堂堂一表”，诸葛亮暗叹“相貌非凡”，故又称作“碧眼儿”。碧眼，就是像白种人混血儿的那种眼睛；紫髯就是紫黄色的络腮胡子；长上短下，就是说孙权上半身长，下半身短，站起来矮，坐下去高，一般认为，需要人伺候的人，长相大多都是这样，故被认为是贵相。

曾经到过江东的汉朝使者刘琬见到孙权以后，大夸他长相不平凡："我看孙氏兄弟虽然各自才华出众，深明事理，但都富贵不终，寿命不长。只有老二孙权，体态魁伟，相貌奇特，骨架不凡，有大贵之相，寿命又是最长的。"

当然，这些史料中所记述的大贵之相，未必足够真实。但从这些记述中，我们倒可以推断出一些信息来，即孙权的体貌特征：方脸大口，典型的国字脸，有很浓密的络腮胡子，目光炯炯有神，不怒自威；身材魁伟，骨骼强健，充满朝气活力，非常阳刚有气概。

以情感人很到位

随着孙坚的战死和孙策的遇刺，历史把年仅 18 岁的孙权推到了群雄逐鹿的风口浪尖之上。他一手接下父兄开创的基业，并把它发扬光大。孙权的成功，除了其出色的个人素质和政治才能以外，他还有不同于曹操、刘备的其他魅力，就是他的用人。

曹操用人，就像现在的公司。老板给员工一个平台，量才而用，员工各尽所能，在实现个人价值的同时，为公司作出贡献。曹操推行的"唯才是举"，很像现代企业的公开招聘。

刘备用人，就像天地会、红花会那样的帮会。动不动就食同器，寝同床，动不动就哥哥弟弟兄弟情义，动不动就哭得撕心裂肺，很像江湖帮会的维系方式。

孙权用人，就像家庭。你看孙权幕府里比较重量级的人物，差不多都有过升堂拜母：孙权对周瑜以兄视之，升堂拜母；周瑜和鲁肃也升堂拜母，鲁肃和吕蒙又升堂拜母……可能有人不太明白什么是升堂拜母，就是允许你去

内室拜见自己的母亲。这在古代是非常大的礼节，必须是亲属，或者情同亲属才有资格行此大礼。简单点说："拜过母亲以后，咱们就是一家人了。"

孙权用人有两个非常显著的特点，一是人尽其用，不求全责备。

鲁肃曾力主借荆州给刘备，虽说他也没想到以仁义著称的刘皇叔会赖着不还，但这实在是他政治生涯的一大污点。鲁肃向关羽讨要不成，说关羽没什么了不起的，这是鲁肃"内不能办，外为大言耳"！但是，孙权表示，瑕不掩瑜，没必要苛责。

对于鲁肃，孙权称赞他见识不凡，并举两事为证。一是二人初见时，鲁肃谈论天下大势、帝王霸业，高明远识；二是赤壁之战时，曹操大兵压境，张昭等人力主投降，只有鲁肃全力主战，劝孙权召周瑜总领兵事，最终烧得曹操损兵折将、狼狈逃窜。这二事说明鲁肃大智大勇，堪当大任，孙权还赞赏鲁肃带兵，军令严肃，路不拾遗，有完美的法令制度。这和曹操的"士有偏短，庸可废乎"如出一辙。

孙策还在时，曾让吕范管理财务。当时孙权年少，私下向吕范借钱索物，吕范定要禀告，不敢专断许可，当时被孙权怨恨。后来，孙权代理阳羡长，有私下开支，孙策有时进行核计审查，功曹周谷就为孙权制作假账，使他不受责问，孙权那时十分满意他。但等到孙权开始统管国事后，认为吕范忠诚，深为信任，周谷善于欺骗，伪造簿册文书，不再录用。吕范去世后，孙权路过吕范墓，忍不住呼喊他的字："子衡！"言毕泪流不止。

孙权用人的第二个特点是以情感人。

鲁肃出身一般，被张昭等人看不起，但周瑜把他推荐给孙权以后，孙权经过一番考察，觉得是个大才，就重用不疑。不仅如此，他给鲁肃的母亲送衣服、送被子、送蚊帐、送家里的用品，就像一个侄子对婶娘一样。

大将周泰出身微寒，又没什么背景，孙权命他坐镇濡须口（今安徽无为县北），他的副手朱然、徐盛不服他。将帅不和，这是兵家大忌，怎么办呢？

孙权演了一出戏。

有一次，孙权摆宴款待他的将领们。孙权亲自起身为将领们斟酒，斟到周泰的时候，命周泰把衣服脱了。然后指着周泰满身的伤疤，故意问这些伤是怎么来的。周泰老老实实一一作答。等周泰说完，穿好衣服，孙权早已泪流满面，拉着周泰的胳膊，哭着说："幼平，你为我们兄弟在战场上作战如同熊虎一般，从不怜惜自己的身体，受伤几十处，皮肤如同被雕刻一般，我怎么能不把你当作我的至亲骨肉，委任你以兵马之重？你是东吴的功臣，我当和你同荣共辱。"次日，孙权赐给周泰青罗伞盖，所有人都服了。

曹操派蒋干来东吴做说客，想劝周瑜归顺。周瑜没等蒋干开口，直接拿一番话把蒋干的嘴堵上了。他说的什么呢？周瑜对蒋干说，男子汉大丈夫活在这世界上，如果遇到个好领导，外表上看是君臣，实际上是兄弟、是骨肉手足，那么就算是苏秦、张仪、陆贾、郦食其活过来，来做说客，任他说得天花乱坠，我周瑜也无动于衷。"蒋干很识趣，什么都没说，笑了。回去就劝曹操放弃招降周瑜的念头。

凌统的随从战死，内心难过得不得了。孙权用自己衣袖给凌统擦干眼泪，对他说："公绩，死的已然死了。只要有你在，还怕没有人吗？"凌统受了重伤，孙权于是留他在船上，帮他更衣。凌统英年早逝后留下二个年幼的儿子。孙权收养二人在宫中，疼爱得跟自己子女一样，凡有客人来就介绍道："这是我的虎子呀。"

大农令刘基姿貌美好，深得孙权喜爱。一次，孙权在船上举行酒宴，正巧碰到雷雨。他用御盖覆盖自己，同时又不忘遮护刘基。

潘濬原来跟着刘备干，协助关羽守荆州。关羽兵败后，荆州的那些蜀汉官吏都降了孙权，潘濬说我生病了，不去见孙权。孙权亲自登门拜访，潘濬把头埋在床上痛哭。孙权以观丁父、彭仲爽等俘虏出身的楚地先贤为例安慰他。孙权一边和声细语地说，潘濬一边泪流满面地哭，孙权吩咐随从，来，

给潘将军拿块毛巾，我要给他擦眼泪。这下子潘濬扛不住了，连忙起身下床拜见，归顺了孙权。

可以看出，孙权在用人方面，最拿手的就是以情感人。诚然，这里也有做秀的成分，比如周泰这一段，就有表演的成分在里面，是做给大家看的，但里面也确有真情实感。将真情实感表演出来，把人心收拾得服服帖帖，这正是他的高明之处。但是，这只是孙权的早期、前期。

老夫聊发少年狂

北宋大文学家苏轼有一阕非常激昂的词——《江城子·密州出猎》，全文如下：

老夫聊发少年狂，左牵黄，右擎苍。锦帽貂裘，千骑卷平冈。为报倾城随太守，亲射虎，看孙郎。

酒酣胸胆尚开张，鬓微霜，又何妨，持节云中，何日遣冯唐？会挽雕弓如满月，西北望，射天狼。

这里的孙郎，指的就是孙权。孙权射虎事源于《三国志·吴书二》：

建安二十三年，孙权亲自骑马至庱亭射虎，老虎抓伤了马，孙权把双戟投向老虎，老虎受伤试图逃走，孙权的侍从张世趁机用戈再击。最终老虎被抓获了。重臣张昭曾劝谏道：“为人君者，应该能驾御英雄，驱使群贤，岂能驰逐于原野，骁勇于猛兽？一旦有个好歹，不怕被天下耻笑？”孙权道歉道：

“年少虑事不远，此事有愧于您。”但始终不能停止，于是做射虎车，车中不遮盖，自己在里面射猎。当时有脱群的野兽扑向他的车，孙权每次都以亲手搏击为乐。张昭多次规劝，孙权常常笑而不答。

也就是说，孙权打猎的时候发生了意外，摔下马用双戟与虎搏斗，后来在侍卫张世的帮助下杀死了老虎，史载孙权武艺不错，尤其善于射箭，于是在老百姓众口相传的过程中，逐渐演变成了射虎。

我们再来看看民间关于“孙权射虎”的传说：

传说，有一日，孙权一时兴起，随即唤上侍从张世一行出城打猎。

行至栖霞山脚下，正勒马观察，忽听到附近传来凄哭声。他随即驱马循声寻找，见是一位老汉坐在路旁掩面痛哭。孙权心中纳闷，连忙上前询问。原来这老汉是以砍柴为生的樵夫，早晨，他与小孙子进山砍柴，冷不防从树林中蹿出一只斑斓猛虎，一口将他的小孙子叼去了。

孙权一听，紫髯倒竖，碧眼圆睁，怒喝一声：“大胆孽畜，追！”拍马直奔山中。孙权的坐骑名为乌龙驹，是匹日行千里的好马。孙权发现猛虎后紧追不舍，那虎见脱身不得，一个急步回身，张开血盆大口，猛地朝乌龙驹扑来。乌龙驹受惊，险些将孙权掀下马来。

孙权大怒，狠狠将双戟投向猛虎，未中，又急取弓箭，射中虎的前胸。猛虎受伤，咆哮如雷，纵身扑向孙权。正在危急关头，身后飞来一柄长戈，正击中老虎的天灵盖，猛虎从半空中摔落下来，一命呜呼。原来，这一戈是孙权的贴身侍从张世击出的。

孙权见虎被击毙，惊愕之余，不由一阵狂笑，问道：“此是何处？”有人答道：此乃‘庱亭（吕城的古地名）也！’周围百姓闻讯赶来，见孙权杀死了猛虎，惊喜过望。从此，孙权骑马射虎的事，一传十，十传百地在民间传开了。为了纪念孙权为民除害的功绩，人们把老虎倒毙的地方，改作“虎落里”。

当然，这只是个故事。

枭雄也会老糊涂

在三国时代，孙吴后期的故事基本都属于内部斗争，与魏蜀两国关系不大，因此《三国演义》中着墨不多，不精读三国正史，恐怕只能是一知半解。但事实上，后三国时代的东吴朝堂，真可称得上是波诡云谲。这一切，要从孙权选立继承人开始说起。

孙权的长子叫孙登，孙权对他寄予厚望。孙登的母亲出身寒微，孙权就令正室徐夫人好生抚养孙登。孙权称吴王之后，立孙登为王太子，为他精选名臣后代作为辅弼，诸葛恪、张休、顾谭、陈表都被选入东官，孙权还把周瑜的女儿选为太子妃。孙权让孙登留守武昌主持荆州的军政事务，这相当于把吴国的半壁江山已经托付给他了，并把股肱之臣陆逊放在他的身边加以辅佐。孙登也确实没让孙权失望，他宽厚爱民，勤于政事、进举贤臣，已初步显露出一代明君的风范。可惜，这样一位应该能够在历史上留下大业绩的人物，却在三十三岁那年，病故了。他的死，令孙权悲痛万分，孙权流着泪说了八个字——“国丧明嫡，百姓何福”？作为国君、人父的孙权，说出这样的话令人动容，也让人备感心酸。他的死，也是吴国由盛到衰的开端。

孙登离世以后，因为次子孙虑早逝，便立三子孙和为太子。但孙权这时做了一件糊涂事。在加封孙和胞弟孙霸为鲁王之时，还让他和太子住在同一宫殿中，一切礼仪规格与太子孙和无异。

孙权这样做，让很多吴国大臣，甚至孙霸自己都觉得，他更喜欢孙霸，很有可能将来废了孙和，改立孙霸。于是，吴国掀起了巨大的波澜，大臣们

开始各寻拥护对象，最后出现了“中外官僚将军大臣举国中分”的局面：丞相陆逊、大将军诸葛恪、太常顾谭、骠骑将军朱据、会稽太守滕胤、大都督施（朱）绩、尚书丁密、太子太傅吾粲等拥护太子孙和；骠骑将军步骘、镇南将军吕岱、大司马全琮、左将军吕据、中书令孙弘等人拥护鲁王孙霸。至此，东吴朝堂之上已经形成了太子党和鲁王党两大集团，出现了储位之争和朋党之争。

然而，争斗还不止这些。孙权的长公主孙鲁班因为和孙和、孙霸的母亲王夫人不和，屡屡在孙权面前挑拨离间。

孙权卧病之际，让太子孙和到宗庙祭祀，正好太子妃张氏的叔父张休家就在附近，便邀请孙和到家中作客。孙鲁班得知此事后，诬陷太子与张休结党营私，又说王夫人在孙权卧病时面露喜色，巴不得孙权早死，她的儿子好登基为帝。此时的孙权已然英明不在，尤其在孙登去世之后更加敏感多疑。他没有详查就大骂王夫人，无辜的王夫人没多久就郁郁而终，孙权与孙和父子由此渐生间隙。

陆逊虽然倾向于太子孙和，但是作为国家支柱，为了维护朝堂稳定，也没有刻意打压鲁王一党。只是几次向孙权谏言，陈述嫡庶之分，希望孙权让太子、鲁王回归本位，各安本分，从根源上治理党争。并请求面见孙权陈述利弊。然而孙权不准。

在太子和鲁王之间有些摇摆的孙权与宠臣杨竺密谈，咨询杨竺的意见。杨竺是鲁王的拥趸，自然倾向于立鲁王孙霸，孙权于是更加动摇。不料此次谈话被太子的密探获悉，太子胆战心惊，找陆逊之子陆胤请求陆逊劝说孙权。孙权得知密谈泄露，大为震怒。杨竺趁机炮制“扒皮帖”，历数陆逊二十条罪状，说陆逊结党营私，这显然是诬陷，但受其影响并追随他的门阀子弟、文武士族，确乎不少，捕风捉影坐实“结党”很容易。此时全琮又不失时机地污蔑陆逊侄子在之前的作战中夸大军功。孙权也不调查清楚，就将陆逊的外

甥顾谭、顾承等太子近臣全部流徙蛮荒之地，又屡次遣使严厉责骂陆逊。陆逊羞愤难当，急怒交加，旋即不治，一代元勋竟就此猝死。

陆逊的死让孙权有了警醒，他恍惚看到了两党内斗的后果是东吴分裂，就像袁绍的两个儿子袁谭、袁尚互相攻讦，导致河北分崩离析，终于被曹操所灭一样。于是他做出最后决定，废除、软禁太子孙和，并将鲁王孙霸赐死，终结了这场席卷了整个东吴朝堂的斗争。

孙和被软禁后，骠骑将军朱据、尚书仆射屈晃率领众多将吏头上抹泥，将自己捆绑起来，接连几天到宫门外为孙和求情。孙权登上白爵观观望，非常反感这种行径，斥责朱据、屈晃等是无理取闹。孙权册立孙亮为太子，无难督陈正、五营督陈象上奏，引述晋献公杀申生、立奚齐，以致晋国大乱的史实进行劝谏，而朱据、屈晃又固执地劝谏不止。孙权大怒，将陈正、陈象满门抄斩，将朱据、屈晃拖进大殿，杖打一百，最后将孙和流放到故鄣，群臣中因劝谏而被诛杀流放的多达几十人。幼子孙亮被立为太子，并立孙亮生母潘氏为皇后。而潘皇后生性妒忌，虽身居皇后位置，但仍不满足，还想做女皇。有一次孙权重病，她非但不担忧，竟向人请教当年吕后是怎样执政的，其心可知。

对于孙和，时人后人不约而同地表示了惋惜。

陈寿说："虑（孙虑）、和（孙和）有好善之姿，规自砥砺，或短命早终，或不得其死，哀哉！"

裴松之说："孙权横废无罪之子，为兆乱。"

在这些人看来，废长立幼倒也并非绝对不可。主要是孙和品行都不错，没有明显的过失，若能顺利即位，东吴应该不会出现"童孺而无贤辅"的窘状。孙权晚年有感于此，曾想召回孙和，复立为太子，被孙鲁班所阻。而且孙和臂膀尽失，回来恐怕也难有作为，弄不好还会再次引起内斗，最终只得作罢。这时的孙权，恐怕肠子都悔青了，他老泪纵横地对陆逊之子陆抗说：

“我过去听用谗言，违背了正道，辜负了你父亲。”言下之意，如果陆逊还活着，我还愁什么！

孙权死后，十岁的孙亮即位，政令不由己出，终身苦受权臣威逼之祸，这为日后的吴宫政变埋下祸根。公元260年，孙亮遭到宗室大将孙琳的罢黜和杀害。而东吴第三位皇帝孙休也饱受权臣之苦，在位七年即英年早逝。到了第四位皇帝孙皓，则是残暴荒淫，最终导致吴国被晋国所灭。

司马懿：鹰立如睡，虎行似病

隐忍一生的“冢虎”

与“卧龙”“凤雏”等飘逸雅致的绰号不同，枭雄司马懿的外号是令人望而生畏的“冢虎”，冢虎的意思是盘伏在石冢中的猛虎，用以比喻待时而起的绝世之才。从宋元时代开始的民间叙事中，司马懿就作为一个可敬而可怖的智者与政治阴谋家的形象出现，司马氏在夺取曹魏政权中使用的诸多血腥手段，不但使他成为《三国演义》中最大的反派人物，也使得两晋成为很少为史家与儒家士大夫赞同的朝代。隐忍持重按照中国传统哲学关于著名历史人物不寻常的身世、容貌与超凡德行之间存在必然联系的说法，司马懿拥有令人胆寒的“狼顾相”——当曹操从其身后招呼时，司马懿整个脸都转向了后面，而身体却保持前行的状态，宛如觅食中的饿狼——在民间叙事中，这是

拥有者具备异常狡诈阴险性格的证明。因此，曹操对他充满戒心。

在枭雄辈出的三国时代，而且被曹操这样的人戒备，司马懿之所以还能够脱颖而出，其人生智慧的精粹之处，在于一个“忍”字，忍常人所不能忍。

曹操对司马懿的能力早有耳闻，打败袁绍之后，想请司马懿出山，于是派毛玠前去相邀。司马懿是个有战略眼光的人，他知道大汉朝已经不可复兴，他想再看看将来的天下到底会姓什么，想观望一番再出仕。于是推说自己有风瘫，并在毛玠面前装出一副四肢无力、六神无主的样子，毛玠容易骗，看到司马懿的病态，告辞回复曹操去了。

但曹操可不这么想，他觉得司马懿在玩花招，就派刺客去试探他。司马懿何等城府，猜到刺客肯定是曹操派来试探他的，于是当刀子就要劈到身上的时候，他克制住本能的逃生、反抗和自卫的反应，装成一个任人宰割的病人，刺客因此深信不疑，回禀曹操，司马懿躲过一劫。

等到曹操当了丞相之时，再次征辟司马懿出来当官。这一次曹操下了死命令：你来，我不收拾你，不来？——自己想想后果吧。司马懿无奈之下，只好从了。

跟随曹操以后，因为“狼顾”事件，曹操对司马懿可谓处处提防，时常动杀机，他曾告诫儿子曹丕：“司马懿这个人不会久居人下，将来一定会坏咱们曹家的事。”司马懿深知曹操对自己的猜忌，所以他勤勤恳恳，做小伏低，忠于职守，除了那位长远来看最值得投靠的人——太子曹丕，他避免站队，不轻易出头。给人的感觉，完全是一副没有野心的样子，甚至让随便找理由就能杀人的曹操找不到杀他的理由。

司马懿不仅在朝堂上能忍，在战场上也能忍。

五丈原之战，司马懿看出蜀军远道而来，粮草难以为继的弱点，诸葛亮欲速战速决，他就打持久战，无论诸葛亮如何挑战，司马懿均坚壁不出，以待其变。诸葛亮不能前进，便想到了激将法。一日，司马懿军营来了蜀国使者，使者带来一套女装，说是丞相赠予将军的。言外之意司马懿像个女人一样，婆婆妈妈，不敢打架。哪知司马懿竟当着使者的面穿上衣裳，还问候诸葛亮的饮食起居。在部下群情激愤的情况下，又使出了“千里请战”的妙计平息了众将的怒气。

无可奈何的情况下，诸葛亮只好分兵屯田，做长久屯驻之准备。诸葛亮欲战不能、欲罢不忍，与司马懿相持了一百多天，最终病死在五丈原。

在历史的记载中，我们很难看到司马懿意气风发、快意人生的表演，他从未有过属于自己的“青梅煮酒”时刻，从始至终，他都维持着一种战战兢兢如履薄冰的状态，哪怕后来曹操、曹丕相继死去，他已然位高权重，在人前的表现仍是“待罪舞阳”。舞阳侯是魏明帝曹叡赐给他的爵位。司马懿证明，通向成功的道理，往往由一连串的卑微、屈辱、隐忍构成。一个从里到外、从始至终从不曾散发枭雄气概的人，反而能在一场由顶尖枭雄参与的角逐中笑到最后。

不仅能忍，而且还狠

一个人如果只知道隐忍，那叫懦弱。能忍，且能观察形势、看准时机，该出手时绝不手软，当机立断一击即中，这才是忍中大者，才是忍的真谛，才忍出了境界。

司马懿就是这样一个人，他该忍的时候绝对能忍，该出手时又绝对够准、够狠，称得上真正的“稳、准、狠”。

司马懿征伐辽东公孙渊时，为了扬威立名，以绝后患，在有把握吃掉对

方的时候，连投降机会都不给对方留。公孙渊曾派相国王建、御史大夫柳甫前来求和，司马懿说他们两个老糊涂，传达的话不准确，将之斩杀，要求对方再派“年少有明决者来”。公孙渊无奈，另派侍中卫演，商讨送人质给魏，以求化干戈。司马懿想着法儿拒绝，他煞有介事地说：“用兵者的重要事情有五种，你们可曾知晓？能战则战，不能战当守，不能守当逃，余下来只有投降和领死两条路可走。你家主将既然不肯捆绑自己前来投降，那必定是想死。既然是想死，就没有必要送人质来了！”这番话把对方的求和意向彻底断绝了。公孙渊被逼得没招儿，打又打不过，只得逃亡，没想到还是被司马懿在梁水边追上，连同儿子一起死于非命。

司马懿领兵入城，高举屠刀，大开杀戒——“男子年十五已上七千余人皆杀之，以为京观。伪公卿已下皆伏诛，戮其将军毕盛等二千余人。”所谓“京观”，亦名“武军”，是一种野蛮的耀武方式，即用泥土夯实尸骸，在路边筑成恐怖高台，显耀武功，震慑他方。

这一次屠城，司马懿诛杀公孙渊所属官吏两千余人，还杀掉城中十五岁以上的男子七千余人，而当时整个辽东地区的人口也才三十多万。可以说，司马懿是用上万人的鲜血在自己的头上浇筑着成功的光环。

高平陵事变，司马懿摸准了曹爽贪生怕死的心理，接连派侍中许允、尚书陈泰等人劝说曹爽投降，并假惺惺地“指洛水为誓”，允诺曹爽，只要罢兵息甲，交出兵权，仍可保留爵位。曹爽犹豫了一夜，最后认为投降虽然会失去权力，但以侯爵的身份应仍能享受荣华富贵，于是放弃抵抗，而请皇帝罢免自己，并向司马懿认罪。曹爽兄弟罢官后随即回到府邸。然而仅仅过了三天，司马懿就下令将曹爽等夷三族，所牵连达五千多人！连出嫁在外的女子都不放过，悉数诛杀！

仅仅十三天，权倾一时的曹爽集团就灰飞烟灭，司马懿的手段不可谓不老到，不可谓不毒辣。

司马懿对敌人狠，对自己的家人也狠。

司马懿晚年宠爱柏夫人，疏远夫人张春华，所以张春华很少见到司马懿。一次，司马懿生病，张春华去探病，司马懿对张春华说：“面目可憎的老太婆，怎么还麻烦你出来！”张春华非常生气，声称要绝食自尽，张春华的儿子司马师、司马昭也要跟母亲一起绝食。司马懿急忙向张春华道歉。事后司马懿暗地里对柏夫人说：“老太婆死了没什么好可惜的，我担心的是我那群好儿子啊！”古人讲：“糟糠之妻不下堂！”能对老婆如此口出毒语，司马懿真是个狠人！

熬死曹家三代人

三国争霸，最终尽归司马氏，说起来，在很大程度上与司马懿活得足够长有关。

司马懿整整活了七十三岁，比他一生中也许最敬畏的对手诸葛亮多活了十七年，纵然在才能上他比诸葛亮可能略有逊色，可寿命上占足了优势。须知，生命是一切的根本。

司马懿的长寿，也让他在与曹家博弈的过程中占尽优势，他整整熬死曹家三代人，为司马家族取代曹家奠定了足够的基础。

曹操在世时，司马懿不敢妄动。毕竟，曹操在三国诸多枭雄中也是首屈一指的，本身智谋、才能都非常强悍，又谋臣名将如云，况且心狠手辣，司马懿就算不甘居人下，也不可能赢得了曹操，所以他处处隐晦，处处附和曹操，在生性多疑且下手凶狠的曹操手下行走多年，却也安然无恙。

熬死了曹操，熬来了曹丕。曹丕固然不如曹操，但也不是个酒囊饭袋。他重视文教，修复洛阳，营建五都，与民休息，果断称帝，结束汉朝四百年的统治，开创士族政治之先河。他遵从父亲曹操的警告，对司马懿也多有提防，每次把兵权交给司马懿，用完之后就马上收回。况且这个时候，当初跟随曹操纵横天下的一些名臣猛将也还在，司马懿依然不敢有嚣张之举。可惜，曹丕也命短，在曹操死后第六年也跟着去了，年仅三十九岁。

熬死曹丕，司马懿大权在握，但他仍未得意忘形。因为即位的曹叡也不是彻底无能之辈。曹叡刚即位，诸葛亮就统军北伐，曹叡指挥曹真、司马懿等人成功防御了吴、蜀的多次攻伐，并且平定鲜卑，攻灭公孙渊，颇有建树。这里面固然有司马懿等人的辅助，但也不能抹杀曹叡的功劳。面对这样一位君主，司马懿依旧小心翼翼。然而，曹叡也是个短命皇帝，仅仅活了三十四岁，还不如他父亲曹丕。

熬死了曹叡，即位的是年仅八岁的小皇帝曹芳，这个时候曹氏政权已完全被司马氏所掌控。司马懿靠着隐忍与长寿，熬死了几乎所有强大的对手，为司马家族的壮大奠定了雄厚的基础，他的子孙最终夺取曹魏政权，俨然已经水到渠成。

第二卷　谋定天下

夺命从不刀血刃，运筹决算有神功

“堂上谋臣帷幄，边关猛将干戈。”谋臣，中国古代知识分子中的精英，是一个非常特殊的阶层。在你征我伐的三国时代，他们是以自己的聪明才智，各为其主，上演了一场又一场惊心动魄的斗智斗谋。他们以深不可测的智慧，谋己、谋人、谋兵、谋天下，更谋百年！

贾诩：第一毒士，非我莫属

一手推开三国混乱之门

贾诩与诸葛亮、郭嘉、沮授等人不同，他是一个纯粹的谋士，贾诩用谋，直指人心，且完全不讲究道义，就是纯粹的就事用谋，颇有“我只管自己，不管别人死活”的意思。他不在意天下在谁的手中，也不在乎是否荼毒苍生，他可以见风使舵，谁得势就跟随谁，在他身上，你甚至看不到忠义与善良，他就是一个纯粹的谋略家，是三国的第一毒士。也正是他，一手推开了三国的乱战之门。

贾诩最初跟随董卓，并不显山露水。建安三年，董卓被杀，司徒王允掌权，对董卓余部下了斩草除根、斩尽杀绝的命令。董卓部属李傕、郭汜星夜引军奔凉州，派人到长安上表请求宽恕。王允对他们恨之入骨，哪里肯赦？于是把李、郭等人逼上了绝路。李傕、郭汜胆怯，想要遣散部队，各自逃命。贾诩一想，这不行啊，一旦手里没有了部队，还不任人宰割么？于是他出言阻止李、郭二人：“王允那老匹夫，摆明了是要将咱们斩尽杀绝，就算逃到天涯海角，恐怕最后也会被诛杀。横竖都是个死，何不集合部队，攻入长安，赢了就能逆转乾坤，输了再死也不迟！”李、郭两个武夫深以为是，千恩万谢，领兵直扑长安而去，扬言要为董卓报仇，制造了一场惊心动魄的浩劫。

李傕和郭汜攻入长安以后，诛杀王允等重臣，不久又展开内战，两军在长安城内展开混战，李傕乘机挟持了汉献帝，宫中女子财物被抢掠一空，由城内打到城外，天天搦战不止，汉献帝在李傕营中受尽折磨，其苦万状。两人杀到性急时，在阵前赌起输赢，竟用皇帝来做赌注，可谓无赖到极点。这边李傕挟住皇帝，那边郭汜又乘机扣下公卿，作为人质，讨价还价。

长安城进入长达三年的血腥统治，处处烧杀抢掠，横尸遍野，百姓过着炼狱般的生活。死者万数，长安城几乎成为一片废墟。汉献帝侥幸逃脱，仓皇东窜，到洛阳又成了曹操手中的棋子。而这一切，就起源于贾诩的一句话。试想，假如贾诩对天下苍生稍微有点怜悯之心，不出那个祸国殃民的主意，没有放上压倒骆驼的最后一根稻草；假如西凉军四散逃亡，王允扶持汉献帝执政，历史又会进入怎样一种局面？袁绍、曹操、刘备、孙权等人的命运会不会被改写？为一己之私，置国家稳定、万千性命于不顾，三国第一毒士，非贾诩莫属。

料事如神，揍惨了曹操

当初，贾诩便深知李傕、郭汜这两个土匪一般的武夫难成大器，跟随他们早晚会被殃及，便找个理由辞官而去，开始明哲保身。

后来，贾诩在他的老乡将军段煨那待了一段时间，贾诩看出段煨对自己只是表面礼遇，实则内心猜忌，怕自己夺了他的兵权。于是他骑驴找马，准备跳槽了。恰好这时张绣对贾诩频频暗送秋波，贾诩便转身投奔张绣去了。

有人问贾诩：“领导待你这么好，你为何还要离去？”

贾诩说："这哥们生性多疑，有猜忌我的意思，待遇虽然优厚，却不可依靠。若待久了，说不准哪天他就会把我弄死。而我离开，他一定很高兴，又指望我连结外援，一定善待我的家人。张绣那边正缺谋士，我去了对他来说是如虎添翼，必然善待我，这样，我和我的家人都能够得到保全。"贾诩到达张绣处，张绣果然大喜，对他"执子孙礼"。而段煨知道贾诩离去，也果然善待其家人。

建安二年，曹操征张绣，张绣降。曹操地盘还没占牢呢，就开始惦记人家的婶婶，弄得张绣非常没面子，心里发狠要收拾曹阿瞒。贾诩给张绣出主意，让他跟曹操说：我的部队需要调动防区，可是战车不够，东西装不下，只能让士兵自己带着武器盔甲，从您的防区路过，特来向您请示一下。

曹操此间正色迷心窍呢，也没深思，大手一挥：批准了！

于是，曹操被杀了个措手不及，此战也成了他惨败的代表作之一，每每有人想羞辱他，都会提及。

曹操逃脱以后，报仇心切，第二年率兵重来，直奔张绣，而袁绍则乘虚袭取许都，曹操无奈，只能匆忙撤退。张绣欲率兵打歼灭战，贾诩劝阻说："不可追，追必败。"张绣不听，强行追击，被曹操亲自断后击败。贾诩这时又对张绣说："赶快再追，一定会获胜。"张绣说："不听你的建议才落到这种地步，现在已经败了，为何要再追？"贾诩说："形势已经起了变化，赶快去追准能获利。"张绣听从贾诩建议，收集散兵，再行追击，竟将曹操后卫部队击溃。

得胜后，张绣向贾诩请教是怎么回事，贾诩解释说："这个道理很容易明白。将军虽然擅长用兵，但还不是曹操的对手。曹军刚撤，曹操必然亲自殿后，我们的追兵虽精，但将领比不过他们，他们的士兵还很有士气，所以我知道将军你必败。曹操之所以还未尽力就已撤兵，一定是后方出了事，所以击破将军的追兵后，一定会全力撤退，留别人断后，他留的将领虽厉害，却比不上将军，所以我知道将军用败兵也能取胜。"张绣大为佩服。

打完你，再送个天大人情给你

让雇主重视你价值的最好办法，是帮雇主的对手打败他。

贾诩也知道，张绣这个人不是枭雄之才，他对自己足够优待、信任倒是真的，但在你死我活的竞争中最后一定是被淘汰者，所以为了自保，他还得跳槽，跳到一个足够强悍的领导身边。这一次他选择了曹操，那个曾经被他用计诛杀了爱子、爱侄、爱将的人。这次他不仅自己跳，还拉着张绣一起跳。

建安四年，袁绍派人招降张绣，并与贾诩结好。张绣眼看着就同意了，贾诩却当着张绣的面回绝了袁绍。按正常人的逻辑，当时天下就袁、曹两大军团实力最为雄厚，而且袁家更胜曹家一筹，不投靠袁绍还投靠谁呢？但贾诩自有算计：

第一、自己屡次帮张绣痛打曹操，让实用主义者曹操看到了自己的价值；

第二、曹操这个人喜欢沽名钓誉，如果他连有杀子之仇的人都能宽恕，那绝对是好大一块招牌，天下贤能必然趋之若鹜。曹操志在四海，一定能做出正确取舍。

于是他胸有成竹地对张绣说，将军放心投奔曹操吧，我敢断言他不计前嫌，而且还会好生优待，高官厚禄都不在话下。

果然，张绣归顺曹操后，曹操果然故作宽容："让我们两家相逢一笑泯恩仇吧！"不仅如此，还拜张绣为扬武将军，又让自己的儿子曹均娶了张绣的女儿为妻，结成了儿女亲家。贾诩被拜为执金吾，封都亭侯，迁冀州牧，由于

当时冀州为袁绍所占，贾诩便留参司空军事。

事后，曹操拍着贾诩的肩膀说：“哥们，我看好你，是你让我的名声扬于天下，这份功劳我记在心里了。”

功遂，身退，天之道

贾诩不仅料事如神，而且对人性的拿捏可以说相当到位。他深知功高会震主，伴君如伴虎，兔子一死绝，猎狗就得烹的道理。不信？你看文种帮勾践称霸春秋以后，不是被几句话就给赐死了吗？——“你当初给我出了七条对付吴国的策略，我只用三条便打败了吴国，剩下四条在你那里，你用这四条到地下为寡人的先王去打败吴国的先王吧！”

所以归顺曹操以后，贾诩官做得越大，为人反而越低调。他也知道，自己不是曹操的老部下，却策谋深长，怕曹操猜嫌，所以采取自保策略，闭门自守，不与别人私下交往，他子女婚嫁也不攀结权贵。

若干年后，曹操给他出了个难题。

有一天，曹操问贾诩：“先生，你说我把魏王的位置传给哪个儿子好？”

贾诩假装走神，不说话。

曹操追问：“你咋不说话呢？给个痛快话啊！”

贾诩装傻充愣道：“啊，对不起，对不起，我走神了，我刚才在想袁绍和刘表啊。”

曹操心领神会，微笑不语。

在这场曹家内斗中，才子曹植因为锋芒毕露败下阵来，另一才子杨修因为

忘了“疏不间亲”的古训，极尽所能上蹿下跳，导致身首异处。贾诩，顾左右而言他，既不过分掺合，又恰当表明自己的意见，博弈之道玩得相当高明。

又若干年后，曹丕称帝，一登基就让贾诩当上了太尉，晋爵魏寿乡侯，增食邑三百，前后共八百户。又分食邑二百，封其幼子贾访为列侯，任命其长子贾穆为驸马都尉。

七十七岁那年，贾诩以高龄而善终，在血腥的三国时代，着实不容易。真正做到了老子所说的：“功遂，身退，天之道。”

后世白居易评他：“天下论智计并归贾氏也。”

今人易中天也说他：“贾诩能在乱世中审时度势，自己是活得时间最长的，还保全了家人。这才是真正的大智慧，贾诩可算是三国时期最聪明的人。”

沮授：一个悲哀的殉难者

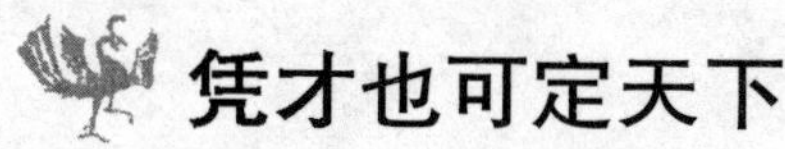

凭才也可定天下

沮授从小有远大志向，喜欢谋略。先是任冀州别驾，当茂才，当了两次县令，韩馥入主冀州时当韩馥的别驾，被韩馥推荐为骑都尉。

在韩馥打算出让冀州时，沮授与长史耿武、别驾闵纯劝谏说：“冀州虽然狭小，能披甲上阵的有百万人，粮食够支撑十年。袁绍以一个外来人和正处穷困的军队，仰我鼻息，好比婴儿在大人的股掌上面，不给他喂奶，立刻可

以将其饿死。为什么要把冀州送给他呢？”韩馥没有同意。

袁绍夺取冀州后，辟沮授为从事，接着问沮授：“如今奸臣作乱，皇帝四处漂泊。我家世代蒙受汉室恩宠，立志尽自己的力量和生命来振兴恢复刘汉天下。然而齐桓公没有管仲不可能成就霸业，勾践没有范蠡不可能保全越国。现在我想与您同心协力，共同使国家安定，您有什么计策匡正帮助我呢？”

沮授进言说：“将军不到二十岁就被朝廷重用，名声传扬全国。赶上董卓废立皇帝的时机，将军奋然生发忠义之心，只身一人骑马出奔，使董卓心怀恐惧。您渡过黄河向北，渤海的百姓稽首归顺。您拥有一个郡的军队，聚集冀州的人马，威势控制黄河以北，名声为天下推重。假使发兵向东，就可以扫除黄巾；还军攻打黑山，就可以灭掉张燕；掉转兵力向北，就必定捉住公孙瓒；以威势胁迫戎狄地区的人，立刻就可平定匈奴。横扫黄河以北，合并四个州的地盘，网罗英雄人才，拥有百万人马，到长安迎接陛下，恢复在洛阳的宗庙，向天下发号施令，征讨不服从的人。凭借这样的条件争决胜负，有谁能够抵挡！几年以后，建立功业并无困难。”

袁绍听后大为欢喜，立刻表沮授为监军、奋威将军。

袁绍听他的，曹操就得垮

汉献帝辗转流亡到河东等地时，沮授曾建议袁绍迎献帝，迁都至邺城，挟天子以令诸侯；袁绍听后打算听从沮授的建议，但淳于琼等人认为要复兴汉室太难，而且迎立汉帝会削弱自己的权力，劝袁绍不要用此计策，袁绍于是放弃。而这个计谋被曹操用了一辈子，而且用得相当成功，次年曹操就在

荀彧的建议下迎献帝迁都许昌，成功地挟天子以令诸侯。

袁绍命长子袁谭为青州都督，沮授反对，认为是祸胎，但袁绍坚持要令三子各据一州，以观察其能力。袁绍死后，三子因争位而大战，自相残杀，曹操没费多大力气就消灭了他们。

官渡之战前夕，沮授集合宗族，大散其财，并说："袁公在官渡胜利的话，我们就会有威无不加，但战败的话连自身也不能保住，真是悲哀啊！"沮授的弟弟沮宗不认同，说："曹操的军士马匹没我们多，兄长你何必惧怕呢？"但沮授看得出曹操的雄才，他说："以曹兖州的大略，又有挟天子的资本，我们虽然攻灭公孙瓒，但军士疲倦，将军骄横，军队的破败正在这一举。"

官渡之战时，袁绍进军黎阳，遣颜良攻刘延，沮授劝说："颜良性格狭窄，虽然勇猛但不可独自任用。"反对以颜良独自领军，袁绍不听。曹操救刘延，斩杀颜良。

袁绍将渡河之前，沮授又认为袁军应该留守延津，分兵进攻官渡，如果战胜，再增兵官渡也不迟；否则，兵众也可以安全撤离，但袁绍不听。沮授叹息，称病不见，袁绍因此对他怀恨在心，将沮授所率部队交由郭图统领。

袁绍领军行至阳武，刚刚下定寨栅，沮授出谋划策，他认为袁军虽然人多势众，但不如曹兵英勇；曹军虽然精锐，但粮草储备不如袁军。曹军因为粮少，只求速战；袁军粮食充足，应该坚守不战，跟曹军相持，早晚拖垮曹军，取得战争胜利。袁绍大为光火："田丰慢我军心，我正想得胜回来拿他是问。怎么你也这样去做？"他命令人将沮授监押起来，等打败曹军后跟田丰一起治罪。从整个三国历史来看，沮授的这一策略与后来司马懿熬死诸葛亮的方法不谋而合。但当时的袁绍正踌躇满志，怎么能听得进去逆耳良言。

沮授被软禁，仍心忧袁氏。他担心粮草基地乌巢有失，连夜求见袁绍，说道："适才我看天象，太白逆于柳、鬼之间，流光射入斗、牛之分，恐有贼兵劫掠的危险。乌巢是我军储备粮草的重地，应该提高戒备级别。主公速遣

精兵猛将，在山路不间断巡逻，防止被曹操算计。”袁绍怒斥沮授：“你是有罪之人，不思悔改，还一味妄言惑众。”他一怒之下，杀了放出沮授的监押人员，重新安排人员看押沮授。沮授叹道：“我军亡在旦夕，只怕我的尸骸都将不知落到何处了！”

沮授不降，死也不降

官渡之战，因为曹操杰出的指挥才能，成为教科书里的经典战役。很不幸，曾经那个志得意满的袁绍，充当了昔日好友的陪衬。兵败的一刻，袁绍只能在仓皇中带着亲信随从八百人逃之夭夭。然而，却遗忘了被他关押起来的沮授，沮授就这样成了阶下囚。

曹操是个爱才的人，可以说给足了沮授面子，不仅亲自上前为他松绑，还当着手下文武的面捧沮授：“袁本初无谋，不用沮授的计策，要不然，我们哪有今天的胜利。”怎奈沮授宁死不降。即便这样，曹操也没杀他，而是将沮授留在军中，好酒好菜供养起来，经常派人去劝说，希望有朝一日能够感化他。

可是曹操想错了，他能够用计谋留住徐庶的人，却始终留不住徐庶的心，而沮授，他连人都留不住。有一日，沮授趁看守人不备，盗窃了曹军的战马，就要逃回河北。他是在用行动明白地告诉曹操，只要你不杀我，我必定回到河北，帮助袁氏重振雄风。曹操这才被迫杀了他，并感叹道：“孤早相得，天下不足虑。”

料想，沮授当初归附袁绍，必定也曾意气风发，想着建立功业彪柄千秋，

他断没料到自己的结局会是如此吧。都说，得一治世良臣可敌千军万马，然而，领导人的气度、眼界也很是关键，可惜了千里马不遇伯乐，结果只能是千里马被埋没！

郭嘉：算无遗策的一代鬼才

良禽择木而栖

在历史上，常有这样一种现象：许多杰出的人才在原先的阵营里并没有什么闪光点，而归属另一个主公后就大放异彩，功勋卓越。郭嘉就是其中之一。

在投奔袁绍未获重用后，郭嘉分析了原因，认识到袁绍好名而不知用人的本质，便抛弃了种种幻想，毅然离开了他。在经荀彧推荐认识了曹操后，通过长谈，彼此之间相互了解。认识到曹操是一个能做大事的雄主，于是毅然投奔，获得重用。

在混乱的年代，君臣之间是相互选择的。郭嘉的际遇正应了一句俗语：大将投明主，鹊雀登高枝。知人善用是每一个成就大事业的“明主”所必备的素质；而“高枝”并不一定是很高的职务，主要指适合施展才干的平台，因为人才只有在使用中才能发挥他的价值。

在东汉末年军阀混战的年代，年轻的郭嘉为了施展自己的政治抱负，投

奔了当时雄踞北方，实力雄厚的袁绍，意图在乱世凭借自己的才华建功立业。

然而，由于年轻，再加上郭嘉的名气并不是很大，袁绍并没有立刻重用他。同所有被冷落的能人志士一样，郭嘉因此而郁郁不得志。经过多方观察，终于认识到袁绍只想仿效周公的礼贤下士，却不知道使用人才的道理。思虑多端而缺乏要领，喜欢谋划而没有决断，和他一起共同拯救国家危难，建立称王称霸的大业是很难的。

于是，郭嘉便离开了袁绍，去寻觅自己理想的雄主。

在此之前，郭嘉的同乡，颍川郡人戏志才是一个善于筹划的人才。在曹操的手下做事，很被看重。戏志才死后，曹操叹息不已，从此对来自汝州、颍川等地的人才特别看重。一直在寻找适合自己大业的杰出人才。

经荀彧的推荐，郭嘉见到了曹操。两人一起共谈天下事，彼此之间均相见恨晚。郭嘉的才华给曹操留下了深刻的印象。为了成就大业，曹操对郭嘉予以重用，任命他为司空军祭酒。

从此，寻觅到雄主的郭嘉便辅佐曹操，为其平定北方立下了汗马功劳。

近取吕布，远图孙策

天下无敌的吕布，十分自负，但由于接连战败，信心遭到沉重打击，锐气已失。郭嘉深知，武勇的吕布如果获得喘息的机会，假以时日还会成为曹操的劲敌。他适时劝谏曹操克服士兵疲劳、进攻受挫的种种困难，发扬连续作战的勇气，一举打败吕布消除祸患。而对孙策则指出其个性轻率，结怨多而不善防身，料其迟早会因此遭到灾祸。

以上两者，都是从对手的性格出发做出的推断，成功率很低。

曹操借为父报仇攻打徐州太守陶谦，双方僵持不下。吕布乘机偷袭占领了曹操的根据地。丧失根基的曹操急忙回军攻打吕布，将吕布围困在下邳。

下邳城坚，难以攻陷。而连续作战又导致士兵疲惫，进退两难的曹操想收兵。但郭嘉却认为此时是攻打吕布的良机，应趁有勇无谋的吕布三次连败，锐气还未恢复一举攻下。之后又引沂水、泗水，以水破城，并活捉了吕布。消除了曹操争雄北方的一大对手。

当曹操与袁绍在官渡对峙之时，军队主力都集中在北方前线。后方许都空虚，给了已占据江东地区的孙策一个袭击的好机会。曹操面临两强齐攻，两线作战的危险。为了安抚众人，郭嘉指出：孙策刚刚占领江东不久，他所打败的都是一些英雄豪杰，是一个能让别人为他效力的人。但由于性格轻率所以不善于防备。虽然兵多将广，但结仇怨太多，处境很危险，一旦有刺客伏击便有可能身亡。

孙策的结局不幸被郭嘉言中。孙策在江边围猎时，被仇人许贡的门客所刺杀。而曹操因此才能够集中己方力量与袁绍在官渡进行决战。

坐山观虎，平定二袁

平定冀州之战虽然不如官渡之战那样出名，但其中郭嘉所做出的决策却令后人瞩目。

他看出了袁绍因未确立继承人，导致袁谭与袁尚兄弟争权，彼此不服，双方矛盾重重，只是在曹操的军事压力下才没有激化。于是及时劝谏曹操停

止进攻，隔岸观火，让二袁因利益冲突彼此火并。最后，当二袁互相攻伐，双方均损失严重后适时出击，以较小的代价一举平定冀州。

外敌当前，内部矛盾会获得缓和，但却不能得到根本性化解。于是当外部压力减弱时，内部矛盾就会上升为主要矛盾，并得到激化。在这场斗争中，郭嘉正是出色地把握了这一矛盾的转化规律，巧妙利用敌人内部矛盾而取得胜利。

所谓事在人为。一个决策者的思维方式、行事规律，往往在很大程度上受制于他固有的性格弱点。而郭嘉认为：袁谭与袁尚兄弟彼此不服，争权夺利。若此时进攻则他们将团结一致，互相扶助。若暂缓打击，向南做出征讨刘表的假象，二袁就有可能互相争斗。等变局形成后再攻击他们，就可一举成功。

听了郭嘉的建议后，曹操向南面进军，军队开到西平县，袁谭、袁尚果然开始争夺冀州。袁谭被打败后逃到平原县并投降曹操。曹操假意答应，借此平定邺县，后来又攻占南皮，消灭了叛变的袁谭势力，平定了冀州。郭嘉因功被封为洧阳亭侯。

袁尚在被曹操打败后，逃到北方乌丸人的地区。此时，刘备在刘表的支持下准备袭击许都。众人均认为袁氏已不足为虑，纷纷劝曹操回师南征。

这时，郭嘉力排众议，认为乌丸地处偏远，所以会不加防备，如果乘此机会突然发动攻击，则可以轻易消灭敌人。而且，以前袁绍对这个地区的汉人、乌丸人都有影响。袁氏兄弟也没有彻底被消灭。在北方，新占领的地区老百姓还没有完全归附。此时南征刘表就等于给了袁氏兄弟喘息机会，日后再加上乌丸人则后果严重。而刘表与刘备互不信任，不足为虑。

由于郭嘉的劝谏，曹操出师远征乌丸。在此过程中，郭嘉强调兵贵神速，让士兵轻装疾行，直接攻击乌丸单于，结果大败乌丸军，消除了北方的隐患。

哀哉奉孝！痛哉奉孝！

曹操几乎每次出征，郭嘉都是随从参谋军机，行军时和曹操是并肩而行，议事时也是和曹操同席而坐。每逢军国大事议论纷纷时，郭嘉的计策总是正确的，并且他的策略从无失算，真正达到了算无遗策。郭嘉向不遵循礼法，而以其超群的智谋被曹操重用，也只有曹操这种雄才大略，才敢于使用郭嘉这类藐视礼法的人。并把小己二十多岁的郭嘉引为“知己”。更是对年轻的郭嘉寄予了无限的希望，打算在平定天下之后，把身后的治国大事托付给郭嘉。当郭嘉因为病重卧床时，曹操不断派人探视，“问疾者交错”。当郭嘉病逝时，曹操亲至灵堂，悲痛万分。更有诗一般的精练的语言道出了自己的无限哀伤和惋惜：“哀哉奉孝！痛哉奉孝！惜哉奉孝！”

郭嘉在曹操集团中的重要地位是无人可以替代的，甚至可以将曹操的戎马生涯按郭嘉之死分为前后两部分。生前，郭嘉帮助曹操统一了北方：在曹操先后剿灭吕布、袁绍及其余部的战斗中，郭嘉居功至伟。郭嘉死后，曹操除在西北面与马腾、韩遂等草寇型军阀的战争中取得一些战绩外，基本上处于停滞不前的境地。赤壁之战后，更留下一个天下三分的无奈结局。对此曹操本人亦深有体会，不然他不会在赤壁战败后的退却路上，发出这样一声孤猿泣血般的哀叹：“郭奉孝（郭嘉）在，不使孤至此。”

诸葛亮：军事和政治都很有一手

未出山天下已三分

刘备是一位胸有大志的人，虽然一直不得志，但仍不断寻访人才。经司马徽和徐庶等人的推荐，他不惜在军务繁忙中带关羽、张飞二将躬身三顾茅庐，欲请诸葛亮出山辅佐他共谋大业。前两次登门求教皆不得见，刘备并未因此而放弃求贤之诚意，又第三次再度登门。刘备对还未谋面的诸葛亮如此谦恭，致使身居山野的诸葛亮十分感动。为此，刘备第三次前往隆中拜谒诸葛亮时，诸葛亮真诚地以礼相待，向刘备说出了自己对时局的见解，这就是诸葛亮著名的《隆中对》。诸葛亮虽隐匿山野，然而他未出茅庐却尽知天下大势。他对刘备进言说："自董卓以来，豪杰并起，地盘跨州连郡的不可胜数。曹操和袁绍相比，名声低，人马少，结果他反而打败了袁绍，以弱胜强，其原因并非苍天使然，而在于人的智谋。今曹操拥有百万人马，挟天子以令诸侯，是很难与他争锋的。孙权占据了江东，已经历了三代，地势险固，民心归附，且有一批贤将才士为他效劳，因此只能与他联合而不能去图谋攻取。而荆州之地，北依汉水、沔水，南达南海，东连吴会，西通巴蜀，堪称用武之地，但它的主人难以守住，这大概是上天特意留给将军的，将军是否有意接纳呢？另外，荆州西面的益州，地势险要，沃野千里，为天府之国，昔日

汉高祖刘邦正凭借此地而成就了帝业。然而，益州牧刘璋懦弱无能，在他北面占据汉中的还有一个张鲁，民殷国富，但不知爱惜，因此有才智的人都渴望有一个贤明的主子。将军既然是皇室之后裔，且信义又闻于四海，能广交天下英雄豪杰，思贤若渴，如果能占有荆、益二州，固守险要，西边与诸戎和好，南面安抚夷越等各民族，对外与孙权结为友好邻邦，对内则修明政治，等待时机。一旦时机一到，就可命一上将统率荆州军队北上夺取宛城，汉室可兴矣。”诸葛亮一席话就如黑暗中一道闪电，照亮了混乱复杂的天下政局，使刘备茅塞顿开，眼前呈现出一幅三分天下的蓝图。于是，刘备喜出望外，拜诸葛亮为军师，上马同回军中。

《隆中对》是诸葛亮初出茅庐时对时局进行精辟分析的杰作，体现了他洞若观火、善于驾驭天下大事的能力和才干。诸葛亮以一言兴邦，刘备思贤若渴，采纳了他的计谋，并从此以诸葛亮为辅佐，踏上了建立蜀国、三分天下的征途。

治国有法，安邦有道

“武侯治蜀”是诸葛亮政治生涯的重要组成部分。面对新建的政权和复杂的当地形势，诸葛亮坚持以法治蜀的方针。他励行法治，执法严明，整顿了益州长期混乱、松弛的社会秩序，而且面对各方面的反对，坚持自己的做法。最终使益州地区社会风气好转。

这一切产生了良好的效果：首先，社会的稳定给新建的刘备政权带来声誉，使得人民相信这个政权。其次，安定团结的环境为以后发展、建设益州

打下了良好的基础。实际上，对于情况复杂的益州地区，要想发展，法治是唯一的途径。

治乱从严，宽严相济是古今认同的治国原则。但严到什么程度，宽到什么范围，在当时恐怕虽言法治而仍实为人治。以至于武侯事必躬亲，不劳累成病才怪。

益州乃中国西南部地区，地域虽广，但山高谷深，交通不便，从春秋战国至秦汉以来，这个地区在经济上较之中原地区来说，一直要落后一些，尤其在它的南部，居住着大量的少数民族，跟中原的联系很少，其经济也就更不发达了。因此，治理益州，发展经济，成为诸葛亮巩固刘备新政权的首要任务。在这方面，诸葛亮充分发挥出了他的治国安邦之才。作为刘备的军师，所有治国之策实际上皆出自诸葛亮，刘备对诸葛亮非常尊重，可以说是言听计从，从不乱予否定。故此，诸葛亮对刘备也就忠心辅佐，至死报答刘备的信任和知遇之恩。

夺取益州后，诸葛亮励行法治，帮助刘备整顿长期以来益州地区混乱、松弛的社会秩序。诸葛亮执法严明，赏罚分明，“无恶不惩，无善不显”，在他的治理下，益州社会秩序明显好转。史书上记载说，经诸葛亮的治理经营，益州之地变成了一块“吏不容奸，人怀自厉，道不拾遗，强不凌弱”的好地方，整个社会“风化肃然”。对此，诸葛亮曾遭到一些人的反对，如曾帮刘备夺取了益州的刘璋旧部法正即对法治不满，他对诸葛亮说：“从前汉高祖入关，也不过约法三章而已，刘公刚占益州，对百姓没有什么恩德；再说，你们都是外来人，按关系来讲，也应把政令放得宽一些，使大家安心。”法正提到刘邦当年推翻秦后把秦王朝的一切政令全废除了，只宣布了三条法令：杀人者死，伤人者刑，盗窃者抵罪。刘邦的“约法三章”在秦王朝多年暴政后的确是对老百姓的一种解放，那么，这种历史的经验是否只能不变地搬用呢？对此，诸葛亮分析得十分透彻，对法正晓之以理。他说：“当年秦王朝无道，

用严酷法令压迫广大人民，老百姓怨声载道，那么刘邦的约法三章当然正得其时。然而现在情况恰好相反，刘璋治益，一直法令松弛，致使很多豪强放纵不法，因此严肃法纪，整顿秩序，这才是现在治国所需要的。彼时的宽松和此时的从严，皆实际需要使然。”诸葛亮鉴古而通今，治国有法，安邦有道，以此可见一斑。

北伐也许只是一个幌子

自关羽败走麦城，刘备托孤白帝，可以说蜀国已经元气大伤，在三国之中实力最弱。此时，诸葛亮反而六出祁山，力图恢复中原，以区区数万兵力对抗数十万的魏军，可以说不是智者所为。但诸葛亮毕竟是诸葛亮，他有着自己的想法。

即使诸葛亮不北伐，魏国也会出兵攻蜀。与其因战争造成蜀地破坏，倒不如把战争引到魏国去。而且，单纯的防守，蜀国的发展始终不及魏国，双方的差距只会因时间的推移而拉大。但蜀汉毕竟国小力弱，特殊的地理位置，使当时的蜀汉政权如同一只关在笼中的猛虎，曹魏固然难以入笼打虎，而虎也难以出笼侵魏。若中原乱，或可一逞，若中原稳定，则毫无机会。

另一方面，蜀国是刘备依靠荆州集团（以诸葛亮为代表，刘备入蜀带领的文臣武将）在蜀地建立的政权。所以在蜀国第一阶级是荆州集团、第二阶级是东州集团（以李严为代表，刘璋以前带领的文臣武将）、第三阶级才是蜀地集团（以谯周为代表，蜀地本土势力）。

蜀国建国之初，拥有荆州与益州，三方势力的矛盾并不明显。但是自从

关羽失荆州、刘备败夷陵后。荆州集团在经历失荆州、败夷陵，元老死伤惨重（关羽、张飞、黄忠、马良、麋竺等皆亡），无力继续压制强大的蜀地集团，所以必须联合东州集团。三方势力长此以往，矛盾日渐突出。刘备也意识到了这一点，所以在托孤之时，除了任命诸葛亮为“正托孤大臣”还任命李严为“副托孤大臣”，一来可以使双方互相监督，二来可以借机拉拢东州集团。

诸葛亮发动北伐，也许正是为了将蜀国的内部矛盾转移至对曹魏的外部矛盾。一旦打下雍州、凉州，那么荆州、东州、蜀地三大集团的矛盾会大大缩减，而且可以使蜀国有了问鼎中原的机会。

所以孔明六出祁山自知是不可为而为之，没有取得成功也许在预料之中，但为历史留下了万古云霄一羽毛的完美人格，也留下了“出师未捷身先死，长使英雄泪满襟”的千古遗憾。

领导的决定没有错

对于历史人物的评价，历来有好有坏，但关于诸葛亮，则是正面居多。

陈寿在《三国志》中这样评价诸葛亮：“诸葛亮之为相也，抚百姓，示仪轨，约官职，从权制，开诚心，布公道；尽忠益时者虽仇必赏，犯法怠慢者虽亲必罚，服罪输情者虽重必释，游辞巧饰者虽轻必戮；善无微而不赏，恶无纤而不贬；庶事精练，物理其本，循名责实，虚伪不齿；终于邦域之内，咸畏而爱之；刑政虽峻而无怨者，以其用心平而劝戒明也。可谓识治之良才，管、萧之亚匹矣。”是故，西蜀的老百姓在诸葛亮逝世以后，追思不已——“因时节私祭之于道陌上”。

诸葛亮“鞠躬尽瘁，死而后已”，名垂青史，他能做出那样的惊人事业，和两任领导对他的信任密不可分。他正是因为把“领导绝对不会有错”理论，运用得出神入化，才赢得两任领导的心。

刘备三顾茅庐，诸葛亮在隆中三分天下，其中第一步就是夺取荆州，“荆州北据汉、沔，利尽南海，东连吴会，西通巴蜀，此用武之地，非其主不能守。是殆天所以资将军，将军岂有意乎？”可见荆州是立大业根本。

刘表相让荆州，刘备推却。而后，在馆驿中诸葛亮询问为何不乘势而取，刘备回答：“景升（刘表）待我，恩礼交至，安忍乘其危而夺之？”诸葛亮虽然心中可惜，口中却说：“真仁慈之主也！”

不久刘表病危，诸葛亮又劝刘备新野地小，不能久居，可取荆州，刘备再次拒绝，诸葛亮说：“且再做商议。”

刘备不听诸葛亮几次建议，诸葛亮只得设法安排抵御曹兵的其他方法。新野县火烧曹兵，也只是稍挡曹兵而已，此时想不出更好的办法。后来一路逃跑，一直跑到江夏，总算保命。诸葛亮又马上去东吴联合孙权做帮手，赤壁之战后才得到荆州。诸葛亮费了很大的力气，才实现第一步战略目标，但他对刘备未有一句抱怨之言。

刘备白帝城托孤，对诸葛亮说：“如果这小子可以辅助，就好好扶助他；如果他不是当君主的材料，你就自立为君算了。”

诸葛亮顿时冒了虚汗，手足无措，哭着跪拜于地说：“臣怎么能不竭尽全力，尽忠贞之节，一直到死而不松懈呢？”说完，叩头不已。为避免有夺权之嫌，从此，诸葛亮一方面行事谨慎，鞠躬尽瘁，一方面则常年征战在外，以防授人“挟制”的把柄。而且他锋芒大有收敛，故意显示自己老而无用，以免祸及自身。

刘备雄才大略，儿子刘禅却是白痴一个，但诸葛亮对刘禅从不怠慢，依然全心侍奉。诸葛亮在讨伐中原即将大功告成之际，接到刘禅旨意让他班师

回朝。他明知有人献谗言，明知此时大好时机丧失，于大业不利，还是听从调遣回朝，弄清缘由后，他并没有过分责备刘禅，而是安顿好国事后，继续率兵伐魏。

当领导非常诚恳地请员工提建议指不足时，如果员工大受感动，想畅所欲言的话，说明这个人修炼还未到家。想想诸葛亮与领导意见分歧时是怎样做的?

我们试着分析一下两个阶段的诸葛亮。

刘备在世时。如果说寄身刘表处时诸葛亮与刘备相识很短，认为还未完全获得信任，不便直言其过的话，到了帮助刘备成就帝业之后，刘备因关羽被害，要讨伐东吴时，也不见他反对出兵。

陈寿在《三国志》一书中用“群臣多谏”这四个字表示反对者多；那么为什么那么多人劝阻，在此事业成败的紧要关头，诸葛亮却不据理力争呢?他知道此时刘备人在气头上，恨在胸口烧，惹不起，劝不动，就算自己强谏，也没有效果。虽然在刘备失利后他叹息说：“如果法正还在，一定能制止主上东征，即使东征，（如果法正还在）一定不会覆败。”但他心里清楚，其时法正真在，也劝不住。

刘备去世后。大家读过《三国演义》以后，也许已经注意到，自刘备死后，诸葛亮似乎便没有什么大的作为了，不像刘备在世时那样运筹帷幄，满腹经纶。其原因何在?因为在刘备这样的明君手下，诸葛亮是不用担心会受到猜忌的，并且刘备也确实离不开自己，是故他可以尽情发挥自己的才能，辅助刘备，对抗魏、吴，三分天下。而刘禅昏庸，自己权位颇高，易受猜忌，所以他不得不将锋芒收敛，以求善始善终。这是韬晦之计，也是诸葛亮的大聪明。

羽扇纶巾的传说

传说诸葛亮在“追”妻子黄月英之时，登门拜访岳父。当时，诸葛亮年少气盛、意气风发，又想在岳父面前大肆表现一番。于是，口若悬河、滔滔不绝起来。直至走出岳父家门，诸葛亮还沉浸在自己的表现中，走起路来慢慢悠悠。片刻之后，黄月英跑来，手中还持有一物。诸葛亮心想：难道此事未来岳父已经同意，派月英前来送定情信物？正在他“想入非非”之时，黄月英已到身前，顺手将所持之物递来——原来是一把羽扇。只听黄月英问道：“诸葛先生，你可知我送你羽扇是何用意？”诸葛亮回答：“礼轻情意重。”黄月英接口说道：“你只知其一，不知其二。刚才你与家父谈论天下大事时，我站在一旁观看。您在谈到刘备先生三顾茅庐时，眉飞色舞；在谈到国之未来时，意气风发、满是雄心壮志；在讲到曹操与孙权时，又一脸忧愁。你为人未免过于直露，将来又如何担当匡扶汉室的大任呢？所以我送一把扇子，让你以后用来遮挡一下自己的表情。”从此以后，也就有了羽扇纶巾一说。

当然，这只是一个传说，很可能是一个失真的故事，但它却道出了一个极富深意的哲理：做人，无论你是得意还是失意，都应泰然自若，切不可轻易将喜怒哀乐写在脸上，溢于言辞，要掌控自己的情绪而不是为情绪所控制，只有这样你才能控制事态的发展，才足以担当大任。

张昭：有为相之能，却无为相之品

当年，也曾备受倚重

东汉末年中原动乱，张昭随难民逃到江南，受到孙策的重用，官拜长史和抚军中郎将。孙策与他“登堂拜母”，像同辈的密友一样。当时，东吴几乎所有重要事务都由张昭经手，他为孙策扫平江东作出了很大贡献。因而深受北方士大夫的敬重，在他们的书信中对张昭大加称赞。对此，孙策非但没有猜疑，反而潇洒地说：“当年管仲为齐国国相，齐桓公开口仲父、闭口仲父，而他则称霸诸侯为天下所尊崇。如今子布贤明，我能重用，他的功名难道不为我所有吗？”可见，张昭在孙策心中的地位，就像管仲在齐桓公心中的地位一样重要。

当时，刘表想要亲自写信给孙策，写完后先给祢衡看，祢衡看完后讥笑刘表，说道：“写这样的东西，是想要让孙策帐下的孩童读吗？还是想要让张子布看到？”我们看，就连狂傲得“老子天下第一”的祢衡，都认同张昭的才华。

孙策临终前，将孙权托付给张昭，嘱咐张昭说：“如果仲谋不堪大任，你就取而代之！”这和后来的刘备托孤简直一模一样，俨然，张昭当时在东吴的地位，与诸葛亮在蜀汉的地位不相上下。当时孙权年少，孙权的母亲吴

夫人担心他不能成事，便召见张昭、董袭等人，询问江东能否保得住，董袭回答说："江东地理形势，有山川险阻可以凭固，而讨逆将军为贤明的州牧，对百姓有过恩德。讨虏将军承袭基业，上下齐心听令效力，张昭秉政掌管大事，我董袭等人作为爪牙，这正是据有地利、人和的时候，绝无什么可忧虑的。"

孙策去世后，张昭即向朝廷上表，又给各属县发公文，对江东的内外将校则令他们各守其职。当时孙权非常悲伤，张昭劝孙权说："作为继承人，重要的是能继承先辈的遗业，使它昌大兴隆，以建立伟大的功业。如今天下动荡不安，盗贼占山蜂起，孝廉你怎么能卧床哀伤，像常人那样去放纵个人的感情呢。"他亲自扶孙权上马，列兵而出，然后众人才服从了孙权。

孙权每次出征，都留张昭镇守后方，总领府署的事务。后来黄巾余党起兵，张昭率军将其讨平。孙权征合肥时，命张昭另外率部攻讨匡琦。又命张昭督统诸将，攻破豫章贼帅周凤等人于南城。张昭自此以后就很少领兵，经常在孙权左右任谋臣。

孙权因为张昭是旧臣，因此格外厚待。依然任其为长史。张昭在孙权面前敢于说出自己的意见，往往指责孙权做得不对的地方，对于孙权起到了很好的辅佐作用。

这一时期，可以说是张昭在江东最有影响力的时候，直到赤壁之战爆发前后，张昭在江东的地位才一落千丈。

求和——一生的污点

赤壁之战的过程和结果想必不必再赘述，孙刘联合大败曹操，天下从此三分。然而，在胜负未定之前，孙权和刘备这边的胜算并不高。曹操不仅善于用兵，而且当时又拥有绝对优势的兵力，所以当曹操写信给孙权、孙权把书信给部属们看时，众人无不惊惶失色。

张昭带头力主求和，他说："曹操是豺狼虎豹，挟持天子以征讨四方，动辄以朝廷的名义来发布命令。今天我们如果进行抗拒，就显得名不正而言不顺了。况且将军可以抵挡曹操的，只有长江天险。现在，曹操占有荆州的土地、刘表所训练的水军，包括数以千计的战船，曹操一定会使用全部船只沿长江而下，再加上步兵，水陆并进。这样，长江天险已由曹操与我们共有，而双方实力的众寡又不能相提并论。因此，依我的愚见，最好是迎接曹操，投降朝廷。"

但在主战派周瑜、鲁肃等人的劝说下，孙权拔出佩刀，砍向面前的奏案，说："将领官吏们，有胆敢再说应当投降曹操的，就与这个奏案一样！"于是有了后来的赤壁大捷。同年十二月，孙权亲自率军包围合肥，派张昭率军攻打九江郡所属的当涂，但未能攻克。

经过赤壁一战，孙权不但保住了江东基业，而且顺势壮大成为独据一方的霸主。赤壁之战爆发时，张昭力主投降，这是张昭一生都无法抹去的污点。后来，孙权称帝时，张昭曾准备向孙权褒赞功德，但还没等张昭开口，孙权就对他说，"当初如果听从你的意见，投降了曹操，我怎么会有今天呢？"孙权此话一出，张昭跪伏在地羞愧得恨不得找个地洞钻进去。

性格还是决定了成败

孙权称吴王的时候，曾有人建议让张昭当丞相，但孙权不买账，任命资历远比张昭低的孙邵为相，孙邵因病去世后，孙权又让顾雍出任丞相之职。张昭这个两朝元老、东吴重臣终其一生始终与丞相之位无缘，晚年甚至一度辞了职，赋闲在家。

张昭的官场失意，应该说与他的性格有很大关系，他这个人心胸狭隘、气量太小，因而不能服众。

比如说，有一次孙权大宴群臣，让诸葛恪为大家敬酒。诸葛恪依命向大臣们一一敬酒。敬到张昭时，张昭已醉推辞不喝，而诸葛恪依然再劝，张昭不悦道：“这哪里是尊敬老人！”孙权故意给诸葛恪出难题，说：“看你能不能让张公理屈辞穷把酒饮下，不然这杯酒就你喝了。”

于是，诸葛恪对张昭说：“过去师尚父九十岁，还能披坚执锐，领兵作战，不言自己已老。现在，带兵打仗，请您在后，而喝酒吃饭，请您在前，这怎么能说是不敬老呢？”张昭无言以对，只得把酒喝下，但从此就记恨上了诸葛恪。

又一天，孙权和诸葛恪、张昭等大臣在殿中议事，忽然一群鸟飞到殿前，这些鸟头部均为白色。孙权不知道这是什么鸟，就问诸葛恪：“你知道这鸟叫什么名字吗？”诸葛恪不假思索地回答：“这种鸟叫白头翁。”诸臣中张昭年纪最大，又是一头白发，他以为诸葛恪是在借机取笑自己，就对孙权说：“陛下，诸葛恪在骗人！从来没有听说过叫白头翁的鸟。如果真有白头翁，那是

不是应该有白头母呢？”

诸葛恪立刻反驳道：“鹦母这种鸟，大家一定都听说过吧！如果依老将军的话，那一定还有鹦父了，请问老将军能打到这种鸟吗？”张昭顿时无言以对。

因为气量狭小，张昭很难与人搞好关系。甘宁自降吴以后，急于立功，于是请求征黄祖、取刘表，并自请任先锋。孙权觉得可行，准备实施。张昭却不同意，他说：“士兵畏惧胆小，如果军队真的行动，担心会招致动乱。”甘宁不客气地反驳：“国家将萧何的丞相重任托付给你，你坚守职责而担心战乱，为什么还仰慕效法古人呢？”孙权见二人争执，就举杯向甘宁劝酒，并说：“兴霸，现今讨伐的任务，如同这杯酒，就交给你了。你尽管主领赶快谋划，如果保证打败黄祖，那么，凭你的功劳，又何必不满意张长史说的话呢？”孙权虽然为二人解了围，但明显站到了甘宁一边。后来孙权自率大军征黄祖，甘宁为先锋，果然大获全胜，解决了孙策在世多年没有解决的问题，虽吞并刘表未成，但解除了黄祖这一大心病，江东自此在孙权的控制之下。从这件小事就可以看出，实际上，东吴众将不服张昭。

张昭之所以不能为相，还由于他的自大。东吴有大才者，首推周瑜，次为鲁肃，而他竟不把鲁肃放在眼里，他说：“鲁肃虽有薄才，可不够谦逊，年纪太轻处世经验不足，难堪大用。”后来证明，鲁肃才堪大用。察人荐才是丞相职责之一，如以张昭为相，对百官必然失察，更不必说揽天下英才辅佐君王了。

想必孙权心知肚明，鉴于以上种种，若是任张昭为相，东吴上下必会君臣离心，四分五裂，所以到最后，张昭也未能拜相。

荀彧：生是汉家人，死是汉家鬼

名门美公子，王佐之大才

荀彧，荀子之后，三国时代一等一的美男子。曹植说他："如冰之清，如玉之洁，法而不威，和而不亵。"冰清玉洁，这个现代用来形容女人的词语，被自视甚高的曹大才子用在荀彧身上，足以见得他的姿容是何其超凡脱俗。

荀彧喜欢熏香，久而久之身上就有了香气。他去别人家做客，坐的地方连续三日都留有香气。因为荀彧爱香，后世还常以"荀令香"或"令君香"来形容一位大臣的风度神采，"留香荀令"也与"掷果潘郎"一样，成了美男子的代名词。

荀彧的家世也很好，他的祖父荀淑知名当世，被人们称为"神君"。荀彧的父亲荀绲担任过济南相，叔父荀爽曾任司空。南阳名士何颙见到荀彧时，不禁大为惊异，说："这是王佐之才啊！"

董卓作乱时，荀彧曾告诫家乡父老："咱们颍川是四战之地，如果天下有变，会经常受到侵扰，应该早些离去，不能久留。"但乡亲们怀恋故土，不愿离去。所以当韩馥派人来接荀彧时，竟无人相随。荀彧只得独自将宗族迁至冀州避难。后来董卓派李傕等出关东，虏略各地，至颍川、陈留而归。荀彧

乡人多数死于战乱。

荀彧到了冀州以后，成为袁绍的幕僚。袁绍为人能折节下士，将荀彧奉为上宾。他在当时的名声以及四世三公的出身，都让他看起来更像个值得追随的主公。然而，荀彧却在袁绍实力最鼎盛的时期，透过种种行为预料到了他的败亡，一眼看中了当时刚刚崭露头角的曹操。于是，在世人不理解的目光中，离开了睥睨天下的袁绍，转投到相较之下几乎一无所有的曹操帐下，他这一投，不仅改变了曹操的命运，也改变了自己的命运。

力挽狂澜，救曹操于大厦将倾

荀彧对于曹操的重要性，丝毫不亚于张良之于刘邦，诸葛亮之于刘备。曹操不止一次说，荀彧就是他的张良。刘邦有了张良之后，作战及治国的策略水平直线上升；刘备有了诸葛亮以后，才逐步步入枭雄的行列，曹操若没有荀彧，很可能无法在北方称雄。

荀彧长期为曹操坚守后方，极少亲临战场，正是有了他的守护，使得转战四方的曹操没有了后顾之忧。兴平元年，大概是曹操戎马生涯中最麻烦的一年，纵是后来赤壁惨败败走华容，恐怕也没有这般狼狈。

这一年，曹操为报父仇，第二次兴兵讨伐陶谦，他很放心的老哥们张邈竟在陈宫的劝说下反了水，暗中迎接吕布，直接威胁曹操的根据地兖州。当时，周围各县纷纷投靠吕布，只有鄄城、东阿、范县没有反叛曹操。曹操这时几乎是进不得退也无路可退，眼看就要无家可归。所幸有荀彧在！

当时为曹操守鄄城的正是荀彧。吕布到后，张邈派刘翊告诉荀彧：“吕将

军来帮助曹使君进攻陶谦，应该马上供给他们军备粮食。”众人半信半疑，唯荀彧知道这是诡计，立即命令军队加强防守，并急召夏侯惇驰援。夏侯惇到后，乘夜诛杀反叛者数十人，情势才稍微安定下来。

豫州刺史郭贡受吕布煽动，率众数万来攻，军中一时人心惶惶。郭贡要见荀彧，荀彧应邀准备前往，夏侯惇等人劝阻说：“您是一州的屏障，如果前往一定会有危险的，不可以去。”荀彧说：“郭贡与张邈他们平素并没有什么往来，现在来得急，计划肯定还没有定下。趁他计策未定而先去游说，就算不能帮助我们，也可以使他保持中立，如果先怀疑，那他就会恼怒而定计了。”于是出城会见郭贡，郭贡见荀彧毫无惧意，认为鄄城易守难攻，引兵而去。荀彧又与程昱定计，这才有了后来的曹操回师，于濮阳痛击张邈与吕布。

《三国演义》中，关云长单刀赴会的故事妇孺皆知，但纵然勇悍如关羽，去见文人鲁肃身边还带着个大将周仓。荀彧能文不能武，但是他言谈之间的勇决果毅，举手投足间力挽狂澜，却是千万虎贲也难以企及的。

曹操帐下谋士如云，机变无方者不乏其人，但也只是受命为曹操出谋划策，惟荀彧不同。曹操年长荀彧七岁，却将荀彧视之为师长，敬重有加。曹操虽常年征战在外，但每遇军国大事，必写信向荀彧讨教。两人的关系，用魏太傅钟繇的一句话来说就是：“夫明君师臣，其次友之，以太祖之聪明，每有大事，常先咨之荀君，是则古师友之义也，吾等受命而行，犹或不尽，相去顾不远邪？”

力排众议，奉天子，令诸侯

董卓一手遮天的时候，汉献帝被迫迁都长安。董卓死后，李郭之乱起，汉献帝在杨奉、董承等人护卫下，历尽千难万苦，脱离一个又一个苦海，终于返回了故都。回来后的汉献帝，有人当成宝，有人当他是包袱。

在要不要迎汉献帝的问题上，曹操集团内部产生了分歧。大多数人不同意迎接献帝，因为这时徐州还未平定，韩暹、杨奉刚刚将天子迎到洛阳，往北联结张杨，暂时还不能控制他们。

荀彧力排众议，对曹操说：“从前晋文公迎周襄王返回而诸侯服从，汉高祖东征项羽，为义帝穿素服发丧而天下归心。自从天子蒙乱，将军您首先倡举义兵勤王，只是因为山东地区纷扰战乱，还不能远赴关右，但还是分派将领，冒险与朝廷通使节，虽挽救国难于朝廷之外，而心无时不系于王室，这是将军诚扶天下的一贯志向。诚因此时奉主上以从人望，大顺也；秉至公以服雄杰，大略也；扶弘义以致英俊，大德也。天下虽有逆节，不能为累，明矣。韩暹、杨奉怎么敢为害呢？如不及时扶正朝廷，天下将生叛离之心，以后即使考虑此事，也来不及了。”

一席话说得曹操连连点头，遂应安集将军董承的秘密召请，亲率大军进抵洛阳，奉迎献帝迁都许昌。曹操被封为大将军、武平侯，荀彧也升为汉侍中，守尚书令。从此，汉献帝有了安稳的生活，曹操也赢得了好名声，战略上又占据了“奉天子以令诸侯”的优势，为其以后统一北方奠定了良好的基础。

机鉴先识，决胜千里之外

曹操迎奉汉献帝，引起了袁绍的不满。当时袁绍雄据北方，势倾天下，曹操则东忧吕布，南拒张绣。

曹操在宛城被张绣好一顿修理，袁绍则趁机写信讥讽曹操，曹操大怒，将袁绍书信让荀彧观看，说："我现在想要收拾他，但力量无法与之匹敌，该怎么办？"

荀彧说："自古以来较量于成败场上的，如果真有才能，纵然弱小，也必将变得强盛；如果是庸人，纵然强大，也会变得弱小。刘邦、项羽的存亡，足可以使人明白这个道理。现今与您争天下的人，只有袁绍了。

"袁绍这人，貌似宽容而内心狭窄，任用人才却疑心太重，您明正通达，不拘小节，唯才是举，唯才是用，这在度量上胜过袁绍；

"袁绍遇事迟疑犹豫，少有决断，往往错过良机，您却能决断大事，随机应变，不拘成规，这在谋略上胜过袁绍；

"袁绍军纪不严，法令不能确立，士兵虽多，却不能巧为任用，您法令严明，赏罚必行，士兵虽少，却都奋战效死，这在用兵上胜过袁绍；

"袁绍凭其名门贵族，装模作样，耍小技而博取名誉，所以士人中缺乏才能而喜好虚名者大多归附于他，您以仁爱之心待人，推诚相见，不求虚荣，行为谨严克己，而在奖励有功之人时无所吝惜，因此天下忠诚正直、讲求实效的士人都愿为您效劳，这在德行上胜过袁绍。

"凭借这四方面的优势辅佐天子，扶持正义，征伐叛逆，谁敢不从？袁绍

强大又有何用？”

顿了顿，荀彧又说：“如果不先取吕布，那河北也不易图也。”

曹操还有疑虑，“诚如您所说。但我所忧虑的，是又怕袁绍侵扰关中，引发羌、胡叛乱，向南引诱刘璋，那样的话我就要用兖州、豫州来对抗天下的六分之五了。那该怎么办呢？”

荀彧告诉他：“关中将帅数以千计，没有人能统一起来，只有韩遂、马超最强。他们见崤山以东地区正在争战，必定各自拥兵自保。现在如果以恩德招抚他们，派遣使者与他们通好，即使不能长久安定，但至少在您平定山东之前，足以不生变动。关西的事情可以托付给钟繇，这样您就可以放心出征了。”

曹操依言而行，收张绣，诛吕布，北渡黄河，击斩畦固，控制河内郡，为抗击袁绍做足了准备。

在是否抗袁的问题上，曹操集团内部又展开了一场辩论。

孔融反对与袁绍抗争，他说：“袁绍地广兵强，有田丰、许攸等谋臣替他出谋划策，审配、逢纪等忠臣为他做事，颜良、文丑勇冠三军，为他统领军队，恐怕很难战胜啊！”

荀彧分析说：“袁绍兵虽众而法令不整肃，田丰刚愎而好犯上，许攸贪婪而不检束，审配专权而无谋，逢纪果决但刚愎自用，这两人料理后方，如果许攸家犯了法，一定不会放过，不宽纵，许攸必然叛变。至于颜良、文丑，不过匹夫之勇罢了，可以一战而擒！”一席话，坚定了曹操战胜袁绍的信心。

官渡之战一开始，由于力量上的悬殊，曹军屡屡战败，曹操也不免打起了退堂鼓，他写信给荀彧，说军粮用完了，是不是可以把袁绍引到自家地盘。荀彧很快回信说不行。他分析了双方的优劣势：眼下军粮虽少，还比不上楚、汉在荥阳、成皋之间那样艰难。当时刘、项双方都不肯先退，先退的一方必定处于被动。您以仅及敌之十分之一的兵力，就地坚守，扼住敌人咽喉使其

不能前进，已经半年了。敌人的底细已经摸清，敌锐气已经枯竭，局面必将有所变化，这正是使用奇谋的良机，不可失去啊！”曹操采纳其建议，继续坚守待机。不久，果然如荀彧所料，许攸家人犯法，审配不顾情面抓人下狱，许攸怒而投奔曹操，献计偷袭乌巢。曹操遂以奇兵袭乌巢，斩淳于琼等人，歼灭袁军七万余人，袁绍仅带八百骑兵渡河北逃，从此一蹶不振。曹操最终取得这场决战的胜利，从此雄视天下。

无荀彧，或许便无我们所看到的曹操，他多少次“以亡为存”，多少次“以祸致福”，无怪乎曹操说：“天下之定，彧之功也。”

荀彧，到死也是汉臣

曹操的崛起，可以说离不开荀彧的一手扶佐。可是，这样一个与曹操亦师亦友的人，为什么在曹操称王加九锡的时候极力阻止呢？建安十七年，曹操欲晋爵国公、加封九锡。荀彧认为：“（曹公）本兴义兵以匡朝宁国，秉忠贞之诚，守退让之实；君子爱人以德，不宜如此。”因此惹怒了曹操。

相较于谋略绝世，这或许才是荀彧为后世追思、称道的原因吧。

当年，天下崩乱，汉室危在旦夕，也许当时名不见经传的曹操一番慷慨陈词，才是真正打动荀彧的地方。

“孤自度势，实不敌之，但计投死为国，以义灭身，足垂于后。”（曹操《让县自明本志令》）

荀彧，与其说他扶佐的是曹操，不如说他扶佐的是汉室，他看重的是曹操“投死为国”的一面，虽然在今天看来，曹操的话更像是沽名钓誉。“奉天

子，令诸侯”不仅是一个战略，今天来看，莫不如说是对汉天子的一种保护。

可是，这一切，随着曹操的一点点壮大而逐渐破灭。曹操在自认“天下无敌”以后，还是忍不住露出来自己的野心。主动要求“加九锡”，就意味着已有不臣之心。历史上第一个加九锡的，是王莽，篡汉建新朝，虽然最终失败了，但他玩的加九锡把戏却成为后世篡位者学习的榜样。王莽之后，曹操算是第一个成功玩弄加九锡把戏的野心家。曹操加了九锡，建了魏国，这是曹氏篡位的第一步，后面曹丕再逼汉献帝禅位，就水到渠成了。

后世的篡位者大多遵循曹操模式，先要九锡，而后再逼迫禅位，把篡位做得面子上很好看，“自此例一开，而晋、宋、齐、梁、北齐、后周以及陈、隋皆效之”。事实上，后世加九锡的人，或者称帝了，或者后代称帝了，或者在称帝的路上被消灭了，少有例外。如司马昭、桓玄、刘裕、萧道成、萧衍、陈霸先、李渊、王世充等。

这是荀彧不愿意看到的，显然，他也阻止不了。荀彧因此郁郁成疾，最后“以忧死”。史书上还有这样的说法：当时曹操赠送食物给荀彧，荀彧打开食器，见器中空无一物，因此被迫服毒自尽。

荀彧的一生，大概要数袁宏在《三国名臣赞序》中概括得最为恰当：“文若怀独见之明，而有救世之心，论时则民方涂炭，计能则莫出魏武，故委面霸朝，豫谋世事。举才不以标鉴。故人亡而后显；筹画不以要功，故事至而后定。虽亡身明顺，识亦高矣。”

或许，曹操始终没有称帝，当中也有对荀彧的愧疚吧，虽然这位枭雄的感情决不至于如此的柔软和脆弱。

第三卷　耀武扬威

战马刀枪许岁月，剑断黄沙飞热血

三国里的男人们，武将的人气远比文臣高，毕竟武将有名马，有战甲，有利刃，有血花。他们沙场驰骋，往来驰突，快意恩仇，斩将夺旗，他们创造着历史，反过来，历史也改变着他们的命运。他们之中的一些人成了名垂青史的大英雄，同样也有一些人，被历史无情地送上了绝路。

曹魏五子良将：我们一直被低估

张辽：如雷贯耳“辽来来”

因为罗贯中先生的“尊刘抑曹”，我们看到，刘皇叔手下的武将都写得虎虎生威，就连打败仗都熠熠生辉。反倒是曹操阵营中，很多名将都被刻意淡化了，有些精彩的故事被缩小甚至埋没。比如曹操手下的“五子良将”，堪称有勇有谋，功勋卓著，却被严重低估。

“五子良将”的第一位是大将张辽。

张辽，曾带着八百步兵，于十万敌军中大杀四方，杀得敌军鬼哭狼嚎，杀得敌将胆战心惊，杀得一方枭雄狼狈逃窜。这样的骁勇与豪气，即便与长坂坡赵子龙相比，也不遑多让。

这就是合肥之战。

合肥之战之前，张辽有名声但不显赫，甚至在他三十岁之前，几乎可以用颠沛流离来形容。他最初跟随丁原，丁原被杀；跟随何进，何进遇刺；跟随董卓，董卓遭诛；跟随吕布，吕布败亡。按迷信的说法，张辽这个人命太硬，跟谁在一起就克死谁。终于在二十九岁那年，他遇到了一个命比他还硬的人——曹操，这才算安顿下来，也由此进入了更辉煌的军旅生涯。

时间来到公元 215 年，四十六岁的张辽迎来了人生中最闪光的时刻。

这一年，孙权趁曹操用兵汉中之际，亲率十万大军攻向合肥。情报指出，合肥只有七千守军，曹军主力远在关中，驰援不及，从各方面来说，这场战役东吴占据绝对优势。

张辽急忙召集李典、乐进，打开曹操出征前派人送来的锦囊，只见上面写着：如果孙权到来，张、李两位将军出城迎战，乐将军守城；护军薛悌不要出战。

兵力如此悬殊的情况下，还要出去送死？诸将一头雾水。

但军令如山，理解的要执行，不理解的也要执行。张辽和李典原本不和，大敌当前也不计前嫌，三人合议，由张辽挑选八百精锐士兵组成敢死队，趁拂晓时分天色未亮向孙权大军发起进攻。

孙权恐怕压根没想到区区七千守军居然敢主动出战，被杀了个措手不及。张辽带着八百死士往来冲突，杀得吴军人仰马翻，惊得孙权逃到了小山坡上。

张辽在山坡下叫号："孙权，是个男人你就下来！"

孙权在山坡上不从："男子汉大丈夫，说不下去就不下去。"

等到天色大亮，局势稍稳，孙权才发现来袭营的不过区区数百人，于是又有了胆气，组织军队准备围歼张辽。

张辽带着数十人奋力杀出重围后，回头一看，其余陷在重围的战士们高喊着："张将军难道要丢下我们不管了吗？"张辽虎躯一震，调转马头又冲杀进去，将险境之中的兄弟又救了出来。东吴上到将领，下到士兵，都被"张辽敢死队"的骁勇震撼了，气势上俨然已经低了一头。

这一仗，从凌晨直厮杀到正午时分，张辽收兵安然回城，东吴名将陈武折于沙场。

两军相持十余天，孙权面对张辽统领下固若金汤的合肥城，束手无策，只得黯然撤军，张辽掩兵追杀。孙权逃到逍遥津，发现撤退路上的桥已被张辽命人毁掉，无路可走，多亏甘宁、吕蒙、蒋钦拼命死战，才护得孙权一时

周全。近监谷利情急之下，叫孙权抓着马鞍、松开缰绳，对着马屁股就是狠狠一鞭子，痛得战马飞跃而起，孙权骑着马飞越断桥，逃出生天。凌统则与甘宁等继续阻挡张辽，左右人马皆被杀，自己也多处受伤。

合肥之战让孙权九死一生，心有余悸，纵使多年以后，张辽年老多病，孙权还是说："张辽虽病，不可当也，慎之！"

此役过后，张辽成了东吴人心中非常恐怖的存在，就连寻常百姓亦如是，于是在他们小孩哭闹的时候，就说"张辽来了"，小孩一听到张辽的名字，就吓得不敢再哭了。这就是著名的典故"张辽止啼"。

这个典故甚至都流传到了我们的邻邦日本，日本有句俗语——辽来来（辽来々）。有的日产三国游戏中，张辽在暴击时，还会配上"辽来々"的音效。

乐进：一身功如麻，未尝败绩

乐进，曹操帐下先锋猛将，据说是战国名将乐毅的后代，因其胆气过人被曹操从帐下拔擢，后屡立战功且一生无败。凡战必冲阵，凡攻城必先登，勇猛无畏。随军多年，南征北讨，战功无数。不过，在《三国演义》中，他几乎成了打酱油的存在。王歆有云："乐进魏之名将，志列于张辽后，其勇悍猛迅，当亦其侪也。惜史书不详，使松之不得益一字。遍观其传，如日记行述，不过某某日于某某处破某某敌而已。"不过，通过对史料的研读，再对比曹魏其他将领，我们会发现，乐进的战绩和能力都属上乘。

乐进这个人，据史书记载，"容貌短小"，和曹操长得差不多。可能因为长得不出众吧，起初，曹操并不重视他，只安排他做"帐下吏"。有一次，曹

操派他回乡征兵，他一下子就给曹操征来了一千多个人。这是什么概念呢?对比一下：曹操的堂弟曹仁，绝对的豪族子弟，“豪杰并起，阴结少年”，也不过“得千余人”而已。曹操一看，乐进这小子行啊，于是提拔他为“军假司马，陷陈都尉”。

乐进不但招兵买马了得，打仗还有着一股不怕死的精神。正所谓“狭路相逢勇者胜”，他从击吕布于濮阳，张超于雍丘，桥蕤于苦县，都是先登陷阵而有功；从征张绣于安众，围吕布于下邳，破敌杀将首当其冲；击眭固于射犬，攻刘备于小沛，都获得了胜利。

除了在各次战役中身先士卒，屡屡建功，乐进也有击杀敌方大将的高光时刻，被他斩杀的名将就有两位：一是袁绍帐下大将——西园八校尉之一的淳于琼；一是袁谭、袁尚的大将严敬。

西园八校尉所统领的都是勇悍之师，其统帅除了淳于琼之外，还有曹操、袁绍……这是什么样的军队?可想而知。能够与这样的狠角色对敌并击杀对方，乐进的武力值可见一斑。

当年，曹操与袁绍决战于官渡，淳于琼镇守乌巢。三国演义中是这样写的：曹操亲征，偷袭乌巢，一把火烧了袁绍的粮草，奠定了官渡之胜的基调。其实不是这么回事。率军偷袭乌巢、阵斩淳于琼的，正是这位其貌不扬的乐进。

严敬原是袁绍手下将领，袁绍死后成为袁谭手下大将，虽不及淳于琼，却也骁勇异常，亦被乐进当阵斩杀。

无论战官渡还是战黎阳，曹操的部队都处于不利地位，而在不利局势下扭转局面的几种捷径中，临阵斩将可能是最困难的，却也是最直接有效的办法。曹操深知这一点，乐进亦然。于是，他一往无前勇冠三军；于是，他带领的那些人气势高涨，视死如归；于是，淳于琼在电光火石间被斩，官渡陷落；严敬在刹那时被杀，黎阳之围遂解。

后来，曹操南征荆州，又是乐进替代了此前在博望坡被击败的夏侯惇做

前锋，屯守襄阳。由于魏属荆州地属三国交界，吴、蜀都企图染指，但被乐进一一摆平，其中较大的战事就是打跑了蜀将关羽，蛮夷看到乐进的厉害，纷纷跑来归顺。

《三国志·先主传》也有相应的记载——“又乐进在青泥与关羽相拒，今不往救羽，进必大克，转侵州界，其忧有甚于鲁。”这里说，乐进在和关羽的对峙中占据上风，因此刘备在西川需要火速回军支援。虽然刘备说这番话是为了诓骗刘璋给自己提供部队和军资回荆州，但即便是撒谎也要撒得靠谱吧，试想，如果刘备说关羽与将领甲乙丙丁相持不下，刘璋会相信吗？因此可以推断，至少在当时不少人都认为，乐进非常厉害，关羽与之交手，很可能占不到便宜。

乐进，这位低调的大将，在战场上无一败绩，一身军功如麻，虽然史料对他惜字如金，但历史的沉默却无法掩盖他的光辉，也无法阻断后人对他的称赞。

于禁：刚毅一辈子，一降毁所有

于禁与张辽、徐晃、乐进、张郃四人同为曹操的“五子良将”，但地位明显要高于另外的四人。于禁最终官至左将军，假节钺，相当于一个中央军司令，有独立裁夺权，对其他部队有监督权。于禁是当时曹操麾下唯一假节钺的大将，这一荣誉，只有魏国后期的曹休、曹真和司马懿一家三口专权时才有。

于禁的特色是，“最号毅重”，非常刚毅稳重，非常严格。

宛城之变，曹军被张绣偷袭掩杀，一时大乱，自相践踏，而混乱之中，唯有于禁所率领的数百名士兵一直保持阵型，且战且退，“虽有死伤不相离”，渐渐遏止了敌人的进攻。

撤退过程中，于禁发现由夏侯惇指挥的曹操嫡系部队青州兵中有部分人趁乱对老百姓烧杀抢掠，他怒而率部清剿。青州兵自恃是曹操嫡系，也的确受到曹操纵容，平时骄横跋扈惯了，此番受到于禁惩戒，自然不会善罢甘休，于是马上去向曹操打小报告，说于禁造反了。

于禁的部下纷纷劝他：赶紧去向主公解释清楚吧！于禁却坚持以大局为重："现在敌人在后面追来，很快就到了，当下之急，是布防迎敌。至于曹公，那是明智的人，用不着过多解释。"于是，他先不慌不忙指挥士兵们构筑好防御工事，安营扎寨，然后才去拜见曹操，说明情况。于禁的做法，让曹操大加赞赏，说："敌人夜半来攻，我军是何等狼狈！于禁能在混乱中整顿军队，追讨抢掠的恶行，安营筑寨坚守，即使是古之名将，也不过如此啊！"从此，于禁便成了曹操的心腹爱将之一。

于禁威重曹营，诸将多有忌惮，堂堂名将朱灵，就曾被他在曹操的授权下探囊取物般夺了兵权，做了下属。于禁不徇私情，昌豨降而复叛，于禁奉命讨逆，将昌豨团团围困。两人原是旧友，按昌豨的打算，向于禁投降，或可免一死，谁知于禁毫不留情地把昌豨斩杀了。

于禁是这样向部下解释的："曹公早有命令：在大军包围后才投降的人，罪不容赦。而遵守和执行法令，是事奉君上的气节。昌豨虽然是我的旧友，但我绝不能因此而失节！"话虽这样说，行刑当日，于禁却哭得肝肠寸断。

曹操后来闻听此事，叹息说："昌豨不向我投降，而投降于禁，那是自寻死路啊！"从这以后，曹操更加器重于禁。

然而，这位"五子良将"之一的名将，晚年却因为一次败仗，陷入了万劫不复之地。

建安二十四年，关羽攻樊城，于禁与庞德一起救援曹仁，此时大雨连绵，汉水暴涨，七军都被大水淹没。于禁和众将登高坡望水，没有可以回避的地方，关羽乘船攻打于禁等人，于禁被迫投降，被关押在荆州江陵。

当时，庞德大骂关羽：“竖子，什么叫投降！魏王率领雄兵百万，威震天下。你们的刘备只是庸才而已，岂能敌魏王啊！我宁肯做国家的鬼，也不当贼人的将！”逐为关羽处斩。曹操得知后，哀叹良久，说：“于禁跟从我三十年，怎么面临险境，反不如庞德！”

吕蒙攻破江陵后，于禁从荆州获释而到了东吴，有次他和孙权一同骑马出行。当年背叛王朗投入东吴的虞翻见二人并马而行十分不满，大骂于禁只是俘虏，没有资格与孙权并排；更手持马鞭要鞭挞于禁，孙权立刻喝止。又翌日，孙权在楼船与群臣宴饮，于禁听到乐曲表演时回想起自己在曹营的种种，不禁伤心流泪，虞翻跳出来骂他：“你是假装伤心，想借此换取同情，然后被放归国。”这种污辱，对于禁这样的成名人物来说，实在是往心窝里捅刀子。

曹丕即位以后，孙权称臣，于禁得以回到魏国。于禁回魏后，却遭到其他人的嘲笑。当时于禁的胡须和头发都雪白了，脸又消瘦。曹丕表面上对于禁表示安慰，任命他为安远将军。于禁拜谒曹操的陵墓时，曹丕却命人画关羽战胜、庞德愤怒、于禁降服之状，于禁见到后，羞愧交集，可怜一代名将于禁就此忧死。想必，如果曹操健在，于将军的下场不致如此悲惨，也不至于被愚弄至死。

张郃：活得强悍，死得憋屈

张郃不仅武艺高强，而且很会带兵打仗。他的主要职责是指挥一支五万人左右的精锐部队，作为魏国的战略预备队，在魏吴和魏蜀之间奔波，负责增援。

张郃是个让刘备和诸葛亮非常头疼的人物。

当初，刘备和曹操争夺汉中，曹操降服张鲁后，挥师而返，留张郃与夏侯渊镇守汉中，抵挡刘备。张郃领兵收服了巴东和巴西两郡，将两郡百姓全部迁徙到汉中。古时候，人口就意味着兵源和税收，一个武将有这样的战略眼光，非常难得。后来，刘备率万余精兵，分十部，借着夜色的掩护袭击张郃，无功而返。

诸葛亮第一次北伐，与张郃相遇在街亭，张郃断了马谡的取水之道，并且大举进击，大破马谡军，直接导致诸葛亮第一次北伐的失败。

这一战，对蜀国的影响非常大。诸葛亮不仅失了街亭，进退失据，而且，第一次北伐，魏国防备不周，经此一役，魏国做了针对性防御，诸葛亮北伐的难度大增，最终，"出师未捷身先死"。

张郃不仅富有谋略，而且料人如神，尤其对诸葛亮的作战套路，摸得相当清楚。

诸葛亮二出祁山，猛攻陈仓。魏明帝曹叡急招张郃统兵，亲自设下酒宴为张郃送行。曹叡派遣三万士兵以及武卫、虎贲两营的勇士护卫张郃，还问张郃："等将军到了前线，诸葛亮会不会已经占领了陈仓？"张郃知道诸葛亮孤军深入，不会携带太多的粮草，不能久攻，就回答说："估计臣还没到前线诸葛亮就已经撤走了。臣屈指计算，诸葛亮的粮草支撑不了十天。"张郃昼夜行军到达南郑，果然，诸葛亮久攻不下，自行撤退了。

兵法有云："知己知彼，百战不殆。"张郃对诸葛亮的作战方式、作战习惯、作战部署非常了解，可以说，是少有的让诸葛亮都非常忌惮的将领。

可惜，由于职务所限，张郃总是归他人节制，因而限制了其才能的发挥，也导致他最终的悲剧。

诸葛亮第四次北伐，虽然在战术上获得了一定的胜利，但由于刘禅听信谗言下令退兵，以及粮草匮乏等原因，无法继续作战，最终被迫撤退。司马

懿命张郃追击诸葛亮，张郃明确反对：归师勿遏（孙子曰：“归师勿遏，围师遗阙，穷寇勿迫”）。但贯知兵事的司马懿这次却根本不听张郃的建议，强令张郃亲自去追，结果，果如张郃所料，诸葛亮早有埋伏，张郃被飞来的箭矢射中了右膝，阵亡。

张郃之死，很多人认为是司马懿故意为之，是为后来的司马代魏除去一大障碍，做好铺垫。当然，这只是后世的推测。

由于最终的胜利，也由于对司马懿的忌惮，魏明帝最终也没有再追责。司马懿在此战中并不高明，失误不少，还折了大将张郃，却依旧得到厚赏。不过，张郃之死着实令魏明帝悲痛不已。“帝惜郃，临朝而叹曰：‘蜀未平而郃死，将之若何！’”司空陈群曰：“郃诚良将，国所依也。”由这段对话可见，张郃被明帝和重臣们视为国之支柱，他的死，是魏国的重大损失。

徐晃：隐隐有周亚夫之风

徐晃，原是杨奉帐下骑都尉，早年名不见经传之时，就曾说服杨奉护送汉献帝东入洛阳。曹操征讨杨奉时，将徐晃收入帐下。徐晃自跟随曹操以后，战功显著，以勇猛和治军严厉著称。

官渡之战，徐晃随曹操痛击了投靠袁绍的刘备，又随曹操击败河北上将颜良，攻克白马，进至延津，在此又率军一举击杀河北上将文丑。而在决定官渡之战胜负的乌巢之战中，正是徐晃先行率领几千铁骑攻打韩猛，在故市截烧袁绍军队的辎重。这一战，徐晃功劳最大。

平定河北时，他又一箭将书信射入易阳，让韩范乖乖开城投降，使得河

北其他城池守将纷纷仿效，尽归曹操麾下。

在徐晃辉煌的军旅生涯中，有两次战斗不可不重点回顾。

其一是战马超。

建安十六年，马超、韩遂集结十部联军，聚集十余万人马，据守潼关对抗曹操。曹操发兵进取关中，徐晃奉命屯守汾阴，镇抚河东。曹操兵至潼关，遇到马超阻击，无法前进。这时徐晃向曹操请命：“您已带大兵到此，而敌人不再分兵守卫蒲阪，可知他们缺乏谋略。请给我一支精兵，渡过蒲坂津，作为大军的先导，截断敌人的后路，一定可以擒住他们。”曹操深以为然，给徐晃、朱灵四千精兵，二人率兵从蒲坂津渡过黄河。马超闻之，派梁兴连夜率五千步骑攻徐晃，却被徐晃轻松击败。徐晃随即建立桥头阵地，顺利掩护曹操大军渡河。最终大破声名显赫的关中军，马超、韩遂等人被驱赶到凉州。

如果说与马超这一战，算不上正面交锋，那么力挫关羽，则是徐晃真刀真枪在战场上拼出来的。而且，还是在关羽势头最猛的全盛时期。

建安二十四年，曹操派徐晃协助曹仁征讨关羽，驻于宛县。关云长水淹七军，于禁被迫投降，庞德力战被俘杀。关羽乘胜围攻樊城曹仁，并以一部兵力包围襄阳。曹操指令徐晃率军援救曹仁。徐晃所部多为新兵，难以与关羽争锋，于是进至阳陵坡驻扎。曹操又派将军徐商、吕建传令：“要等到兵马集结后，一起出击。”当时关羽前部屯偃城，徐晃佯筑长堑，示以将切断蜀军后路。蜀军惧被围，烧营撤走，徐晃军进据偃城，两面连营，渐向围城蜀军逼近，徐晃军营距关羽所围仅三丈。曹操又先后派殷署、朱盖等十二营兵进至偃城，悉归徐晃指挥。

关羽主力屯围头，一部屯四冢。徐晃以声东击西战术，扬言欲攻围头，却出其不意突袭四冢。关羽恐四冢有失，亲自率步骑五千出战，战前，由于关羽和徐晃是同乡而且关系很好，两人远远地对话，只说平生私交，不谈论军事，谁知徐晃突然宣布军令：“得关云长首级的人，赏金千斤。”关羽大惊

失色，说："大哥，你说的这是什么话？"徐晃回答："刚才聊的是私情，现在是公事了。"随后两军混战，关羽被徐晃击败，当其退走时，徐晃率军穷追不舍，紧随其后冲入蜀军营内。当时关羽营寨，外围深壕及鹿角十重，障碍设施极为严密，若从营外强攻极为困难。现徐晃乘其军陷于混乱之机，由内突袭，一举大破，樊城围解。不久，吕蒙偷袭江陵，关羽被俘杀。

此战对于巩固曹操的南部疆土，稳定后方都起了重大作用，不仅挫败关羽的强大攻势，更重要的是破坏孙、刘联盟，改变了当时的战略格局，使曹操掌握了战略主动权。樊城、襄阳城危之时，曹操将名将张辽和诸将皆已调回，以援曹仁，然而张辽等未至，徐晃已解二城之围，其功可比张辽的合肥之役。

曹操在一篇令中说："敌人围堑鹿角十重，将军致战全胜，遂陷贼围，多斩首虏。我用兵三十余年，以及所听说过的古代善于用兵的人，没有能够这样长驱直入敌围的。况且樊、襄阳之围，胜过以前的莒、即墨之围，所以将军之功，胜过孙武、穰苴。"

徐晃凯旋摩陂之时，曹操亲自出营七里迎接徐晃，并设宴庆贺，慰劳徐晃。曹操举杯对徐晃说："襄阳、樊城得以保全，是将军你的功劳啊！"

徐晃治军严谨，令行禁止，当时诸军云集于摩陂，曹操巡行诸营，不少士兵出阵围观，唯有徐晃部下军容整齐，将士驻阵不动。曹操叹道："徐将军可谓有周亚夫之风啊！"

徐晃一生俭朴，对自己约束很严，病死前还特别嘱咐叫埋葬他时殓以时服。而且他每战有功，但很少邀功请赏，所以在曹操的军队中流传着一句话："不得饷，属徐晃。"徐晃用兵作战每次都把斥候派到很远的地方。先做出打不赢的样子，然后再奋勇作战，追杀敌人夺取胜利，兵士们常常忙得没有空闲吃饭，可谓别具一格。徐晃常叹息着说："古代的人常会忧虑遇不到贤明的国君，我现在有幸遇到了明主，尤其应当立功报效国君，哪里是为了个人名

誉才做的！”所以徐晃把为曹魏的统一事业而战斗当作自己效力的机会，以此为动力，鞭策着自己的行动。显出了他那可贵的品格。他是曹魏政权的开国元勋，也是中国古代的优秀战将。

蜀汉五虎上将：我们也有黯淡的地方

关羽：死在了一个“傲”字上

关羽少年时勇武有力，疾恶如仇。当地民间传说，关羽为打铁的，也有说是卖豆腐的。还有传说，关羽早年并不姓关，因杀人才更名改姓。据说关羽十九岁那年，从下冯村来到解州城，想求见郡守，陈述自己的报国之志。可是，郡守因他是无名之辈，拒不接见。当晚，他在客栈里听到隔壁有人痛哭，一问才知道，这个哭的人叫韩守义，他的女儿被城里恶霸吕熊强占蹂躏。

吕熊是个员外，勾结官宦，欺男霸女。当时，解州城由于靠近盐池，地下水是咸的，不能食用，只有几口甜水井散落在城里各处。吕熊叫手下人将城里的甜水井都填了，只剩下他家院里的一口甜水井。还规定了一条，只准年轻貌美的女子来挑水。进来挑水的年轻女人，不是被他调戏，就是被他奸污。大家义愤填膺，但因吕熊财大气粗，谁也奈何不得。韩守义的女儿让吕熊霸占后，老人叫天不应，呼地不灵，只好独自悲泣。关羽听罢，怒火中烧，提着宝剑闯进吕家，杀了吕熊一家，解救了韩姑娘和其他妇女。之后，他连

夜逃往他乡。途中路过潼关时遭到守关军官盘问，情急之中他手指关口说自己姓“关”，以后就再未改变。

关羽与刘备、张飞在桃园结义后纵横天下，其间归顺曹操，受封汉寿亭侯，后千里走单骑回到刘备身边，成就一段佳话，地位在蜀汉军中是仅次于刘备的第一人，威势无以复加。关羽由于武艺高强，威武非凡，加之重情重义，死后极受民间推崇，自唐宋时期被朝廷追封，开始封神，直到清朝，成为武圣，与号为“文圣”的孔子齐名，道教奉其为关圣帝君，佛教称为伽蓝菩萨，三教同尊，古今罕有。

不过，关羽却有一个致命的弱点，目中无人，刚愎自用，傲慢轻敌，最终使自己及部属命丧东吴，使其义兄刘备千辛万苦开创的基业遭到了致命一击。

当时东吴孙权为夺回荆州，思之久矣。而镇守荆州的正是关羽，东吴镇守陆口的守将吕蒙正劝孙权夺回荆州，并主动请命。但当吕蒙正回到驻地陆口时，因得知沿江上下均设有烽火台，荆州军马也都有所准备了，他一时无计可施，只好托病不出，并使人回报孙权。

孙权派谋士陆逊前往陆口，陆逊见到吕蒙正后就为他出谋划策，他说：“关羽向来以英雄自许，认为天下无敌，现在在这里他只顾虑你一个人而已。你不如乘此机会，装病辞职，把镇守陆口的责任交给别人。让接任的人假装卑躬屈膝，不断赞美关羽，让他骄傲起来，这样他一定以为此处没什么可担忧的，便会撤兵去攻樊城。等到荆州守军都撤走了，只要派一旅之师奇袭，就一定可以把荆州夺回来了。”

吕蒙正听后大喜，依计而行，权衡之下便把这个任务交给了陆逊。

陆逊接任后，立刻命人备了厚礼去见关羽，并且捎去一封写得极其谦卑的信，他在信中写道：“前不久您巧袭魏军，只用了极小的代价，便获得了很大的胜利，立下了赫赫战功，这是多么了不起的事！敌军大败，对我们盟国

也是十分有利的。我刚来这里任职，没有经验，学识也浅薄，一直很敬仰您，故恳请指教。”同时他又吹捧关羽说：“以前晋文公在城濮之战中所立的战功、韩信在灭赵中所用的计策，也无法与将军您相比。”

这些吹捧使关羽信以为真、大意自满，对吴国放心了，认为荆州没什么危险了，于是撤走了大半的守军去樊城听调。而陆逊暗中加紧准备，条件具备后，大军到达，便立刻攻下了蜀中要地南郡，擒杀了关羽。

关羽勇武一生，最终却败在了自己的傲慢之上，着实令人叹息。

其实，关羽的骄傲已非一朝一夕。当年他温酒斩华雄、虎牢战吕布、诛河北名将颜良文丑、过五关斩六将、水淹七军之后，已然目中无人起来。

譬如，刘备自领汉中王之后，册封五虎上将，关羽对与黄忠同列大为不悦，说道：“黄忠何等人，敢与吾同列？大丈夫终不与老卒为伍！”遂不肯受印。在他眼中，勇猛如廉颇的黄忠竟然只是一名老卒，其傲慢之情溢于言表。

又如，孙权想让自己的儿子迎娶关羽的女儿为妻，关羽大喝一声：“吾虎女安肯嫁犬子乎！”堂堂江东英雄之首，竟被其视为“犬”，关羽未免太过目中无人。此言激怒了孙权，算是彻底为自己埋下了祸根。

于是，关羽志得意满之下，被“乳臭未干的穷酸书生”陆逊用计破城，最后失手被擒，命绝于江东。

所谓“人不可有傲气，但不可无傲骨”。人有傲骨便是铮铮铁汉，可是人有骄横之气却是愚蠢之人。《王阳明全集》中说道：“今人病痛，大抵只是傲。千罪百恶，皆从傲上来。傲则自高自是，不肯屈下人。故为子而傲必不能孝，为弟而傲必不能悌，为臣而傲必不能忠。”

骄傲的确是做人处世的大忌，若不能忍住骄傲，终有一天会为自己招来祸端。

张飞：极有可能被歪曲了

按照三国演义的说法，张飞是个燕颔虎须，豹头环眼的彪形大汉，“身长八尺，豹头环眼，燕颔虎须，声若巨雷，势如奔马。”就这二十个字，把勇不可当、作风鲁莽、性格暴躁的粗线条人物基调定了下来，与隋唐程咬金、水浒李逵属于一类。戏曲中更是给了他黑脸的形象。但根据现代调查显示，张飞很可能是个长相文雅的男子，比如四川一带出土的文物，以及一些三国时期雕像中，张飞面如满月，神态温和，而且竟然连一根胡子都没有，与《三国演义》中塑造的形象大相径庭。而且，张飞的两个女儿都嫁给了刘禅，一个敬哀皇后，一个张皇后。如果张飞真是豹头环眼，生出来的女儿遗传了父亲的相貌，恐怕刘禅也不敢娶。

张飞的武力值绝对很高，这一点毋庸置疑。《三国志》也说他“勇而有义”“万人之敌”。刘备败走新野，曹操率军在后面追，张飞带着二十骑断后，“据水断桥，瞋目横矛曰：‘俺是张益德也，可来共决死！’敌皆无敢近者。”《三国演义》以此为基调，尽情发挥，把张飞塑造成一个英勇绝伦，但也莽撞异常的武夫，这很值得商榷。

陈寿对张飞的评价中有这样一句话：“飞爱敬君子而不恤小人。”说明张飞对待君子的时候，还是不那么简单粗暴的。义释严颜是众所周知的故事，也在一定程度上体现了张飞的智慧。到刘备占据成都之后，刘巴初降，张飞马上去拜访，读书人刘巴认为他是个武夫，不搭理他，张飞很生气，但是也没有跟刘巴过不去。诸葛亮跟刘巴说：“张飞虽然是武将，但是也敬慕足下。”

张飞有勇，但并非无谋。

建安十九年，张飞任巴西郡太守。翌年，曹操拿下汉中，然后留夏侯渊、张郃、徐晃三员大将在此镇守。不久，张郃便率领大军气势汹汹杀进巴西郡，开始抢人。前文已经说过，在那个时代，人口就是兵源和赋税，抢人就是抢资源。

张飞当然不肯，一面命令继续搜集对方的动向情报，一面动员人马准备迎战。

张飞找准张郃粮草供应不济的软肋，占据有利地形建立起坚固的营垒，与对方打起消耗战。任凭张郃军队叫骂挑衅，就是不应战。这一对峙，就对峙了五十多天。

张飞预料五十余天的消耗，张郃军断粮已久，体力不济，军心涣散，趁机发起攻击。他抓住张郃军队在山路上摆不开阵势的弱点，就带了一万精兵，从小路上跟张郃邀战，可怜张郃大军顾头不能顾尾，被张飞打得非常狼狈。这一场大战，张飞大获全胜。

张飞不仅有谋略，而且在书法和绘画上似乎也有些造诣。

据明代卓尔昌《画髓元诠》记载，张飞不但喜欢画美人，书法上更是擅长草书。《丹铅总录》中记载，涪陵有一刁斗铭，上面的铭文就是张飞所写。而张飞所佩带的刀以及立马桩上的字，也都是张飞所铭刻。元代画家吴镇曾作诗对张飞的书法进行了高度评价，说魏国的钟繇、吴国的皇象在书法上的造诣恐怕都难及张飞。据传，张飞还会作诗赋，他巡游真多山时，有感而发，写下了《真多山游记》。

如此看来，张飞倒更有些儒将气息，并不是一味地逞匹夫之勇。不过，张飞的性格确实有缺陷，陈寿评价他“飞暴而无恩，以短取败”，也正是这一性格缺陷，使他害死了自己。

张飞闻知关羽被害，日夜痛哭，血泪染襟。诸位将领以酒劝解，张飞酒

醉后，怒气更大。帐上帐下，只要有过失士兵就会被鞭打，以致多人被打死。刘备知道后，就劝他，你鞭打士兵，还让这些士兵随你左右，早晚都要被祸的。对待士兵，平时应该宽容。但张飞根本听不进去。

张飞下令军中三日内制办白旗白甲，全军挂孝伐吴。帐下两员末将范强、张达入帐告诉张飞："白旗白甲，一时无可措置，须宽限才可以。"张飞大怒道："我急着想报仇，恨不得明日便到逆贼之境，你们怎么敢违抗我作为将帅的命令！"不由分说让武士将二人绑在树上，每人鞭打五十。打完之后，用手指着二人说："明天一定要全部完备！如果违了期限，就杀你们两个人示众！"二人被打得口吐鲜血。

回到营中，范强说："今日受了刑责，让我们怎么能够筹办？这个人性暴如火，如果明天置办不齐，你我都会被杀啊！"张达说："与其等他杀我，不如我杀他！"范强说："只是没有办法走近他。"张达说："我两个如果不应当死，那么他就醉在床上，如果应当死，那么他就不醉好了。"二人商议停当。张飞这天夜里又喝得大醉，卧在帐中。范、张二人探知消息，初更时分，各怀利刃密入帐中，就把张飞给杀了。当夜，二人拿着张飞的首级，逃到东吴去了。

张飞的强大毋庸置疑，但如此强悍的一个人，最后却得到一个未免有些窝囊的结局，不得不令人唏嘘和反思。

马超：才高俊，命悲殇，遁隐皇叔帐

马超，绰号"锦马超"，因面如冠玉、眼若流星、虎体猿臂、彪腹狼腰与狮盔兽带、白袍银甲的非凡装束而得名，羌人将其奉为"神威天将军"，有

"不减吕布之勇"。

马超之勇，在潼关之战中表现得最为突出。

建安十六年，曹操率大军西征，马超与其在潼关夹关对峙。

曹操从潼关北渡黄河，派遣徐晃、朱灵等率领四千人夜渡蒲阪津，马超知道后，派遣梁兴率领五千兵进攻徐晃，但被徐晃击退，徐晃占据河西设立营寨，曹操亲自率军从潼关北渡，前队刚过，曹操和许褚以及虎士百余人断后，马超突然率领步骑万余杀到，曹军大乱。许褚、张郃等将领见事态紧急，将曹操架起带入船中，急忙渡河，马超率领骑兵在后边追边射，箭如雨下，曹操几乎丧命。许褚一手用马鞍挡箭，一手撑篙，拼死救出曹操。曹操帐下校尉丁斐在河岸放出大量牛马，马超的士兵顾不得乘胜追击，跑去抓奔跑牛马，马超控制不住，曹操因此才得以成功渡河。曹操手下将领见兵败，又不知道曹操在哪儿，都非常惶恐害怕，到后来见到曹操，心情有的悲伤有的惊喜，还有的竟吓哭了。曹操却大笑说："今天差点被小贼给困住了！"

关于这场大战，《三国演义》中的描写十分精彩：

两军潼关对阵，曹操拍马上前对马超说："你是汉朝名将子孙，为什么要背叛朝廷？"马超咬牙切齿，大骂："曹贼！你欺负皇上，罪恶深重，杀害我的父亲和弟弟，不共戴天之仇！我要活捉你，吃你的肉！"说完，挺枪直杀过来。

曹操背后于禁出迎，两马交战，斗了八九回合，于禁败走。

张郃出迎，战了二十个回合也败走。

李通出迎，马超奋勇厮杀，数合当中，一枪将李通刺下了马。

马超把枪往后一招，西凉兵一齐冲杀过来。曹军大败。西凉兵来势凶猛，曹军将士都抵挡不住，只听得西凉军大叫："穿红袍的是曹操！"曹操就马上急脱下红袍。又听得大叫："长胡子的是曹操！"曹操惊慌，拿着佩刀马上割了胡子。军中有人把曹操割胡子的事告诉了马超。马超又叫人大喊："短胡子的是曹操！"曹操听见喊声，立即扯起衣角包着下巴逃跑。后人有诗说：潼关

战败望风逃，孟德仓皇脱锦袍；剑割髭髯应丧胆，马超声价盖天高。

曹操仓皇逃命，背后赶来一员战将，回头一看，正是马超。曹操惊恐万状，吓得马鞭都掉了。马超策马赶上，从背后使枪刺去，曹操绕树而走，马超一枪刺在树上，急拔下时，曹操已逃远了。马超催马又追，山坡边过来一员战将，大叫："不要伤害我的主公！曹洪在此！"抡刀上前，拦住马超。曹操这才逃了性命。

马超准备投靠刘备时，刘备闻讯高兴坏了，大呼："我得到益州了！"于是派人去迎接马超，并把自己的一支军队给马超，让马超率兵合围成都。马超率领兵马径直到成都，屯兵于城北，城中所有人都因为马超威名而惊恐，不到十天的时间，成都军民就崩溃了，刘璋随即开城投降。蜀汉建立后，马超镇守西平关，更是令伐蜀五路兵之一的羌兵不战自退。

然而，马超虽然勇猛绝伦，在刘备帐下却似乎一直不受重用。他的高光时刻多集中在投刘备之前，加入刘备阵营以后存在感明显越来越低。不错，马超的官职一直在升，但是实际却没什么权力。比如打汉中时，骠骑将军马超只负责威慑，大战的时候根本不让他参加。马超的级别非常高，可惜只是个名头。这很可能与马超的为人有关。

马超心狠。

当年曹操谋取汉中时，马超父亲马腾及马氏家族二百余人都在许昌。是以曹操没有顾忌马超，以为自己有人质在手，马超会投鼠忌器。谁知马超竟置父亲和家人于不顾，居然真的反了，曹操一怒之下杀了马超全家老小。是故孙盛说他："马超背父，其为酷忍如此之极也。"连自己的父亲都敢背弃，估计刘备心中也会有所忌惮。

马超名声差。

马超跟随韩遂时，因为曹操的挑拨离间，反了韩遂。

马超投奔张鲁后，一开始张鲁对他还不错，给他兵马让他反攻西凉，还

准备把自己的女儿嫁给他。后来被人离间，二人产生隔阂。马超准备转投刘备，却扔下了新婚不久的妻子董氏、刚刚出生不久的儿子马秋，以及老部下庞德。后来，张鲁投降曹操，把董氏母子二人献了出去，曹操对马超恨之入骨，直接将董氏赏给了士兵们，马秋也是惨死。因而后世之人时而将其与吕布、张绣相提并论，又有诗云："能持苏武节，不受马超勋。"试想，这样一个不甘人下，容易反水的人，刘备敢重用么?

马超并不十分尊敬刘备。

马超刚投降刘备的时候，刘备很厚待马超，马超半生诸侯礼仪不当，经常直呼刘备的表字，关羽非常愤怒，请求杀了马超，刘备劝解："马超穷途末路来归附我，就因为直呼我的表字，而把他杀了，以后怎么面对天下。"张飞也劝解："这样的话，用礼仪做给他看，他就明白了。"次日的早上大会，请马超来的时候，关羽张飞持刀直立在刘备两旁，马超环顾身边座位，不见关张，却看到关张持刀直立于刘备两旁，非常惊讶，从此再也没有直呼刘备的表字。

这件事以后，马超的性格有了很大变化，他开始慎独慎微，然而才华也同时被收敛起来了，很少再有"白银锁甲带长枪"的光鲜时刻，当然，这或许也与刘备阵营对他的深深防备有关。

黄忠：不要轻视老年人

黄忠在《三国演义》中出场时就已经是老将，他的大半生可以说默默无闻。

黄忠最初跟随刘表，任中郎将，把青春岁月都献给了荆州。刘表胸无大

志，除了想守住自己的地盘以外，别无他想，这也造成了黄忠前半生有才难展的局面。

曹操挥师南下，刘表病死。曹操拿下荆州后，以黄忠代理裨将军，仍然在长沙郡仕官，归长沙太守韩玄统属。翌年，刘备与孙权在赤壁大败曹操，曹操北归，刘备趁机占领荆州，率领赵云等将南征长沙。黄忠被刘备劝降。

自打归入刘备麾下，黄忠这柄行将锈腐的宝刀终于在他人生的最后阶段，闪耀出熠熠逼人的光芒。

老将军人生的巅峰之作，当属定军山之战。

公元 218 年，刘备率军到达汉中阳平关，夏侯渊率领张郃等将领迎击刘备军队。而后，双方一直处于相持阶段。第二年正月，刘备在定军山驻军，和夏侯渊共同争夺定军山。刘备率领精锐部队，夜袭张郃，命人在走马谷烧掉了张郃营外的鹿角，张郃处境非常危险。夏侯渊为了营救张郃，从自己营内分出了一半的精锐士兵，亲自领兵去救张郃。而此时，黄忠早已埋伏在了夏侯渊驰援的必经之路上。夏侯渊一到，黄忠让士兵立马擂起战鼓，凭借地利，由高往下俯冲，发起了对夏侯渊的猛攻。

《三国演义》对此描写得非常精彩：

黄忠一马当先，驰下山来，犹如天崩地塌之势。夏侯渊措手不及，被黄忠赶到麾盖之下，大喝一声，犹如雷吼。渊未及相迎，黄忠宝刀已落，连头带肩，砍为两段。

黄忠自此声名大震。后升为征西将军。公元 219 年，刘备自立汉中王，重用黄忠为后将军，三国演义里就是此时将黄忠与关羽、张飞、赵云、马超四人并称为蜀国“五虎上将”。

公元 220 年，黄忠病逝，享年 73 岁，追谥为刚侯。

在《三国演义》中，黄忠则死于非命：

当时，黄忠年已 75 岁，刘备为报关羽、张飞之仇，起兵伐吴。关兴、张

苞于阵前斩将杀敌，刘备大加赞赏年轻将领，黄忠因此不服，于是单枪匹马就要出战，下属怎么劝也劝不住。

恰巧，东吴来犯，黄忠上马提刀便战，三个回合斩敌将史迹于马下。敌将潘璋大怒，挥舞着关羽的青龙偃月刀来战黄忠，黄忠一见青龙刀眼睛都快瞪出血来了，潘璋败逃，黄忠依然追杀不休，誓要为关羽报仇雪恨，众人怎么也拦不住。

黄忠一口气追了三十多里，落入了马忠设下的圈套，四面杀声震天，伏兵尽出，箭如雨下。黄忠被流箭射中肩窝，仍奋力搏杀，待援军赶至，已经失血过多，无力回天。

刘备哀伤不已，自责道："令老将军中伤，朕之过也！"

又一个"老"字，想必刚烈不服老的黄将军九泉之下，仍免不了表示异议吧。

赵云：英雄能过美人关

提起赵云，我们脑子里立马会出现一个银盔素甲，白马长枪的玉面将军，这主要是受当今影视作品的影响。历史上的赵云与我们心中的赵云形象有一定的差距。

《三国演义》中说他"面阔重颐"，是大宽脸，双下巴；《三国志》里是"姿颜雄伟"，应该还是一副粗壮模样，总之肯定不会是奶油小生形象。

赵云最初是公孙瓒的部下，后来在邺城跟了刘备。这时候的刘备，一直在颠沛流离，五次易主，四弃妻儿，但是赵云始终不离不弃。赵云的第一个闪光点在长坂坡。

当时，刘备兵败，向南逃往江陵，曹操派麾下精骑快马追赶，终于在当阳长阪坡附近追上了刘备。此时情势危急，刘备便丢下妻儿，仅带着张飞、诸葛亮、赵云等数十骑向南逃逸，而赵云却反而向北冲入曹军阵营之中。有人禀报刘备说“赵云必定是向北投靠曹操去了”。刘备闻言，用手戟掷那告状的人说：“子龙是不会弃我而去的。”果然，赵云怀抱刘备的幼子刘禅，平安地回到刘备身边。此战之后，刘备便任命赵云为牙门将军。

需要注意的是，“单骑救主”并不是刘备的命令，而是赵云主动去做的，可见赵云的赤胆忠心，还有高情商。不过，到底过程有没有演义中描写的那么惊险，到底有没有斩杀曹操名将五十余名，杀得七进七出，不得而知。

接下来就是美色当前，岿然不动了。

《三国志》记载了这样一件事。孙刘联军在赤壁大破曹兵，一举奠定天下三分的格局。刘备战后得到了荆襄地区作为屯兵之地，从此有了自己的根据地。赵云奉刘备之命，带兵扩展地盘，攻取桂阳。桂阳太守赵范，是个精明人物。他见赵云威猛难敌，立即献城投降。不仅如此，赵范还倾心巴结讨好赵云，想把他作为自己日后的靠山。

赵范有一个寡居的嫂嫂樊氏，《三国志》记载，樊氏“有国色”，是个姿容绝代、魅力过人的大美人，足以让男人一见倾心。只是红颜薄命早年丧夫。赵范以己度人，认为没有不吃腥的猫，赵云赵子龙虽然义勇无敌，但未必能抵得住美色诱惑，就要把樊氏许配赵云。谁知赵云坚辞不受，托词和赵范是同宗，赵范的兄嫂也是他的兄嫂，于礼不合。

部下有人劝他，他说：“范迫降耳，心未可测；天下女不少。”一席话说得人人敬佩。原来赵云不肯娶樊氏，有两个原因，一是因为他认为赵范被迫投降，其心不可测，以免中了他的圈套。第二则是出于忠诚，深受主公信任领兵出征，却在阵前招亲，有悖忠义之道。天下女子不少，何必急在这一时。因此樊氏再漂亮赵云也不屑一顾。赵云一席话，闻者无不叹服。不久后赵范

果然叛逃，大家都佩服赵云的机警和远见。

建安十四年，在平定荆南四郡，又得到原属刘表的部曲万人之后，刘备成为荆州牧，声势渐大，孙权建议双方结亲，刘备便娶了其妹孙夫人。两年之后益州牧刘璋为防备曹操势力而向刘备求援，刘备便领兵三万入益州，留诸葛亮、关羽、张飞、赵云等人守荆州，并任命赵云为留营司马，管理军事事务。孙权获知刘备西征益州之后，便派了大批舟船欲接孙夫人回去，并叫她带刘禅一起归吴。幸得赵云与张飞一起带兵在长江截住东吴船队，并成功夺回刘禅。此又大功一件。

刘备取西川，赵云随诸葛亮、张飞入川，期间战场上中规中矩，并无出彩之处，拿下成都后，刘备打算将土地和房屋封赏给众人。赵云却建议说："霍去病曾说过匈奴未灭，无以家为，现在国贼不只像匈奴只有一个，所以还不到可以安定下来的时候，须等到天下平定之后，再使众人返回家乡去耕耘田地，这才是最好的决定。益州的百姓，刚刚遭遇战祸，现在应该将田宅房产归还给百姓，先让他们安居乐业，然后可以使他们服兵役、纳户税，这样也能得到益州的民心。"刘备当即便采纳了赵云的建议。这件事，充分体现出赵云不同于一般武将的长远眼光和大局观。

刘备进攻汉中，汉中守将夏侯渊被黄忠所斩，曹操亲自率领大军来争夺汉中，并运送大量的军粮到北山下，黄忠认为可趁机夺取这些军粮，赵云于是分给黄忠兵力去取北山。但黄忠过了约定时间还未回来，赵云忙带着数十骑出营查看。恰巧与曹军遭遇。赵云一次又一次地突击曹军阵列，且战且退。曹军散而复合，赵云突围而出并退入营寨。不料，部将张著受伤，被曹军围住，赵云又一次驰马突击救出张著。此时曹军已追至营寨前，赵云进入大营之后，却下令大开营门，偃旗息鼓。曹军见此情况，怀疑赵云设有伏兵，便向后退去。此时赵云下令鸣击战鼓，鼓声震天，又令军士以弩箭射曹军，曹军惊骇，自相蹂践，坠入汉水中淹死者甚多。次日，刘备亲自来到赵云兵营察看昨日战

斗之处，赞叹说：“子龙一身是胆也！”军中皆称呼赵云为“虎威将军”。

关羽、张飞被杀后，刘备怒发冲冠，誓要起兵伐吴，群臣都不敢进谏，唯有赵云直谏：“国贼是曹操，并不是孙权，灭了曹魏之后，东吴孙权自然会臣服。虽然曹操已经去世，但其子曹丕篡盗皇位，引起公愤，应该利用此民愤，先攻占关中，占据黄河、渭水上游以讨伐逆贼，那么关东义士必裹粮策马以迎王师。不该放置曹魏，反而先打东吴。而且与东吴的战争一旦开始，就不易停止了，伐吴并非上策。”当然，最后刘备没有听，夷陵大败。不过赵云的冷静直言令人印象深刻。

诸葛亮出兵北伐，宣称将由斜谷道出兵，并令赵云、邓芝为疑军，占据箕谷，魏大将军曹真率领大军阻挡，诸葛亮令赵云、邓芝在斜谷道阻挡曹军而自己率领蜀军主力进攻祁山，赵云、邓芝由于兵弱敌强，失利于箕谷，而赵云随即聚拢部队，固守箕谷，没有造成大损。部队撤退时，赵云亲自断后，阻止曹军追击，因此军资和人员的损失都不大。

而在祁山战场，蜀军主力因其督军马谡违背诸葛亮的指示，举动失宜，被魏将张郃大败于街亭，诸葛亮只好退兵，此次北伐以失败告终，诸葛亮引疚上表自贬三级，赵云也被贬为镇军将军（一说是减少俸禄）。

蜀军退兵时，诸葛亮曾问：“街亭退兵时，我军编制皆混乱成一团，箕谷退兵，编制整齐一如出军之时，这是何故？”邓芝回答说：“赵将军亲自断后，因此军资没有遗失，人员编制整齐。”当时赵云军中尚有多余的绢布，诸葛亮下令分给赵云部队将士。赵云说：“我军军事失利，怎么还能要赏赐呢？请将这些物资全部纳入赤岸府库，在十月寒冬的时候再赏赐给将士们使用。”诸葛亮对赵云的品行大为称赞。

公元229年，赵云病逝，261年，刘禅下令追谥赵云，姜维以“柔贤慈惠曰顺，执事有班曰平，克定祸乱曰平”追谥赵云为顺平侯。

以上，基本就是我们可以在史书中找到的赵云事迹。客观来说，赵云这

一生，虽然深受刘备、诸葛亮赏识，但是，赵云主要作为刘备的“保镖头领”的角色出现，上阵立功的机会并不多，就军功而言，他比不过关张马黄，甚至于比魏延也有所逊色。

当然，即便历史上的赵云不似我们心中那般帅到爆炸，军功显著，但是作为一个将领，赵云绝对称得上是文武双全，一身是胆。是一位值得我们永远尊敬的忠臣良将。

东吴四英将：我们全部被削弱

周瑜：我的气量没有那么小

大江东去，浪淘尽。千古风流人物。故垒西边，人道是，三国周郎赤壁。乱石崩云，惊涛拍岸，卷起千堆雪。江山如画，一时多少豪杰！

遥想公瑾当年，小乔初嫁了，雄姿英发，羽扇纶巾，谈笑间，樯橹灰飞烟灭。故国神游，多情应笑我，早生华发。人间如梦，一樽还酹江月。

周瑜，“世间豪杰英雄士、江左风流美丈夫”，“性度恢廓”，“实奇才也”！

周瑜相貌俊美，很懂音律，即使饮酒微醺，弹奏者只要有些微的差错，他都能觉察到，并立即会扭头去看那个出错者。由于周瑜相貌英俊，酒酣后更是别有一番风姿。弹奏者多为女子，为了博得他多看一眼，往往故意将曲

谱弹错。自魏晋时代之后，“周郎顾曲”常作为典故被各大文豪所引用，常常出现在各类诗歌、戏曲等文学作品中。唐人李端有《听筝》诗赞道：“鸣筝金粟柱，素手玉房前。欲得周郎顾，时时误拂弦。”

周瑜为人宽洪，只有程普与他不睦，程普认为自己年长，经常凌辱周瑜。周瑜降低自己身份，始终不与他计较，后来程普敬佩服从重视他，对别人说：“和周公瑾交往，就像喝美酒一样，不知不觉就醉了。”后来用于比喻与宽厚人相交，不觉心醉，令人敬服。

周瑜出身士族，自幼刻苦读书，尤喜兵法。他生逢乱世，时局不靖，烽火连延，战端四起，于是总想廓清天下。

当年孙坚兵讨董卓时，将家小移居舒县。孙策和周瑜同岁，建立了非常好的关系。周瑜让出路南的大宅院供孙家居住，且与孙策登堂拜母，两家有无通共。周瑜和孙策在此广交江南名士，很有声誉。

二人协同作战，先克横江、当利，接着挥师渡江，进攻秣陵，打败了笮融、薛礼，转而攻占湖熟、江乘，进入曲阿，进而逼走刘繇。孙策攻打荆州时，拜周瑜为中护军，兼任江夏太守，随军征讨。周瑜、孙策攻破皖城，得到乔公两个女儿，皆国色天姿。孙策自娶大乔，周瑜娶小乔。

孙策遇刺，临终把军国大事托付给孙权。当时，孙权只拥有会稽、吴郡、丹阳、豫章、庐陵数郡，其偏远险要之处也尚未全附。江东豪杰散在各个州郡，他们更注重个人安危，并未和孙氏建立起君臣之间相互依赖的关系。关键时刻，首先出面支持孙权的是张昭、周瑜、吕范、程普等人。周瑜从外地带兵前来奔丧，留在吴郡孙权身边任中护军。他握有重兵，以君臣之礼对待孙权，同长史张昭共同掌管军政大事，其他人自然不敢有异议异动。

曹操起势以后，睥睨天下，曾要求孙权把自己的儿子送去当人质。孙权当然不愿，但张昭等众臣不能决断，孙权因此也有点举棋不定。

于是，他只带周瑜一人到母亲面前议定此事。周瑜立场坚定，坚决反对

送人质，他给孙权分析利害说："当年楚君刚被封到荆山之侧时，地方不够百里。他的后辈既贤且能，扩张土地，开拓疆宇，在郢都建立根基，占据荆扬之地，直到南海。子孙代代相传，延续九百多年。现在将军您继承父兄的余威旧业，统御六郡，兵精粮足，战士们士气旺盛。而且，铸山为铜，煮海为盐，人心安定，士风强劲，可以说所向无敌，为什么要送质于人呢？人质一到曹操手下，我们就不得不与曹操相呼应，也就必然受制于曹氏。那时，我们所能得到的最大的利益，也不过就是一方侯印、十数仆从、几辆车、几匹马罢了，哪能跟我们自己创建功业称孤道寡相提并论呢？为今之计，最好是不送人质，先静观曹操的动向和变化。如果曹操能遵行道义，整饬天下，那时我们再归附也不晚；如果曹操骄纵，图谋生乱，那么玩兵如玩火，玩火必自焚，将军您只要静待天命即可，为何要送质于人呢？"

周瑜这番话，说到了孙权心里。孙权的母亲也认为该这样做，她对孙权说："公瑾的话有道理，他比你哥哥只小一个月，我一向把他当儿子看待，你该把他当成兄长才是。"孙权便没给曹操送人质。

赤壁之战前夕，东吴的谋臣将士十分惊恐。孙权召集他们商讨对策，以张昭为首的大部分人都认为应该"迎曹"，只有鲁肃等少数人力主"抗曹"，然而不足以扭转局势。鲁肃建议孙权把周瑜从外地召回。

周瑜一归来，便力挽狂澜。周瑜回到孙权身边，向孙权分析曹操与孙权两军的胜败关键，先是指出：曹军远途跋涉，疲惫不堪；天气寒冷，马没有草吃；北方人惯习陆战不擅水战，水土不服；马超、韩遂尚在关西，为曹操的后患。继而进一步分析了曹军的实际力量，指出来自中原的曹军不过十五六万，而且所得刘表新降的七八万人，人心并不向曹。

周瑜自荐以三万精兵抵抗曹军，孙权这才下定决心，拔剑砍掉奏案一角，说："再有敢说投降的人，就像这个奏案一样！"

赤壁之战的过程和结果大家耳熟能详，中国统一进程暂告中断，三足鼎

立局面已露端倪，周瑜则声威大震，名扬天下。

赤壁之战后，周瑜向孙权献计软禁刘备，直接管理刘备阵营的军队部属，但孙权不同意。周瑜一计不成又生一计，建议孙权征伐益州，剿灭张鲁，结援马超，据襄阳抗曹操，徐图北方。孙权深以为然，托付重任于周瑜，但在周瑜赶回驻地江陵，准备出征的路上得了重病，最终卒于巴丘，时年三十六岁。

周瑜死讯传来，孙权痛哭流涕，说："公瑾有王佐之才，如今短命而死，叫我以后依赖谁呢？"他称帝后，仍念念不忘周瑜，曾对公卿们说："没有周公瑾，我哪能称尊称帝呢？"

历史上的周瑜，是一个无论外表还是内在品质都十分完美出众的人物。他不仅仪表非凡，风流倜傥，雄烈过人，才华横溢，而且为人又非常谦逊豁达、坦诚忠义、正直高尚，有十分出众的性格魅力和人格魅力。

《三国演义》中，为了凸显诸葛亮的智慧，对周瑜的形象做了较大的改动，并虚构了较多的情节，如赤壁之战，贬说周瑜主张不明确，是战是和踌躇不定，诸葛亮借曹操修筑铜雀台之事，智激周瑜，坚定周瑜抗曹的决心；又如说周瑜气量狭小，嫉贤妒能，被人气死纯是小说家之言，虽然脍炙人口，但终是虚构事件，与历史不符。

鲁肃：我不是个胆小鬼

受《三国演义》影响，鲁肃给我们的印象就是典型的老好人，而且胆小怕事，在赤壁之战中就是诸葛亮的应声虫、跟屁虫，在单刀赴会里是关云长

的陪衬。事实上，历史上的鲁肃是一个有气概、有雄才的人物。

鲁肃幼年不幸，出生不久父亲就去世了，靠着祖母抚养长大，但鲁肃的家底很厚，是那种地方大家族的公子。青少年时期的鲁肃，心怀开阔，善于思考，具备一定的政治眼光。早在董卓之乱前，他就看到东汉帝国内部蕴藏着严重的危机，预感天下将要大乱。为了在变乱中能够有所作为，鲁肃努力习武，他的剑法和骑术都很出色。他不再花精力去治理家业，却把许多土地卖掉，用这些钱财赈济宗族乡亲和结交一些志同道合的朋友。逐渐地，鲁肃在家乡有了较大的威望和号召力。他招募不少青壮年作为部曲家兵，并常常以射猎的名义，到离东城不远的南山讲武习兵，训练他们的战斗能力。

鲁肃和周瑜的相识，是从周瑜向他借粮开始的。汉末军阀混战时期，农业生产遭到很大的破坏，粮食紧张成为十分突出的问题。靠和平方式向别人借粮一般很难达到目的。但鲁肃对于周瑜的告贷，却毫不犹豫。他将自己储粮的一半——整整三千斛大米，全数送给周瑜。鲁肃的慷慨相助，使周瑜非常感动。通过接触，他了解到鲁肃是个了不起的人才，遂与鲁肃结成挚友。后来，他们这种亲密的关系从未间断过。

此时的周瑜和鲁肃尚在袁术治下，周瑜劝说鲁肃和他一起脱离袁术，改投孙策，鲁肃欣然同意。为便于行动，他必须把部属撤离东城，南就居巢。出发时，鲁肃命令老弱妇孺走在前面。他亲率部分强壮的男子负责断后。按照汉代的法律，国家编户没有自由迁徙的权力，鲁肃南下的行动是违法的。州里负责巡逻的骑兵闻讯后，追赶上来阻止他们。鲁肃一面让前面的人放慢速度，一面命令其他的人做好战斗准备。鲁肃告诫追骑说，现在是乱世，群雄角逐，朝廷软弱无力，有功者不会受奖，有过失的也没人惩办。你们为什么要苦逼我们？说完之后，鲁肃在路旁树起一面盾牌，一箭即将盾牌射穿。追骑们觉得鲁肃的话有道理，又害怕动起手来，未必是鲁肃的对手，于是便退走了。当年，鲁肃随从周瑜到达江东，定居在曲阿。

鲁肃到达江东后将近两年，一直没有受到孙策的重视，很不得志，于是有了改投郑宝之意。孙策的突然遇刺改变了这一切，江东形势一度相当混乱，只是靠着周瑜等人的全力支撑才逐渐稳住局面。正在为孙权搜罗人才的周瑜，当然不能把鲁肃放走。周瑜把鲁肃推荐给孙权。经过交谈，孙权对鲁肃的见识十分赞赏。在辞退别的宾客以后，孙权单独把鲁肃留了下来，不拘礼仪地合坐在一张床上，一边喝着酒，一边议论着国家大事。席间，鲁肃向孙权提出了“鼎足江东”的榻上策。他认为，孙权急于仿效齐桓公、晋文公图霸王之业的设想是不现实的，因为曹操已取得控制汉帝的有利地位。汉室已不可能恢复，曹操的力量也不能根本铲除。鲁肃为孙权提供的对策是割据江东，等待时机。利用曹操无暇南下的机会，进攻刘表，占据荆州，然后建号称帝，逐步夺取天下。鲁肃指出，由于北方“多务”，也就是说存在着许多不安定因素，有些麻烦事不易处理，曹操统一全国的目标很难实现，于是为江东出现割据政权提供了有利条件。鲁肃的榻上策和诸葛亮的隆中对，在许多观点上是一致的。两者同样比较准确地把握了当时的客观形势，并提出了远大的政治目标。具有如此深刻的洞察力和政治眼光的政治家，在三国时期除这两人外还是不多见的。而鲁肃榻上策的提出又比隆中对早了七年。

赤壁之战，鲁肃坚决反对降曹，力图使孙权树立起抗曹决心。他对孙权晓以利害，明以是非，劝孙权不要听信投降派的议论。他说，这些人要断送孙权的事业。迎降曹操，对一般朝臣没有损失。鲁肃用自己举例说，我鲁肃要是投降曹操的话，曹操一定会按照我在家乡评定的品级，分派我担任州官或者郡官。他指出，如果孙权投降曹操，曹操会因为无法安置而不能容忍他。鲁肃一针见血的劝告，终于使孙权转变了态度。

赤壁大胜，功劳卓著的鲁肃返回江东，孙权为表彰他，特意用最隆重的礼节欢迎。仪式结束后，孙权亲热地对鲁肃说：“子敬，我亲自为你下马扶鞍，这样的殊礼，你该感到荣耀了吧？”然而，鲁肃的回答，不但使孙权感到

意外，而且使在场的人无不大惊失色。他冷淡地表示："我不觉得荣耀。"当坐定以后，鲁肃从容地说："我希望您的威名震动天下，能够实现统一全国的大业。到那个时候，您派车子来接我，我才感到荣耀呢！"孙权终于明白了鲁肃的良苦用心：他是在用激将法提醒孙权，不要为眼前的胜利所陶醉，应该时时刻刻不忘统一天下的政治目标。

周瑜病逝前，向孙权推荐鲁肃接替自己的职务。孙权尊重周瑜的遗愿，也相信鲁肃的能力，于是任命他为奋武校尉，并把原属周瑜统率的军队和所享受的奉邑，悉数划归鲁肃掌管。鲁肃为人严肃认真，生活俭朴。他治理军队十分强调纪律，讲究一丝不苟。所以部下能够做到"屯营不失，令行禁止，部界无废负，路无拾遗"。人们公认，鲁肃是继周瑜之后最善于治军、最有谋略的统帅。

赤壁战后，孙权曾有西进益州的打算。为此，他曾写信探询刘备的态度。刘备欺骗孙权说，占据益州的刘璋与他是宗室亲戚，他不会攻打刘璋，也不能坐视孙权攻打益州。刘备还在江陵、秭归等处布设重兵，阻止孙权的军队通过。但不久，刘璋邀请刘备帮助他对付张鲁，刘备立刻留下诸葛亮、关羽守荆州，自己亲率大军进入益州，并最终与刘璋反目，夺占益州。孙权发觉自己受到刘备的捉弄，非常气愤。他派遣诸葛瑾出使益州，向刘备索取长沙、零陵、桂阳三郡。刘备回答说，他正攻打凉州，凉州打下后，一定将荆州全部归还江东。孙权知道刘备并没有归还荆州的诚意，又在敷衍他。不久，他委派的三郡新太守也被关羽陆续驱赶回来。孙权决定报复，一面派遣吕蒙等人强行攻取三郡，一面命令鲁肃屯守巴丘，防备关羽的救援。

吕蒙连陷三郡，激怒了刘备，他亲由益州赶到荆州的公安，命令关羽率军夺回三郡。鲁肃进驻益阳，堵住了关羽南下的道路。关羽是刘备最倚重的大将，虽忠义刚直，但骄矜自信，不善于处理同江东之间的关系。刘备入川后，关羽经常在边界地区制造一些摩擦事件。鲁肃以大局为重，一般都采取

忍让、友好的方式进行处理，力求边界和平，避免由此导致联盟的破裂。这次双方陈兵对峙，鲁肃针锋相对，不让关羽在军事上有任何便宜可占。同时，他仍想通过同关羽的说理斗争，维持联盟。因此，他主动邀请关羽到约定的地点进行会谈。鲁肃的部属担心对方下毒手，不愿他同关羽会面。鲁肃劝慰大家，今天的事情，应该当面讲清。刘备是有愧于我们的。谁是谁非没有判断清楚，关羽不敢贸然下手。会谈的时候，双方各把兵马安排在百步以外，鲁肃只带领几个部将，佩挂单刀赴会。这就是历史上有名的“单刀赴会”，只不过主角不是文艺作品中的关羽，而是鲁肃。

鲁肃斥责关羽，当初你们刘皇叔带领的人马比一个校尉的人还少，狼狈极了，只打算远远逃命，对荆州连想也不敢想。我们可怜你们没有立足之地，不吝惜我们血战取得的土地，借给了你们。刘备以怨报德，占据益州后，还赖着荆州不还。我们只要三郡，你们也不肯答应。作为一个普通人都不肯自食其言，何况像刘备这样的一个领袖人物呢？一席话，把关羽说得面红耳赤，无话对答。恰巧这时，刘备听说曹操要进攻汉中，害怕益州有失，慌忙遣使向孙权求和。孙权也自感兵力不足，取胜把握不大，便同意讲和。双方重新修好结盟，签订以湘水为界中分荆州的条约。长沙、江夏、桂阳三郡属孙权，南郡、零陵、武陵属刘备。

夺得荆州三郡后，鲁肃仍然与关羽和平共处，并劝说吕蒙不要挑起战争。他认为，只要曹操存在，江东就要受到他的威胁，孙刘两方的敌人是共同的，联盟只能巩固，不能破坏。

鲁肃病故时只有 45 岁。孙权为鲁肃致哀，并亲临他的安葬仪式。远在益州的诸葛亮，也为鲁肃的去世表示哀悼。鲁肃死后，孙权评价他有二长一短：“子敬东来，致达于孤。孤与宴语，便及大略帝王之业，此一快也。后孟德因获刘琮之势，张言方率数十万众水步俱下。孤普请诸将，咨问所宜，无适先对，至子布、文表，俱言宜遣使修檄迎之，子敬即驳言不可，劝孤急呼公瑾，

付任以众，逆而击之，此二快也。且其决计策，意出张苏远矣；后虽劝吾借玄德地，是其一短，不足以损失二长也。”孙权肯定了鲁肃的榻上策和赤壁战前的主战意见，但对借荆州问题进行了指责。其实，孙权的指责是不公正的。鲁肃始终不渝地坚持孙刘联盟，是因为他看到了联盟的维持与巩固，关系到江东生死存亡的长远利益，这是他目光远大的过人之处。

总之，三国时期的鲁肃是一个集政治军事谋略于一身的人物，作为东吴的四英将之一，和周瑜、吕蒙、陆逊相比，鲁肃一点也不逊色。绝对不是那一个唯唯诺诺胆小怕事的懦夫。

吕蒙：别我三日，当刮目相待

吕蒙年少时跟着姐夫邓当。邓当是孙策手下的将领，多次参加讨伐少数民族政权山越的战斗。长到十五六岁时，吕蒙开始偷偷跟随邓当参加战斗，邓当发现以后大吃一惊，大声指责吕蒙，让他回去，吕蒙不答应。回去后，邓当向吕蒙的母亲告状，吕蒙的母亲很生气，要惩罚吕蒙，吕蒙说：“不到老虎洞中去，怎会捉到小老虎呢？”母亲无奈地认同了吕蒙。

吕蒙能听人言，敏而好学。他在孙权掌管江东以后，逐渐得到重用。有一天，孙权对吕蒙说：“你现在当权掌管军中事务，不能不学习！”吕蒙以军营中事务繁多为理由加以推辞。孙权说：“我难道想要你钻研经书成为传授经书的官吗！只不过要你粗略地阅读，了解历史罢了。你要说事务多，谁像我事务多？我常常读书，自己感到这是十分有收效的妙方。”于是吕蒙开始进行学习。

鲁肃临时代理周瑜的事务时，入驻吕蒙的屯兵之处。当时鲁肃因为吕蒙是个武夫，对他有些轻视，有人对鲁肃说："吕蒙将军的功名一天天显扬，不可以用原来的态度对待他，您应该去看望他。"鲁肃随即去拜访吕蒙。酒到酣处，吕蒙问鲁肃："您担负重任以抵御关羽方面军，打算用什么方法应对突然发生的袭击？"鲁肃轻慢地说："临时想办法就行。"吕蒙说："现在东吴和西蜀是暂时联盟，关羽毕竟对我们有威胁，怎能不提早做好应对的打算呢？"于是就这个问题，他为鲁肃想了五种应对的方法。鲁肃又佩服又感激，从饭桌上跨过去，坐在吕蒙旁边，手抚着吕蒙的背，亲切地说："吕蒙，我不知道你的才能策略竟然到了如此境地！以你现在的才干和谋略来看，你不再是原来吴地的阿蒙了！"吕蒙说："对于有志气的人，分别了数日之后就应重新另眼看待他的才能，大哥知道这件事太迟了啊！"于是鲁肃拜见吕蒙的母亲，与吕蒙结为朋友，然后告别而去。后以"吴下阿蒙"称誉别人变化很大，长进明显；或反其意而用之，谦指自己毫无长进，也作"阿蒙吴下"。

吕蒙这个人心胸坦荡、公私分明，他年轻时，曾因部下的事被江夏太守蔡遗告发，但吕蒙并不怨恨。后来，豫章太守顾邵去世，孙权询问他应该让谁接替顾劭，他推荐了蔡遗。孙权见他不计前嫌，十分高兴，笑着对他说："你想要做祁奚吗？"于是任用了蔡遗。

大将甘宁性情粗暴，轻于杀戮，不但经常违背吕蒙的心意，而且不时违犯孙权的命令。孙权对此颇为恼火，吕蒙却总是为他说情，他认为："天下未定，像甘宁这样的大将难得，对于他的一些小毛病应该容忍。"孙权听了吕蒙的话，厚待甘宁。后来，甘宁果然为东吴出了大力，立了大功。

后来，甘宁厨房下一个小童犯了过失，逃到吕蒙那里，吕蒙怕他遭甘宁杀害，便将其藏匿起来。等到甘宁带着礼物来拜谒吕蒙母亲，要升堂见母时，吕蒙才叫出那小童还给甘宁，甘宁答应吕蒙不杀他。可是刚回到船上，甘宁

就叫人把小童捆在桑树上，亲自挽弓将他射杀。吕蒙闻后大怒，鸣鼓聚兵，准备上船进击甘宁。甘宁听到动静，故意躺着不起来。吕蒙的母亲光着脚跑来劝阻吕蒙："至尊（孙权）待你像亲兄弟，托付你以大事，怎么能因为私怒攻杀甘宁？你杀了甘宁，就算至尊不问，这也不是你当臣子的该做的事情。"吕蒙平日非常孝敬，听了母亲的话，心里明白过来。他亲自来到甘宁船上，笑着招呼道："兴霸，咱妈叫你回家吃饭，快点上来！"甘宁满面羞愧，流着泪对吕蒙哽咽着说："是我有负于你。"于是，便去见吕蒙的母亲，并跟吕蒙欢宴竟日。

白衣渡江，是吕蒙军旅生涯最辉煌的一次战役，也是三国史上最成功最经典的奇袭战之一。

关羽水淹七军后，威震华夏，一是有些得意忘形；二是确实需要粮饷，就抢了东吴在湘关的粮仓。孙权立即回应，战争就此爆发了。

吕蒙带兵来到浔阳，把精锐士卒都埋伏在船舱里。在甲板上摇橹、扬帆的船工一律穿上普通衣服而不带甲胄（使白衣摇橹），把自己装扮成商人，沿着长江向江陵进发，沿途关羽的巡哨都没有引起警觉，反而所有的岗哨包括站岗的军士都被"尽收缚之"。由此可见，关羽对吕蒙如此大规模的军事行动竟一无所知。

关羽抢完粮回师的时候，还是有数万人的战斗力量的，比起东吴投入的兵力，要强很多。但是就在回荆州的一路上，吕蒙让荆州兵的家人各自写信给随关羽出征的亲人。关羽北伐已近一年，战斗地带是洪涝重灾区，士兵早已思乡情重，此时便如当年四面楚歌的项羽军，关羽的部队早就没有了斗志，溃如鸟兽，而关羽也因此无奈走麦城。

麦城属零陵，关羽退到麦城后，伪称投降，被吴范看破。吕蒙遂派潘璋断关羽的后路，果然在临沮截杀了关羽。

吕蒙在小说中的形象与史实相类，《三国演义》未因尊崇关羽而抹杀吕蒙

的军事才能，但却因此成了谋杀蜀汉大将关羽的元凶，而在作者“拥刘抑曹”的思想笼罩下被编造了一个“因关羽追魂索命，七孔流血而死”的下场，这显然是荒诞的。

陆逊：一颗被刻意埋没的明星

陆逊在《三国演义》中，属于星光黯淡的那种角色。他不似曹操、刘备、孙权等枭雄那般，有挥斥方遒、指点江山的桥段；也没有吕布、关羽、张飞、赵云、马超、张辽等武将纵横杀掠、万夫不当的时刻；谋略方面，周瑜、鲁肃、司马懿因为是诸葛亮的直接对手或盟友，也比他更有故事。就《三国演义》而言，他的亮度大体与荀彧、郭嘉、姜维、吕蒙差不多。

但事实上，在《三国志》中，陆逊在“吴书”中独占一卷！这是什么概念呢？在《三国志》全书中，享有独一卷待遇的人物，除三国各主之外，只有诸葛亮和陆逊。也就是说，在《三国志》作者陈寿，或者说当时的人们看来，陆逊的分量是与诸葛亮旗鼓相当的！

陆逊名陆议，10 岁丧父，随其从祖父庐江太守陆康，在其任所读书。后因袁术与陆康不和，唆使孙策攻陷庐江，一个多月后，陆康病死。在此之前陆康已将陆逊与亲属送往江东。陆康子陆绩尚幼，所以年仅十二岁的陆逊便承担起支撑门户的责任。

青年陆逊原本是温文尔雅、风度翩翩的书生。当时，陆绩及其外甥顾邵以博览书传齐名，陆逊、张敦、卜静次之，风声流闻，远近知名。但历史却

把陆逊推上了政治舞台。孙策死后，孙权接过东吴的担子，“招延俊秀，聘求名士”。二十一岁的陆逊应召入孙权幕府，成为孙权统治集团的幕僚。

陆逊用兵，足智多谋。魏蜀吴三国看似各据一方，鼎立天下，实则各有各的内乱。东吴早期，暴乱不断。山越人在他们大族的领导下，建立起许多拒绝向官府服役纳税的割据王国。因为这些割据王国大多坐落在山区，所以被旧史诬为“山贼”“山寇”；又因为它们和平原地区结聚宗族而起的汉族豪强武装没有什么不同，所以也被史书称为“宗部”“宗伍”。这些山越武装小者人数以千计，大者达数万人，其力量不容忽视。这东一股西一股的割据力量让孙权十分头疼，你打他们，费时费力还除不尽，可不打他们还不行，孙权被弄得无可奈何。这时陆逊出场了，他只用一剂良方就基本治好了孙权的心病，就是招安。陆逊建议孙权给这些人封官封田，山越人有了稳定、良好的身份和生活，自然也就不愿意再和官府做对了。

当然，也有一些人宁当草头王，不做凤凰尾，陆逊只好领兵征讨。陆逊巧设疑兵，制造声势，趁着夜色掩护进入敌人腹地，然后军鼓号角齐鸣，使山越人误以为孙权大兵已至，在心理和气势上先输了一截。然后陆逊率军一鼓作气勇猛进击，以少胜多取得大胜，“得精卒数万人”。

荆州一战，他抓住关羽骄傲自大、目空一切的软肋，态度卑微地对关羽大肆吹捧，使关羽志得意满、丧失警惕，全力对曹，无视江东。这样，吕蒙才得以兵不血刃轻取荆州。

当时，吕蒙与孙权定下夺取南郡，擒获关羽的计划。为打消关羽戒备心理，吕蒙称病返回建业，途经芜湖，陆逊前去拜见。

陆逊对吕蒙说：“关羽自恃他的骁勇胆气，欺侮别人。现在更加意气骄横志向狂肆，未存戒心，他若听到您病重，必然更加不为防备。您见到至尊，应好好计划。”吕蒙敷衍道：“关羽勇猛又据有荆州，不是可以图谋的对象。”吕蒙回京，孙权问谁可以替他在陆口指挥，吕蒙回答说：“陆逊考虑事情深

远，有担当重任的才干，而且名声尚未远扬，不会被关羽重视。”孙权即拜陆逊为偏将军右都督代替吕蒙。

陆逊至陆口，即写信给关羽，在信中以卑下的言辞吹捧关羽，赞赏他的功德，表示自己对他的仰慕，并且表示绝不与关羽为敌。

关羽看信后，甚为轻视陆逊，愈发大意，完全丧失对东吴的警惕。把留守后方、用于提防东吴的军队调至前线，全力对付曹操。这时，关羽虽然在前线取得节节胜利，但他的后方却危机四伏。关羽不善团结部下，引发部下的不满。留守江陵、公安的将领麋芳、傅士仁因军资供应不及时，关羽声言要惩治他们，麋芳、傅士仁不堪忍受，顿生异心。这些情报，陆逊都了如指掌。

陆逊见破关羽时机已经成熟，立即上报孙权，孙权命吕蒙与陆逊为前部同时分道攻取荆州。吕蒙率军攻打公安、江陵。陆逊则长驱直入，连下荆州公安、南郡，宜都太守樊友弃城而逃，其他据点长吏和蛮夷酋长都望风而降。陆逊指挥的吴军所向披靡，势如破竹，占领了秭归、枝江、夷道，守住了峡口，堵住了关羽退回益州的大门。当关羽得到消息，匆匆忙忙从樊城撤军的时候，公安、江陵已经被麋芳、傅士仁献给了吴军。关羽进退维谷，走投无路，疲于奔命，军心动摇，只得领兵退守麦城，终被吴将潘璋部司马马忠擒获并斩首。

这一战，陆逊前后斩获招降关羽军数万人。

夷陵之战，陆逊则又根据敌强我弱的实际情况，采取了诱敌深入、疲敌师志的战略方针，做到了知己知彼，能准确捕捉战机，出奇制胜。

黄武元年，刘备不顾诸葛亮、赵云等群臣劝谏，决意伐吴。孙权首先以陆逊为大都督率众将拒刘备。当四十万蜀军进攻巫山、秭归时，陆逊主动后撤，诱敌深入，把数百里峡谷山地让给刘备，以使蜀军战线拉长，露出破绽。

当蜀汉军频繁挑战，吴将皆急欲迎击时，陆逊耐心劝止，坚守不出，欲

使蜀汉军师疲惫。陆逊认为如今蜀军锐气正盛，难以向他们发起迅猛的进攻。如今应该褒奖和激励将士，观察形势变化，等待蜀军自己混乱再攻击。诸将不解，以为陆逊畏敌，各怀愤恨。有些老将和贵族出身的将领不服约束，陆逊则绳之军纪，严加制止。

两军相持半年之久。时至盛夏暑热，蜀军无法急战速胜，兵疲意懈。蜀汉水军又奉命移驻陆上，失去水陆两军相互策应的主动权。蜀军深入敌国腹地，延绵数百里山川连营结寨，因战线过长，运转补给发生困难。

看准时机，陆逊决定转入反攻。他命令将士各持草一束，先以火攻破蜀汉营，然后令诸军趁势发起进攻，迫使刘备西退。陆逊命水军封锁长江，孙桓扼守夷道，将蜀军分割于大江东西，遂行各个击破。吴军继施火攻，火烧连营四十余寨，蜀汉军死伤惨重，蜀汉将领杜路、刘宁投降，都督冯习及沙摩柯被杀。刘备败退至马鞍山，依险据守。陆逊即集中兵力，四面围攻，蜀汉军土崩瓦解，被歼数万。刘备趁夜突出重围，逃奔秭归。蜀汉军“舟船器械，水步军资，一时略尽，尸骸漂流，塞江而下”。

刘备收集败将残兵，退回白帝城后，大为惭恚，说：“我竟受到陆逊的挫折侮辱，岂非天意啊！”第二年，刘备听说魏伐吴，写信给陆逊说：“贼兵已经在江陵了，我也准备征东，将军还能行吗？”陆逊说：“恐怕您旧伤未愈没有时间兴兵吧。你应该跟我们的君主通好才对，如果不听我的劝告再率大军前来，这次我不会让任何一个人存活！”

这两次大战，先后直接、间接要了关羽和刘备的命，还顺带导致了张飞的死亡。可以说，刘关张桃园三兄弟凄然结局都与陆逊有关。只不过，受《三国演义》影响，多数人对陆逊并无好感而且不觉得他有多大才干，但他的战功和谋略就三国时期而言，绝对屈指可数。

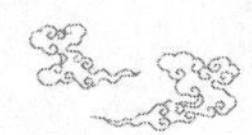

三国四叛将：一场灵魂的决战

吕布：跟随谁，就想灭掉谁

吕布这个人长得非常帅，大高个儿，相貌英武，武艺高强，还非常讲究排场。“头戴三叉束发紫金冠，体挂西川红锦百花袍，身披兽面吞头连环铠，腰系勒甲玲珑狮蛮带”，非常酷！

从武力上说，吕布在当时绝对是天下无敌序列当中的一员，甚至可以排在第一位。《三国演义》中描写：吕布五回合刺河北名将方悦于马下，一合刺穆顺，十余合败夏侯惇，数合败乐进、于禁联手，就算是张飞，五十余合亦不敌，关羽上阵，联手三十余合又战平，直到刘备上阵，三英合力战吕布，吕布才引兵退去，但是毫发无伤！而曹操面对吕布，甚至出动了典韦、许褚、夏侯惇、夏侯渊、乐进、李典六员大将与之厮拼。其中典韦、许褚还是毫不逊色于关羽、张飞的一流战将。

后世常把吕布和马超放在一起比较。《三国演义》中有叙述：“马超不减吕布之勇！”明代汝浩的《禅真逸史》则描述：“左首马超再世，右边吕布重生。”清末《快心编传奇初集》：“不思有吕布、马超耶，皆勇而貌美者。”吕布作为民间小说第一猛将的地位无可撼动，鉴于马超从来未和吕布交手过，后世有了“前表吕布后表马超”的说法。

然而，吕布“虽有虓虎之勇，而无英奇之略，轻狡反复，唯利是图”。换而言之，吕布这个人厉害是厉害，但人品不行，有奶就是娘，反复无常，不经意间就坐稳了三国第一反将的交椅。

吕布第一反——反丁原。

吕布原为并州刺史丁原的义子，在董卓入京的时候，丁原不服，董卓想杀他又忌惮吕布的威名。于是请谋士李肃前去游说，李肃大赞吕布人才出众，称其追随丁原是明珠暗投，必被埋没，吕布开始拒绝，说丁原待自己不薄，但李肃又送上赤兔马和大量金珠玉带，就把吕布的魂给勾到董卓一方了。这也难怪，吕布虽然人才出众，但跟着丁原几乎一无所有，他就像一个貌美如花却陷入穷困之家的姑娘，突然有人把宝马跑车和钻石翡翠送到面前，免不了目露精光、心如鹿撞。于是，吕布当晚就“提刀径入，一刀砍下丁原首级”。

吕布第二反——反董卓。

董卓性格十分猜疑，曾因小许失意向吕布掷出手戟。吕布又和董卓的婢女有染，恐怕事情被董卓发觉，所以心中十分不安。之前，王允因为吕布是并州的壮士，对他以厚礼相待。于是吕布怀恨董卓后，就去找王允倾诉。王允趁机策反吕布做内应，共图董卓。吕布有些犹豫，说：“奈何是父子，怎么好下手呢？”王允说：“将军姓吕，本来就非亲生骨肉，如今你保全自己的性命还来不及，还说什么父子！”于是吕布答应了王允，成功刺杀董卓，任职奋武将军，假节，仪比三司，进封温侯，与王允同掌朝政。

吕布第三反——反刘备。

曹操于钜野击败吕布，吕布东逃投奔刘备。袁术率军攻打徐州，与刘备相持于盱眙，并写信给吕布，许诺送上二十万斛大米，诱使其袭击刘备。吕布大举进军，指挥军队大破张飞，俘虏刘备的妻妾儿女及其部曲的家眷。刘备打不过袁术，走投无路之下，向吕布求降。吕布恼火袁术不运粮来，就准

备了车马迎接刘备，让刘备担任豫州刺史，派他驻守小沛。吕布自称为徐州牧。刘备在小沛，招纳旧部，重新纠集了万人，吕布忌惮他，亲自出兵攻打刘备，刘备大败，前往许都依附曹操。曹操厚待刘备，封他为豫州牧，并送予军粮和部队，让他到沛城收拢旧部。

建安三年，吕布与称帝的袁术结盟，公然反叛朝廷，曹操亲自率兵攻打吕布。吕布想投降，但陈宫等人由于自己对曹操负罪，极力反对。曹操围攻三个月，决水围城，吕布军中上下离心，部将侯成、宋宪、魏续反叛，缚了陈宫投降，吕布在白门楼见曹军攻急，大势已去，于是令左右将他的首级交给曹操，左右不忍，吕布便下城投降。

吕布对曹操说："我服了，让我跟着你干，由我率领骑兵，你率领步兵，可以统一天下了。"曹操颇为心动，但刘备在一旁说："明公您看见吕布是如何侍奉丁建阳和董太师的吗！"意思就是：吕布跟丁原的时候，杀丁原，跟董卓的时候，又杀董卓，现在跟着你，你不怕他杀你吗？

这一句话的杀伤力极强！直接把吕布推上了绞刑架。吕布怒斥刘备："大耳贼！不记得辕门射戟了吗？不是我，你早被袁术杀了！"刘备假装没听见，一言不发，吕布临死前，目视刘备说："是儿最无信者！"

三国第一猛将，先被勒死，又被削下了头颅。

魏延：说我反，委实有些冤

长期以来，因为《三国演义》的关系，提到魏延这个名字，多数人的直接反应就是——一个后脑勺长着反骨、因为谋反而被诸葛亮遗计诛杀的人物。

他的下场似乎罪有应得。但现在看来，魏延似乎挺冤的。

魏延是蜀国的一员重将，有人说他的军事才能不输关羽，尤其是在后三国时代，魏延的表现更是出类拔萃。依据史料来看，魏延的武艺的确在关羽之下，但在谋略上，应该是胜关羽一筹的。

魏延早期出身和履历不详。《三国志·魏延传》说他是“义阳人也，以部曲随先主入蜀”。所谓“部曲”，是汉代军队中三级编制的名称。到了东汉末年，军阀采取“部曲”这种军事建制来组织自己的军队，部曲其实就是他们的私人武装。魏延以部曲身份随刘备入川，是刘备军中的嫡系，不是降将。《三国演义》中，说魏延原本是刘表部将，杀蔡瑁后投韩玄，又杀韩玄献长沙于刘备，诸葛亮斥其弑主不忠不义、头生反骨日后必反云云，完全是小说情节的需要。

刘备入川时，魏延因数有战功被任命为牙门将军。建安二十四年，刘备于沔阳自称汉中王，并定治所于成都，于是当留大将以镇汉中，当时大多数人的意见都认为张飞应当担任汉中太守，张飞也觉得这个位置非自己莫属，但是刘备却意外地提拔魏延为汉中都督、汉中太守，并将魏延从牙门将军升为镇远将军。全军上下听闻此事一片震惊，多有议论。刘备也学他老祖宗刘邦为韩信立威那般，替魏延撑场面。一日，刘备大会群臣，问魏延：“现在我把重任交给你了，你有什么想法？”魏延雄声答道：“如果曹操举倾国之力前来，我请求为大王挡住他，如果是一偏将率十万大军前来，我请求为大王吞并了他。”刘备听后感到十分满意，群臣也为魏延这番话而称赞其雄豪。

魏延也不是嘴上功夫，他镇守汉中十余年，汉中固若金汤，没放入一支敌军进入自己的防区。接任者王平完全按照魏延的既定方针办，也以少胜多，大败曹爽率领的十余万魏军。

诸葛亮首次北伐，魏延提出“子午谷奇谋”、奇袭长安的战略，具体是：由魏延率一万精兵从小路子午谷偷袭进发，出其不意到达长安城下，并趁混

乱攻下长安；诸葛亮亲率大军走祁山大路，两军会师潼关，则关中地区尽归蜀汉。诸葛亮认为此计太过凶险，因此没有采纳他的意见。

不过，诸葛亮的老对手司马懿却十分赞同魏延的“子午谷奇谋”，司马懿曾对部下说：“诸葛亮平生谨慎，未敢造次行事。若是我用兵，先从子午谷径取长安，早得多时了。他非无谋，但怕有失，不肯弄险。”

这个“子午谷奇谋”后来被朱棣套用了。朱棣起兵三年，没有突破性进展。这时，姚广孝祭出大招：“毋下城邑，疾趋京师。京师单弱，势必举。”

这是兵行险招，朱棣没想到，朱允炆更没有想到。但朱棣毕竟是有魄力，依计而行，挥军南下，远袭京师。这一奇谋给了朱允炆致命一击，他万万没想到叔叔会带着小部队远来突袭，他的主力部队都在北方与燕军作战，回援不及，京城兵力空虚，再加上谷王朱橞、大将李景隆等开城投降，京师遂告陷落。宫中火起，建文帝不知所终。

至于当时魏延与诸葛亮谁更正确，我们无法判断。只不过，能够有这种构想的人，想必当时也是屈指可数，魏延的才略由此可见。

后来，诸葛亮病情加重，秘密与魏延的死对头长史杨仪，以及司马费祎、护军姜维等作身死之后退军节度，令魏延断后，如果魏延不从命，就随他的便。诸葛亮死，秘不发丧，杨仪令费祎前往试探魏延意图。魏延回答道：“丞相虽然身亡，但还有我呢，怎么能因一个人的死而荒废天下大事呢？再说，我魏延是何人，怎么能受杨仪摆布，做断后的将领呢？”

大军都随杨仪徐徐退却，魏延大怒，日夜兼程，赶在杨仪大军前面，所走过的地方都烧绝阁道。杨仪和魏延都互相上表刘禅说对方谋反，刘禅问侍中董允、留府长史蒋琬，到底是谁想造反，董蒋二人都担保杨仪，怀疑魏延。魏延先占据南谷口，率军出击杨仪大军，杨仪命令王平在前抵御魏延。王平骂魏延的先头部队：“诸葛公去世，尸骨未寒，你们这些人怎么敢如此！”魏延大军知道错在魏延，不听魏延的命令，都散了。只有魏延与其子数人逃亡，

逃到汉中，杨仪派遣马岱追上了魏延并且斩了他，将头颅献与杨仪，杨仪用脚践踏魏延的头颅，并且骂道："庸奴！你还能再作恶么？"之后又灭了魏延三族。

魏延是不是反了？《三国志・魏延传》中说："魏延最初不向北投降魏国而向南回到国内，只不过是想除掉杨仪等人……魏延的想法不过如此，并不是想背叛蜀国。"

而裴注引《魏略》所记，受诸葛亮托付兵权的是魏延，杨仪因怕魏延趁机相害，所以造谣说魏延要北上投敌，并发兵攻之，然而被诬陷的魏延深恐与战则清白难雪，所以只逃不战，最后终于被追杀。

至于真相究竟如何，已然无法追查。叛将——罗贯中给魏延做了盖棺之论。

忆往昔，当年汉中之时，五虎俱在，刘备独选魏延，"一军皆惊"。魏延反贼的那句话犹在耳边：

"若曹操举天下而来，请为大王拒之；偏将十万之众至，请为大王吞之。"

孟达：每一反都牵动时势

孟达原本在刘璋手下为将，法正当时也是他的同僚。法正因为不受重用，常常和益州别驾张松在一起发牢骚。张松出使曹魏，曹操轻视侮辱了他，张松便有了卖蜀地给刘备的打算。法正与张松一拍即合，愿意拥戴刘备入主蜀地，只是一直没有合适的机会。然而，刘璋却给了他们机会，他引狼入室，主动邀请刘备入川，并派孟达和法正各带着两千士兵前去迎接刘备。孟达就

在这个时候背弃旧主，投靠了刘备。刘备将两人的兵士归于一处，统一由孟达指挥，让他驻守江陵。夺得蜀地以后，孟达被任命为宜都太守。

建安二十四年，刘备遣孟达从秭归北攻房陵，房陵太守蒯祺被孟达部队剿杀。攻下房陵后，孟达继续进攻上庸。刘备暗中担心孟达难以独担大任，于是命义子刘封自汉中沿沔水南下统领孟达的军队，与孟达会合于上庸。上庸太守投降后，刘封和孟达就奉命驻守此地。

关羽被围樊城、襄阳时，曾要求刘封和孟达派兵援助。刘封与孟达商议是否出兵，孟达说："就我们这点兵，拉出去对抗魏、吴两国强兵，就是驱羊入虎口。"此话不假，即便刘封、孟达倾巢而出，关羽之围多半也解不了，反而会加重蜀国损伤。但能力大小是个水平问题，见死不救就是道德问题了。

见到孟达阻拦，刘封当时很为难，说："你说得没错，但关羽是我的叔父，我怎么能见死不救？"孟达见缝插针、挑拨离间道："你把关羽当叔父，关羽拿你当草芥而已。当年汉中王登位之时，欲立后嗣。汉中王派人到荆州征求关羽的意见，你猜关羽说什么？他说，刘封是干儿子，应该让他去守偏远山区，免得将来和亲儿子相残。你说，关羽是不是拿你当草芥？"

孟达这一番挑拨，坚定了刘封的决心，二人以山区的边地刚刚依附，不能让其动摇叛变为借口，拒绝发兵。关羽孤立无援，败而被俘，俘而被杀。

关羽死后，孟达因害怕被治罪，再加上跟刘封不和，常受到刘封的欺负，于是率部曲四千余投降了曹魏。这还不算，投降之后，还写信给刘封："阿斗无能，刘备立之。将军不是他的亲骨肉，就是个路人。"言外之意，你也和我一起反了吧，刘封断然拒绝。

孟达到了魏国，一开始混得风生水起，深受曹丕赏识，被封为散骑常侍、建武将军，平阳亭侯。曹丕还把房陵、上庸、西城三个郡合为新城，任命孟达为新城太守。除此之外，孟达还结交了夏侯尚等权贵，也算是风光一时。

然而，随着曹丕和夏侯尚等人的去世，孟达的心开始忐忑起来，他觉得

自己这个“外来户”没有了依靠，日子会越来越不好过，于是在诸葛亮引诱下，企图归蜀汉。孟达又与魏兴太守申仪有隙，申仪将孟达的计划泄露，司马懿表面上写信安抚孟达，暗中遣军进讨。

孟达认为司马氏率军来讨，至少需要三十日方能抵达，所以当司马懿八日内，行军一千二百里赶来时，完全打乱了孟达的部署。后来司马懿包围上庸十六天，孟达外甥邓贤、部将李辅开城投降，司马懿破城斩杀孟达，把他的头颅送回了京师。

孟达在三国时代虽不是什么举足轻重的人物，人品也非常值得商榷，但他的每一次反叛，却都能够牵动时势。

姜维：士为知己者反

姜维是后三国时代的蜀汉名将，与诸葛亮、庞统、司马懿并称为卧龙凤雏、幼麟冢虎，其实力可见一斑。

姜维其人，才能确实很大，只是胆略更大，外加运气不好，遇到的对手太强，终不能得偿所愿，就蜀汉而言，他忠心耿耿，尽忠职守，实乃大忠之人。但也有学者从另一个角度认为，姜维是个不忠不孝不仁不义之人：叛国向敌，又因宦官专权而放弃国主，此为不忠；弃母于故国，不顾母危，是为不孝；妄动干戈，穷兵黩武，致魏蜀两国百姓水深火热，是不仁；降而复叛，反复无常，不义。

姜维自幼少孤，和母亲一起生活。父亲姜冏曾为郡中功曹，羌族、戎族叛乱时，他亲自保护郡太守，战死疆场。因此，魏朝赐姜维中郎将，命他参

与管理本郡的军事。

诸葛亮第一次兵出祁山，派赵云、邓芝占据箕谷，佯从斜谷道攻郿，以牵制魏军主力。曹叡派曹真率关右诸军，在郿重兵设防，诸葛亮却亲率大军攻祁山。当时。天水太守马遵正带姜维和功曹梁绪、主簿尹赏、主记梁虔等人随雍州刺史郭淮在各地视察。马遵闻蜀军至祁山后，诸县响应，郭淮闻后，决定东行，回上邽守备。马遵怀疑姜维等人有异心，于是也乘夜随郭淮至上邽。姜维发现马遵已走，忙追随其后，可惜晚了一步，待姜维等人至上邽，城门已闭，不肯放他们入城。姜维等人又返回冀县，冀县也不放姜维等人进城。姜维等人只好去投诸葛亮。姜维的第一次反魏，可以说完全是被逼无奈。

马谡失街亭，导致诸葛亮的主力侧翼受威胁，整个作战计划遭到破坏。诸葛亮只好攻克西县，率千余户和姜维等人班师。姜维于是同母亲失散。诸葛亮对姜维非常器重，加奉义将军，封当阳亭侯。

诸葛亮死后，姜维继承诸葛亮遗志，不断兴兵北伐，双方互有胜负。总体来说，姜维胜多败少，最成功的一次几乎就要拿下长安，却因宦官黄皓的怂恿，刘禅担心姜维成功后会谋反而急令他速回成都，使得这次北伐前功尽弃。不过，北伐的确劳民伤财，百姓怨声载道，朝堂上下对姜维也颇有微词。

费祎、董允死后，蜀汉政权渐渐被奸臣把持。其中尤以最受刘禅宠信的宦官黄皓最为突出。董允在世时，每见黄皓必怒斥之，所以黄皓不敢干政。董允过世，朝中便无人再能制得住他。《三国志》的作者陈寿当时在蜀汉为官，就因为不肯屈从黄皓，所以屡遭迁贬。

姜维与黄皓自然不和。黄皓趁姜维败于邓艾之际，向刘禅进谗言欲拿下姜维，以自己的亲信右将军阎宇取而代之。阎宇久闻邓艾大名，因害怕而推却，此事不了了之。姜维得到密报后勃然大怒，向刘禅上奏，直言要杀掉黄皓，被刘禅所阻挠。此时，姜维深切感受到了黄皓的能量之强大，同时也感

到自己的人身安全受到了威胁，于是主动申请到沓中屯田养兵，实则是为了避祸。

荀彧族孙荀勖一眼看出内中端倪："刘禅溺于酒色，信用黄皓，大臣皆有避祸之心。姜维在沓中屯田，正避祸之计也。若令大将伐之，无有不胜。"司马昭于是有了算计。

随后，魏派遣大将钟会、邓艾率大军攻蜀。姜维闻讯出山挂帅，亲自驻守剑阁对抗魏军正面部队。魏军在剑阁与姜维相持不下，邓艾让钟会继续与姜维死磕，自己则领兵抄小道走阴平，奇袭成都门户绵竹关，诸葛亮之子诸葛瞻守绵竹，被杀得措手不及，关破人亡。姜维正欲班师回援，刘禅降了，事已至此，姜维只好向钟会投降。

但没过多久，姜维又一次反魏了，而且这次还把钟会也带成了三国著名的反将。

此次灭蜀，钟会与邓艾共同领兵，但因为进攻成都、接受刘禅投降的是邓艾，所以无论是声誉还是功劳，大部分都被邓艾占了。钟会因此愤愤不平，极不痛快。姜维趁机挑拨，与钟会一起设计，收买监军，在回师的路上上报司马昭，谎称邓艾意欲谋反，邓艾被罢免关押。

邓艾一被收押，军队就全由钟会一人统领。此时，魏军加上蜀降军有二十余万人。姜维继续怂恿："你看邓艾那么大的功劳，随便捏造个罪名就成了阶下囚，你将来的结果会比他好吗？现在你手握重兵，归降的蜀军也都听我的，由我俩修整这二十万大军，问鼎天下也不是难事。"而钟会也自认功名天下无比，不愿再屈居人下。加之猛将精兵都控制在自己手中，于是举兵反叛。钟会打算派姜维率蜀兵出斜谷，占领长安，再派骑兵经陆路、步兵经水路夺取天下。

司马昭似乎嗅出了味道，写信给钟会："我担心邓艾不服从命令，今派遣中护军贾充率步兵和骑兵万余人入斜谷，驻扎在乐城。我亲自率十万大军驻

扎在长安。我们不久就可以相见了。”钟会大惊，兵行险招，召请护军、郡守、牙门骑督以上的将士以及蜀国的旧官，在蜀国朝堂为魏明帝郭皇后发丧。并假借郭太后遗命，起兵征讨司马昭，而手下将士并不跟从。于是钟会把他们全部关押。

姜维建议钟会：“应把牙门骑督以上的官吏全都杀死。”姜维此举是想先借钟会之手杀尽魏将，而后再杀钟会，复兴蜀汉。但钟会犹豫不决，事情败露，被关押的魏军将领立刻连同未被关押的将士，加上各自旗下的官兵反攻钟会、姜维，二人一同被杀，姜维临死前大呼：“吾计不成，乃天命也。”魏将士对姜维的计策非常愤怒，姜维死后又剖开姜维的尸体，发现姜维的胆如斗大。

姜维两次反魏，一次迫不得已，一次精心设计，怎奈谋略有余，时运不济。

姜维，以他投蜀的时间和投蜀以后的经历来看，很难说他对蜀汉集团有多大的认同，但最后苦苦支撑危局的却是他。姜维至死，都在为诸葛亮的遗愿不遗余力，明知不可为而为之，生前遭受指责和非议，死后仍留下抹不去的污点，所谓的“士为知己者死”，大抵如此吧。

第四卷　名士风流

半是佯狂半酒狂，虚名真意两相忘

三国时代是政治混乱、社会痛苦的时代，然而同时也是精神自由、艺术气息浓厚的时代。三国的名士们，如此粗俗却又如此优雅。他们有好看的皮囊和有趣的灵魂，把世俗的人生过得活色生香，在荒诞不经中又显得那样卓尔不群。他们被时代按在地上反复摩擦，卑微到尘埃里也要开出骄傲的花。

蔡邕：死于哀叹的一代文豪

一身清高骨，屡屡受构陷

蔡邕，字伯喈，生于汉末，死于三国之初。他是汉代最后一位辞赋大家，擅长写小赋，他的诗歌流传下来的有四百多首，由他的女儿蔡文姬在曹操的帮助下，默写下来，才得以流传。

蔡邕的父亲蔡棱性情孤傲，不合流俗，与世事格格不入，还没来得及被征召举荐就去世了。蔡邕对寡母非常孝顺，母亲病了三年，三年中他从没有解衣而眠，连续七十天没有躺到床上睡一个完整觉。母亲去世以后，蔡邕就在墓地旁边搭建了庐棚，为母亲守孝。

蔡邕所学广泛，喜好诗文、术数、天文、书法，擅长音乐，他内心清高，不愿和当权者结交。中常侍徐璜、左悺等五侯，擅权不法，听说蔡邕的琴弹得好，于是告诉桓帝，命令陈留太守督促他启程。蔡邕不得已，走到偃师，假称生病，返回家中。

蔡邕在家里无所事事，品玩古董，不与时人来往。受东方朔《客难》及扬雄、班固、崔骃设疑自通的启发，于是汲取百家之言，肯定其中正确的而纠正不对的，创作了《释诲》来警惕和自勉。

建宁三年，他为司徒桥元管理府邸，桥元非常敬重他。被任命为郎中，

在东观校勘书籍，又任议郎。

蔡邕认为，当时流传下来的经传典籍，被误读、误写、误解的地方非常多，因此向汉灵帝奏请订正“六经”，灵帝应允。于是蔡邕亲自在碑上书写，并让工匠认真雕刻，把这些石碑都立在太学的门外。从此，后来的儒生、学者都把这个当作典范。

当时，灾异变故的事情多有发生，百姓惊慌，帝王疑虑。灵帝于是特诏询问蔡邕：“近来灾异变故的发生，不知是什么罪咎引起的。朝廷焦急，朕心里也害怕。访问群公卿士，想听到一些忠言，他们都守口如瓶，不肯尽心。因为你经学功底深厚，所以朕特地问你，你应该阐明得失，指出为政的要点，不要唯唯诺诺，或者怀疑恐惧。全按经述对答，为了保密，要用皂囊封上。”

蔡邕于是上奏，认为妇人、宦官干预政事，是怪异发生的原因之一，并弹劾太尉张颢、光禄勋玮璋、长水校尉赵玹、屯骑校尉盖升等人贪赃枉法，又举荐廷尉郭禧、光禄大夫桥玄、前任太尉刘宠，认为可以向他们咨议朝政。并在结尾处写道：“君臣之间如果行事不保密，那么对皇上来说，以后要警戒泄密的过失，对下臣来说就会有杀身之祸。还望皇上把臣的奏章放好，不要让对朝廷忠心耿耿的人受到奸佞小人的谮害。”

灵帝在看了奏章后很是感慨，在起身如厕时，奏章被曹节在后偷看，就向左右的人泄露了全部内容，致使事情泄露。中常侍程璜马上让人写匿名信诬告蔡邕，蔡邕随即被打入洛阳大牢，以他的奏章中有大不敬，被判弃市。中常侍吕强怜悯蔡邕无罪，为他求情。汉灵帝也进一步斟酌蔡邕的奏章，下诏免去他的死罪，但他和他的家人要受剃发、戴枷的刑罚流放北方。中常侍程璜又派刺客追杀蔡邕。刺客被蔡邕的义节感动，没有服从程璜的命令，蔡邕才免一死。

蔡邕在东观的时候，曾与卢植、韩说等修撰《东观汉记》，后来遭遇变

故，书稿没来得及完成就流离失所。他因此上书所著的《十意》——《律历意》《礼意》《乐意》《郊祀意》《天文意》《车服意》，按条目分好，连续写在奏章的空白处，灵帝爱怜蔡邕的才高，正好在第二年大赦，于是赦免蔡邕，准许他返回原籍，蔡邕自从放逐到被赦免，历时九个月。

蔡邕正准备启程回郡的时候，五原太守王智为他送行。酒喝足后，王智起身劝蔡邕，蔡邕不理他。王智是中常侍王甫的弟弟，本来很娇贵，丢了面子为宾客所嘲笑，就破口骂蔡邕说："罪犯也敢轻侮我！"蔡邕拂袖而出。王智非常恨他，于是密告蔡邕心怀怨望，诽谤朝廷。灵帝宠幸的人也都诬陷他，蔡邕害怕无法幸免，于是逃命江海，远走吴会之地。

"柯亭笛"与"焦尾琴"

蔡邕全家到了会稽高迁。这里竹子成林，引起了蔡邕的逸趣，想取竹制笛以消除旅途之劳累。一天午后，他独自到竹林里挑竹料，可是并没有找到合适的，只好扫兴而归，不觉来到柯亭，这个小巧玲珑的竹亭子却吸引了他。他迈步踏了进去，四边瞧瞧，忽然对着亭檐下的竹子数了起来，数到第十六根就停住了，睁大眼睛呆呆地看着，好似想到了什么，马上搬来了一个梯子爬上去对着那根竹子又看又抚摸，越看越爱，并一边喊着："王大哥！王大哥！请把这第十六根竹子给我拆下来。"王大哥不解地说："亭子昨天才盖好，拆不得啊！你要竹子，后面竹林有的是，我给你去砍来。"蔡邕着急地说："我要的并非普通的竹子，而是丝纹细密，又圆又直，不粗不细的竹子。你看这竹子光泽淡黄又有黑色的斑纹，从里到外都是一根再好不过的制笛材

料，林子里的竹子我都找遍了，就没有这么好的，请你还是给我拆下来吧！”王大哥终于同意了。笛子做成后，果然不同凡响。由于笛子取材于柯亭的缘故，乃取名“柯亭笛”。

又一天，蔡邕听到一块桐木在火中爆裂的声音。通过爆裂的声音，他知道这是一块好木材，因此把这块木头拣出来，做成琴。结果真的和他想象的一样，琴的音色非常美妙。可是，木头的尾部被烧焦了，人们就叫它“焦尾琴”。

说到“焦尾琴”和蔡邕的音乐才华，就不得不说一个故事。那时候，蔡邕还住在陈留，有个邻居准备了酒菜请他喝酒。他去的时候，大家已经喝到了微醺处，有个客人趁着酒兴在屏风后面弹琴。

蔡邕到了邻居家门口，听到里面有琴声传出，不由得停下脚步，听了起来。可是，听着听着，他心里犯起了嘀咕：啊！用音乐招我来，却藏着杀心，这算怎么回事？莫非是一场鸿门宴？想到这里，他转身回去了。

请他的人不明所以，回去告诉主人：“蔡先生刚才来了，到门口听了一会儿又走了。”蔡邕一向被乡里人尊崇，怎么会到了门口又走了？是不是自己礼数不到，蔡先生生气了？主人赶忙追出去，拉住蔡邕询问原因。蔡邕把刚才从琴声中听到的告诉了他，大家都感到很扫兴。为了搞清真相，主人把弹琴的客人叫了出来。

原来，是客人在弹琴的时候，看见一只螳螂正要扑向不远处的一只蝉，蝉将飞欲飞，还没有飞走，而螳螂的动作一前一后，也正准备跳出去逮猎物。他担心螳螂失去机会，让蝉跑了。难道这么细微的意念也会从琴声中带出来，成了所谓的暗藏杀机？蔡邕笑着点点头，这就是了。

一场误会消除了，大家对蔡邕的听琴能力非常佩服。也只有这样的人，才能从一段烧焦的木头中辨别出那是一块好木头，才能造出著名的“焦尾琴”。

蔡邕死后，焦尾琴很长一段时间都保存在皇家内库之中。据说齐明帝在位时，曾取出焦尾琴请古琴高手王仲雄弹奏。王仲雄连续弹奏了五天，并即兴创作了《懊恼曲》献给明帝。后传至南唐中主李璟手中，后又赠予大周后。李煜死后归宋室所有。据传，明朝昆山人王逢年最终收藏着蔡邕制作的焦尾琴。

一声叹息引来的无妄之灾

汉灵帝去世后，董卓专权，因为知道蔡邕的名气很大，于是征召他，蔡邕推说自己有病，不肯去。董卓知道后大怒，骂道："我有灭人三族的权力，蔡邕就算骄傲，也不过是转足之间的事而已。"又急令州郡征召蔡邕到府。蔡邕不得已只好应命，被任命为代理祭酒。董卓虽然粗鄙残暴，但对蔡邕很敬重。三天之内，就把蔡邕连续提升到了尚书的位置上。

董卓很看重蔡邕的才学，对他非常客气，一遇举行宴会，往往令蔡邕鼓琴助兴，蔡邕也有心出力。但董卓性格刚愎自用，蔡邕恨自己的话很少为董卓采纳，他对堂弟蔡谷说："董公性格刚烈而容易作恶，终究不能成事。我想东奔兖州，但是道路太远，不易达到，打算暂时逃到山东地区看看，怎么样？"蔡谷说："您的容貌与普通人不同，在路上走，看的人云集，这样，想躲起来，难啊！"蔡邕这才打消了这个念头。

董卓被诛杀后，蔡邕在司徒王允座上，不知不觉说起董卓来，并为之叹息，脸色都变了。王允勃然大怒，呵斥他说："董卓，窃国的大贼！差点倾覆了汉室。你作为臣子，应该同仇敌忾，但你却想着自己受到的礼遇，忘记了

操守！现在上天诛杀了有罪的人，你却反而为他感到伤痛，你和逆贼有什么两样！”然后不由分说将蔡邕收押，交给廷尉治罪。蔡邕递上辞表道歉，请求受到刻额染墨、截断双脚的刑罚，以求继续完成汉史。士大夫大多同情并想要救他，没有成功。

太尉马日磾听说后，急忙前往对王允说：“伯喈是旷世的奇才，清楚很多汉朝的事，应当让他续写后边的历史，让它成为一代重要的典籍。而且他忠诚孝顺的名声一向显著，获罪也没有缘由，杀了他岂不是会丧失威望吗？”

王允反驳道：“过去汉武帝不杀司马迁，让他写出毁谤的书，流传于后世。现今国家中途衰落，政权不稳固，不能让奸邪谄媚的臣子在幼主旁边写文章。这既不能增益圣上的仁德，又令我们蒙受毁谤议论。”马日磾离去后告诉别人说：“王允大概不能长久于世吧。有道德的人，是国家的纲纪；写作，是国家的典籍。废弃了纲纪与典籍，难道还能长久吗！”蔡邕最终死在了狱里。

其实，王允当时也后悔了，想阻止行刑，却来不及了。蔡邕死后，群臣和士人没有不为他落泪的。郑玄听闻蔡邕的死讯后，仰天长叹：“汉朝的事，谁来考定啊！”

灵机一动的飞白书

飞白书亦称“草篆”，是一种特殊风格的书法。这种书法，笔画中丝丝露白，像缺少墨水的枯笔写成的模样，别有一番风韵。该书法就出自蔡邕，因笔画中有的似鸟头燕尾，又似鸟头凤尾，横竖笔画丝丝露白，飞笔断白，燥

润相宜，似枯笔做成，故称飞白书。

这种特殊的书体，是蔡邕偶然创造的。

传说，有一次，蔡邕遵照皇帝的命令，写作《圣皇篇》一文，文章写好后，按照当时的规定，由他亲自送到当时的皇宫图书馆——鸿都门。不巧，这一天鸿都门正好修理内部，大红的宫门紧紧地关着。只见一个工匠，用箬帚蘸着石灰水刷宫墙。由于箬帚太大，石灰水又很浓，所以刷完的墙一道黑一道白的，看上去很不舒服。

蔡邕此时由于进不了鸿都门，便驻足门下，观察良久。突然，好像想起了什么事情似的，快步朝家走去。

回到家里，他赶紧找来一些竹子，劈成细细的条条，仿照箬帚的式样，绑在一起，做成了一支扁形的竹笔。然后饱蘸浓墨，运笔时速度又较快，经过几次刻意练习，终于创造出这种点画中有一丝一条的露白的书体——“飞白书”。

后来，这种书体曾一度极为盛行。尤其是当时的一些宫门的匾额题字，均采用此体。时至今日，这种书体仍为许多书法名家所师法。

冤哉！身后是非蔡中郎

陆游曾写下一组四首七绝小诗《小舟游近村舍舟步归》。其中，第四首云：

斜阳古柳赵家庄，负鼓盲翁正作场。
死后是非谁管得，满村听说蔡中郎。

当时，在陆游生活的那个时代，流传着一部叫作《赵贞女与蔡二郎》的鼓书，它唱的就是蔡邕的故事。

故事说，河南陈留秀才蔡伯喈上京赶考，贪图功名富贵，入赘相府，撇下妻子赵五娘在家中苦熬岁月。赵五娘在家乡独自奉养公婆。饥荒年岁，公婆双双饿死，赵五娘祝发买葬，又罗裙包土、自筑坟台。后来，空中降下一面琵琶，赵五娘身背琵琶，上京寻夫。找到京中，蔡伯喈不仅不认赵五娘，反而放马将她践踏致死。最后天降报应，蔡伯喈为暴雷殛死。

这个故事在宋元时代一直在民间广为流传，显然，它和才名孝声动天下的蔡邕毫不沾边。只能怪蔡邕倒霉，不知道什么原因就无辜地背了这样一个骂名，由于鼓书的巨大影响力，一些不明就里的人可能真的就以为蔡邕就是那个薄情寡义、忘恩负义的蔡二郎了，这委实是太冤了。这样的造谣和污蔑让陆游都看不下去了，于是便有了我们在文前看到的那首七言小诗。

又过了若干年，终于又有人为蔡邕说话了，他就是元末剧作家高明，高明用《琵琶记》力图为蔡邕翻案。出于无奈，他只能保留《赵贞女与蔡二郎》的故事框架，于是故事又变成了这个样子：

陈留县秀才蔡伯喈与赵五娘新婚不久，恰逢朝廷开科取士，伯喈觉得父母年事已高，不愿去考试，打算留在家中服侍父母。但是蔡公不许，邻居张大公也在旁劝说，伯喈只好告别父母、妻子，赴京考试。应试及第，中了状元。朝中牛丞相看中伯喈，有一女未婚配，奉旨招新科状元为婿。伯喈以父母年迈，在家无人照顾，需回家尽孝为理由，打算辞婚、辞官，但牛丞相与皇帝不从，他被迫滞留京城。

自从伯喈离家后，陈留连年遭受旱灾，五娘任劳任怨，服侍公婆，让公婆吃米，自己则背着公婆私下自咽糟糠。起初她婆婆还怀疑她吃的东西比自己吃得好，当发觉她吃的是糠秕以后，非常感动，坚持要大家一起吃糠。因

此，婆婆当场被糠噎死。不久，蔡公也死于饥荒。

而伯喈被强赘入牛府后，终日思念父母，写信去陈留家中，信却被拐子骗走，以致音信不通。一日，在书房弹琴抒发乡思，被牛氏听见，得知实情，告诉父亲。牛丞相被女儿说服，于是派人去迎接伯喈父母、妻子进京。

另一边，蔡公、蔡婆去世后，五娘罗裙包土，自筑坟墓，又亲手绘成公婆遗容，身背琵琶，沿路弹唱乞食，往京城寻夫。她历尽风霜，来到京城，正遇弥陀寺大法会，便往寺中募化求食，将公婆真容供于佛前。正逢伯喈也来寺中烧香，祈祷父母路上平安。见到父母真容，他便拿回府中挂在书房内。五娘寻至牛府，被牛氏请至府内弹唱。五娘见牛氏贤淑，便将自己的身世告知牛氏。牛氏为让五娘与伯喈团聚，又怕伯喈不认，便让五娘来到书房，在公婆的真容上题诗暗喻。伯喈回府，见画上所题之诗，正欲问牛氏，牛氏便带五娘入内，夫妻遂得以团聚。五娘告知家中事情，伯喈悲痛至极，即刻上表辞官，回乡守孝。得到牛相的同意，伯喈遂携赵氏、牛氏同归故里，庐墓守孝。后来皇帝下诏，旌表蔡氏一门。

然而，这个大团圆结局的背后，却是“二亲饥寒死、子得双妇归”的鲜明对比，高明再怎么高明，也无法彻底为蔡邕翻案，世人充其量会在蔡伯喈可悲可恨的情感认知上再加上些许的同情，可怜大文士蔡邕，被乱扣了这么一顶帽子，在一定程度上还摘不下去了。

孔融：原本不是当官人

一门炽烈，一门争死

孔融是孔子的十九世孙，少年时便聪慧异常。他的七世祖孔霸是汉元帝的老师，官至侍中，父亲孔宙，曾任太山都尉。孔融十三岁那年孔宙去世，孔融痛不欲生，病得需要别人搀扶才能站起来，天下人都称赞他的孝行。

孔融为人也很仗义。名士张俭为中常侍侯览所忌恨，侯览密令州郡捉拿张俭。张俭与孔融哥哥孔褒是好友，于是逃到孔褒家中。当时，孔褒不在，张俭觉得年仅十六岁的孔融太年轻，没有告知他自己的处境。孔融心思敏锐，能急人之难，他看见张俭窘迫的样子，就对张俭说："哥哥虽然在外未归，我难道不能为您的东道主吗？"因此留张俭住在自己家。

后来事情泄露，官府秘密搜捕，张俭逃脱了，孔褒、孔融却被抓了起来，兄弟二人争着认罪。孔融说："收容匿藏张俭的是我，有罪归我。"孔褒说："张俭来找我，不是弟弟的罪过，罪在我，我心甘情愿。"官吏问他们的母亲，母亲说："家里的事情都由长辈决定，罪责在我。"一门都争着赴死，郡县迟疑不能决断，于是向朝廷请示。诏书最后定了孔褒的罪。孔融因而闻名，与平原陶丘洪、陈留边让齐名。

总与官场不合拍

何进即将升任大将军时，司徒杨赐派孔融拿着名片去祝贺何进，因为门人没有及时通报，孔融就把名片夺回，扬长而去。何进的人觉得很丢面子，想要派剑客追杀孔融，有宾客对何进说："孔文举有盛名，将军如果与他结怨，四方之士就会相随而去了。不如以礼对待他，使天下人都知道将军的胸怀广大。"何进觉得是这个道理，于是受任大将军后，征辟孔融，举其为高第，迁任侍御史。谁知道，孔融又因为与上司御史中丞赵舍不和，托病归家。

后来，孔融被征为司空掾属，授任北中军候。在职三天，转任虎贲中郎将。正逢董卓霸权，想要废掉汉少帝，孔融与董卓吵了起来，言辞非常激烈。董卓碍于孔融名声，也不好杀他，就将孔融转任议郎，随后又暗示三府（太尉、司徒、司空）举荐孔融到黄巾军最为猖獗的北海国为相。

孔融到北海后召集士民，聚兵讲武，下发檄文，又亲写书札，与各州郡通声气，共同谋划。慢慢集结官吏、百姓，以及被黄巾军所蛊惑的男女四万多人，再设置城邑，设立学校，表显儒术，荐举贤良郑玄、彭璆、邴原等。因为颇有政声，被时人称为"孔北海"。

不过，孔融文有余，武不行，先是被名不见经传的黄巾张饶击败，后又被管亥所围，一度情势危机。于是派太史慈向刘备求救。刘备当时还是那个小小的平原相，收到孔融的求救信，简直受宠若惊，失声道："孔北海竟知道天下还有个刘备呢。"于是立即发兵解围。

这个时候，袁绍和曹操的势力正逐渐壮大，孔融深知二人对汉室没有忠

诚之心，所以不愿意和他们建立关系，孔融的幕僚左承祖曾劝孔融结纳袁绍或者曹操，他一怒之下就把人家给杀了。孔融自负于才气秉性，立志平定国家的危难，可是他空有理想，终究没有匡扶天下的才能。

孔北海专业怼曹操

曹操掌权后，孔融对曹操的乱政行为非常气愤，认为他挟天子以令诸侯实在是大逆不道，因此常在朝堂之上和曹操对着干。

曹操击败袁绍以后，袁绍家的妇人女子多被掳掠。曹丕抢了袁熙的妻子甄宓。孔融写信给曹操，说："武王伐纣，把妲己赏赐给周公。"曹操不明白，但想孔融乃是当世头号文人，便信以为真了，到处查找典故，也没查到。后来问孔融这话出于何经何典，孔融答说："我按照现在的情况，自己凭空想出来的啊。"曹操这才恍然大悟，孔融这是在埋汰自己，杀意已生。

在这里，孔融把甄宓比妲己，把曹操比武王，把曹丕比武王的弟弟周公，这一下，曹操一家人的关系全乱套了。而且孔融还暗示：你把甄宓许给你儿子和许给你自己没什么两样，其实是你自己看上了，又怕传出去名声不好，所以名义上把甄宓许给你儿子，其实暗地里自己享用。反正是你们曹家的女人，父子同纳一妇，曹公，你真是道貌岸然啊！要知道，曹操一向以周公自比。

曹操北讨乌桓，孔融又讥笑他说："大将军（曹操）远征，萧条海外，从前肃慎不进贡楛矢，丁零偷盗苏武的牛羊，可以一并讨伐啊！"

当时，因为战乱频起，天又灾荒，民不聊生，所以曹操下令禁酒以节粮，

孔融就去书讽刺曹操说："天上有颗'酒旗'星，地下有个'酒泉'郡，人有海量称'酒德'，帝尧'千锺'称圣人。而且夏桀和商纣王是因为女色亡的国，那你干脆把婚姻也禁止算了。"曹操忌惮孔融的才子大名，强忍愤怒，没有立即杀他。御史大夫郗虑出来上奏朝廷，依法免去孔融的官。可他却满不在乎，天天大宴宾客，有人形容曰："座上客常满，樽中酒不空。"那边禁酒，他被处罚还天天聚众饮酒作乐。孔融此举，纯粹是想搅局。

曹操想恢复古代的九州制，孔融马上提出，要恢复古制就一起恢复，比如古制中的王畿之制，以天子为中心，千里之内应由天子直接管理，不能封给别人。这个时候曹操已经封了武平侯，这明摆着是针对曹操的。曹操这才意识到孔融的危险性。为了维护自己的霸业，曹操不得不向孔融这位大名士开刀。当然，曹操"不会滥杀无辜"，他是有理由的。

孔融曾经扬言"有天下者，何必卯金刀"。卯金刀就是繁体的"刘"字。这就是谋反的论调。按说这个罪名已经足够大了，但曹操觉得不够"十恶不赦"，于是继续找理由。

孔融曾和祢衡互相吹嘘，祢衡赞孔融，说你是"仲尼不死"；孔融则回赞祢衡，说你是"颜回复生"。这就有点不尊重祖宗的嫌疑了。

然而，孔融还有更出位的话。当年曹操屠徐州城，打的旗号是"为父报仇"，汉朝"以孝治天下"，他是为了标榜自己这么做没毛病。孔融和陶谦关系不错，于是替他出面说话："父之于子，当有何亲？论其本意，实为情欲发耳！子之于母，亦复奚为？譬如寄物瓶中，出则离矣！"大概意思就是说，父亲对孩子是没有爱的，只不过是情欲勃发时的一个产物而已。母亲对孩子，就好比是瓦罐里装的东西，东西拿出来了，跟瓦罐就没啥关系了。

这下子，不忠、不敬、不孝都齐了，这些罪名，意在证明孔融的人品有很大的问题，曹操不仅要消灭孔融的肉身，还要彻底毁掉孔融的名誉，让他死得无比难看。因此，曹操在布告上写道："融违反天道，败伦乱礼，虽肆市

朝，犹恨其晚。”

“杀你，都杀得晚了！”这应该是曹操的真实心声。

孔融被害时，他的女儿七岁，儿子九岁，因年幼得以保全。寄养在别人家中。二子下棋，孔融被捕，不为之动。左右的人说：“父亲被逮捕，不起，为什么？”答说：“哪里有巢毁坏了卵不破的呢？”主人给肉汁，男孩口渴喝了。女孩说：“今天这样的祸，难道能够久活，还要知道肉味吗？”哥哥号哭而止饮。有人对曹操说了此事，于是曹操一发狠全都杀掉。

孔融死后，曹丕向全国悬赏他的文章，有上交者“辄赏以金帛”。在《典论》一文中，曹丕还把孔融列为“建安七子”之首。

一个恃才傲物、不谙世事的才子生活在乱世是可悲的。孔融若活在今天，会是个很好的时事评论家，每天褒贬时事，像我们生活中的一面镜子。只能说，孔融的悲剧不是个人的悲剧，也不是性格的原因，而是那个时代的悲剧。

王粲：半生失意，半生得意

有家世，更有才情

王粲的曾祖父与祖父均为东汉三公，父亲是何进的长史，标准的官宦世家，十足的贵公子。不止如此，王粲本身也是才华横溢，少年时代便深为蔡邕所赏识。

据说，有一天，王粲去拜访蔡邕。蔡邕听说王粲来了，慌忙出迎，连鞋子都穿反了。当时有宾客在场，王粲进屋后，宾客们见他只是一个十来岁的孩子，而且身材短小瘦弱，容貌丑陋古怪，大为惊讶，弄不懂蔡邕为什么要如此看重王粲。蔡邕明白众人的心思，就说：“这是王公的孙子，有特殊的才能，我是不如他的。我家的书籍文章，都应该送给他，才算物归其主。”这次拜访以后，王粲与蔡邕两人便成了忘年之交。

王粲的记忆力非常好，好到令人发指。

据说，有一天，王粲与几个伙伴到郊外玩耍，走到半路上，发现路旁立着一块石碑，上面刻满了密密麻麻的碑文。勤奋好学的王粲见碑文写得不错，就大声读了起来。伙伴们早就听说他有过目成诵的本领，就和他开玩笑说：

“王粲，你读完这一遍，能背下来吗？”

王粲谦虚地说：“试试看吧。”

于是，他把脸背过去，一句句地背诵起来。伙伴们一边听，一边对照原文看，他们吃惊地发现，王粲竟然背得一字不差！大家不禁为他喝起彩来。

还有一次，王粲在旁边看人下围棋，一不小心把棋盘给碰翻了。下棋的人见是王粲，就故作生气地说：“这可怎么办！我们就要见分晓了，本可以赢他一盘，看，却让你给搅了！”

王粲说：“对不起，我给你们复盘成吗？”说着他捡起棋子，按刚才的棋势摆了起来。摆好之后，下棋的人和观棋的人，都不信王粲摆的和原来是一样的，就用东西把棋盘盖起来，要王粲另外再摆一盘，看看两盘摆的是不是完全一样。王粲二话不说，就在旁边重新摆过了一盘。摆好后，经过对照，一子不差。从此，王粲有奇才便远近皆知了。

这样的家世，这样的才情，王粲的未来似乎已经可以预见，那将是数不清的鲜花和无数的掌声，然而，身处三国这样的乱世，什么事都有可能发生。

怀才不遇那些年

由于王粲才高名重，十七岁那年，朝廷便征召王粲为黄门侍郎，王粲却以长安正处在一片混乱之中为由，不应征召。为躲避战乱，他前往荆州投奔了刘表，进入刘表幕府工作，开始了他的幕府生涯。自此以后，王粲再没有离开幕府工作，可以说是终身从幕。

建安前期的荆州，与曹操所处的邺城相同，也是一个文人雅士聚集的地方。荆州刺史刘表是东汉宗室，据有今湖北湖南一带，占地千里，带甲兵十余万。由于那时战乱尚未殃及荆州，刘表又采取了“爱民养士，从容自保”的策略，所以中原百姓与文人俊杰为避战乱多有迁徙归附者。而王粲与刘表系同乡，刘表又是王粲祖父王畅的学生，故王粲前来投奔刘表，便是情理之中的事。王粲出身于望族，又是名扬四海的才子，刘表原打算将他招为东床快婿，无奈王粲身材短小，长相丑陋，刘表又很看重外表，所以联姻之事终究未成。这对王粲来说，当然是一件不小的憾事。更有甚者，刘表在政治上也不怎么重用他，只是将他的文学才能为己所用罢了。

在荆州十余年，王粲始终只是依附于刘表的一个普通幕僚，有一个安身之处，却无法充分施展自己的才能。对王粲来说，一方面是汉室丧失权柄，各地军阀割据，像他这样有才华的文人，却无法为朝廷出力；另一方面是他所依附的刘表才能庸劣，量小识浅，又不知道使用人才，光阴似箭，日月如梭，而前途渺茫，所以，是留是去，进退两难。王粲本是一个热衷于仕途功名的人，其郁郁而不得志的心情，是可想而知的。而这种心情，也就很自然

地流露在他那些述志抒怀的诗赋之中。写于这一时期的名作《七哀诗》之二，通篇所表达的，就是王粲当时的政治苦闷和他寄居异地、怀念家乡的寂寞忧伤之情：

荆蛮非我乡，何为久滞淫？方舟溯大江，日暮愁我心。山冈有余映，岩阿增重阴。狐狸驰赴穴，飞鸟翔故林。流波激清响，猴猿临岸吟。迅风拂裳袂，白露沾衣襟。独夜不能寐，摄衣起抚琴。丝桐感人情，为我发悲音。羁旅无终极，忧思壮难任。

名篇《登楼赋》，也是王粲这一时期的作品，其主旨与此诗大体相同。赋中起句为“登兹楼以四望兮，聊暇日以销忧”。一个“忧”字，可以说包含了这些年他在荆州的全部心境，也是全赋的情感底蕴。接着写四周景色秀美，却是“虽信美而非吾土兮”，透露出身在异乡客地的愁怀。再接着是叙述自己的忧思之源，乃是社会动乱，只身飘零，进一步抒发了“人情同于怀土兮，岂穷达而异心”的故土之情，蕴含着要离开刘表，荆州非久留之地的意念。最后，赋文更深一层地点明了忧思的内涵，是希冀时世早日清平，以施展自己平生之才力，但此种期望又迟迟不见到来，今已感到所依非人而抱负难展，因而不由得要“气交愤于胸臆”、“夜参半而不寐兮”了！全赋情从景来，写得悲凉慷慨，极富感染力，历来与曹植的《洛神赋》并列，一起被誉为建安辞赋最高成就的代表。

在荆州的十五年里，王粲一直未受重用，这是他一生中最为压抑、最为苦闷的时期。

守得云开见月明

建安十三年，曹操起兵攻打刘表。刘表死后，次子刘琮接替了他的位置。面对来势汹汹的曹操大军，刘琮慌了神。这时王粲劝他："现在天下大乱，豪杰并起，人人都想当帝王，人人都想做公侯，我看当今时势，只有识时务者才能保全富贵。"刘琮点头称是，王粲继续说："将军您可以自己揣度一下，你比曹操如何？"刘琮不能回答，王粲进一步说："曹操是当世豪杰，有雄才大略、智谋过人，官渡一战打败了袁绍，追得刘备无立足之地，破乌丸，制强敌，用兵如神。您如果听我的建议，我认为不如归顺曹操，曹操一定会感念您的诚意，保您富贵，子孙后代永享荣华，荆州百姓也免于生灵涂炭，这是万全之策啊！我为了避乱，历经苦难，受到你们父子的照顾，因此我说的都是肺腑之言，请将军好好想想。"刘琮接受王粲的建议，归顺了曹操。曹操没用一兵一卒，没动一刀一枪，便获取了荆州。王粲因劝刘琮归降有功，被授为丞相掾，赐爵关内侯，后又迁军谋祭酒。

如果说，此前的王粲一直是在失意中度日，那么，自从来到曹操幕府工作后，王粲却如拨乌云见青天，命运有了实质性的改变。在短短的三五年时间里，他连升数级，最后成了"建安七子"中政治地位最高的人，是唯一的封侯者。这样的结局，恐怕是他在刘表手下工作时想都不敢想的。有为之士遇到有为之主，王粲的工作积极性于是得到空前激发和调动。《三国志·魏书·王粲传》说：王粲"博物多识，问无不对。时旧仪废弛，兴造制度，粲恒典之"。也就是说，归曹后的王粲除了发挥自己的特长，积极参与谋议作用

外，还倾注全力为曹魏新兴政权建立了一整套管理制度，制定了各项法律和法规，这实际上是为魏国的建立规划蓝图，奠定基础。秦朝有李斯定制，汉朝有萧何制律，魏国则主要靠王粲“兴制度”，作礼乐。此时的王粲，真可以用意气风发、春风得意来形容，对此，他自己也是不隐讳的，如在《仿连珠》一文中，他便隐然以管仲自比：“齐用管仲而霸功立，秦任孟明而晋耻雪。”并强调说：“帝王虽贤，非良臣无以济天下。”

同他的仕途遭遇相一致，王粲的文学活动，大体上也可以划分为前后两个时期，划分的界线就是建安十三年的归附曹操。前期他主要在荆州过着流寓生活，亲历过战乱灾祸，又长期得不到施展抱负的机会，忧国忧民之情与怀才不遇之愤纠结在一道，使他的文学作品笼罩着一层悲凄愤悱的情调。后期他在曹操幕中，一方面受到北方广大地区已经实现统一的形势的鼓舞，一方面也因担任重要官职而激发起建功立业的信心，所以他的创作基调又转变为激奋昂扬。如分别写于曹操西征关右和东征孙权的《从军诗》五首，便对曹军的征伐进行了热烈歌颂，同时也表达了作者从军征战、建功立业的激昂情绪。

在曹操幕府，王粲不但受到赏识和重用，而且他同曹丕、曹植的关系也相当密切，建立了深厚的友谊。曹丕、曹植非常尊重王粲，他们之间经常有诗赋往还。

四十一岁那年，王粲病逝，其死因被记载在东汉名医张仲景的传记中。其中言道，张仲景凭自己多年的医疗经验，渐渐发现这位仅有二十几岁的作家王粲隐藏着可怕的“疠疾”的病源。有一天，他对王粲说：“你已经患病了，应该及早治疗。如若不然，到了四十岁，眉毛就会脱落。眉毛脱落后半年，就会死去。现在服五石汤，还可挽救。”可是王粲听了很不高兴，自认文雅、高贵，身体又没什么不舒服，便不听他的话，更不吃药。过了几天，张仲景又见到王粲，就问他：“吃药没有？”王粲骗他说：“已经吃了。”张仲景

认真观察了一下他的神色，摇摇头，严肃而又深情地对王粲说：“你并没有吃药，你的神色跟往时一般。你为什么讳疾忌医，把自己的生命看得这样轻呢？”王粲始终不信张仲景的话，二十年后眉毛果然慢慢地脱落，眉毛脱落后半年就死了。

王粲死后，曹丕亲率众文士为其送葬。为了寄托对王粲的眷恋之情，曹丕对王粲的生前好友们说：“仲宣平日最爱听驴叫，让我们学一次驴叫，为他送行吧！”顿时，王粲的墓地上响起了一片嘹亮的驴叫之声。这驴叫声响彻四野，并在文学史上留下了千古绝唱。

曹植：空有奇才，实无大能

天下才，曹子建独占八斗

曹植是曹操与卞夫人所生第三子。当时曹操在北方尚未站稳脚跟，缺乏固定的根据地，家属常随军行止，因此幼年的曹植同众多兄弟们一样，是在戎马倥偬的生活中度过的。这种戎伍生活一直到建安九年，曹操击败了劲敌袁绍集团，攻占了其经营多年的邺城，方才有所改变。

曹植自小非常聪慧，才十岁出头，就能诵读《诗经》《论语》及先秦两汉辞赋，诸子百家也曾广泛涉猎。他思路快捷，谈锋健锐，见曹操时每被提问常常应声而对，脱口成章。曹操曾经看了曹植写的文章，惊喜地问他：“你请

人代写的吧？”曹植答道：“话说出口就是论，下笔就成文章，只要当面考试就知道了，何必请人代作呢！”

事实上，“才高八斗”这个词，最早就是形容曹植的。

曹植的文学水平，在三国时代几乎无人能出其右，在整个中国文学史上也是非常突出的。不论是《七步诗》还是《洛神赋》，均脍炙人口，《白马篇》《铜雀台赋》也都是文学爱好者景仰的作品。王士祯认为，汉魏以来二千年间，诗家堪称“仙才”者，曹植、李白、苏轼三人而已。谢灵运在夸曹植的时候，则多少带了点自捧的意味。

当然，谢灵运的文学水平也非常高，唐代许多诗人如李白、王维等，在作诗时都曾或多或少地借鉴了谢灵运的笔法。谢灵运在一次喝酒后，曾说道：“天下才共一石，曹子建独得八斗，我得一斗，自古及今共分一斗。”

这意思很简单：古代重量单位十斗为一石，谢灵运表示，如果天下的才华有一石那么重，曹植一个人就能占八斗，我占一斗，从古至今其他所有人加在一起分剩下那一斗。

可以说，这句话不仅将曹植捧上了天，也将自己好好吹了一把。

曹植不仅才华横溢，而且性情坦率自然，不讲究庄重的仪容，车马服饰，不追求华艳、富丽，这自然很合曹操的口味。渐渐地，曹操开始把爱心转移到曹植身上。

建安十五年，曹操在邺城所建的铜雀台落成，召集了一批文士“登台为赋”，曹植也在其中。在众人之中，独有曹植提笔略加思索，一挥而就，而且第一个交卷，其文曰《登台赋》。从此曹操对曹植寄予厚望，以为他是最能成就大事的人。

翌年，刚行冠礼的曹植暂时告别了在邺城宴饮游乐、吟诗作赋的优游生活，慨然请缨，随父西征。一路上跋山涉水，晓行夜宿。当西征大军辗转到帝都洛阳时，曹植被眼前的一幕惊呆了：饱受战火的洗劫，洛阳城往日的繁

华消逝得无影无踪，到处都是残垣断壁，荆棘丛生，昔日气势雄浑的皇宫已成一片废墟，湮没在杂草间，片片黄叶满城乱舞。满腔热血的曹植怀着一颗立功垂名的心，随西征军离开洛阳，继续向西进发。经过一年多的兼并战争，西部最终结束了一盘散沙的混乱局面，迎来了它的稳定与安宁。凯旋的曹植不久即被封为临淄侯。

世子之争，输得不冤

在邺城时期，有一件对曹植来说是至关重要、并影响到他一生的事，这就是世子之争。

那年，曹操东征孙权，令曹植留守邺城，告诫他："当年我担任顿丘令的时候二十三岁，回想起那时候的所作所为，至今都不曾后悔。如今你也是二十三岁，怎能不发奋图强呢！"可以看出，这时的曹操对曹植是充满期待的。

那么，发生了哪些事，让曹植失去了曹操的宠爱，彻底输了呢?

当时，曹丕身边有四个好朋友：司马懿、陈群、吴质、朱铄；曹植身边也有三个智囊，杨修、丁仪、丁廙，两相对比，高下立判。

杨修与丁仪兄弟常建议曹操立曹植为世子，曹操也确实动了这样的念头。曹丕感到深深的不安，就用车子装破竹篓，让吴质趴在里面然后进府议事。杨修忙去给曹操打小报告，曹丕得知以后吓坏了，忙问吴质如何是好。吴质不慌不忙地答道："有什么可担心的？明天您运一筐布进来，杨修一定又去告状，他这次再告，您父亲一定会派人验证，若找不到证据，受罪的就是他

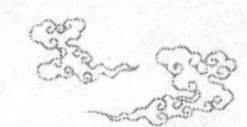

了！”曹丕从其计，杨修果然又去打小报告，可是查之无人，曹丕安然无恙，曹植和杨修则受到了曹操的猜忌，觉得有可能是他们在故意诬陷曹丕，这从根本上动摇了曹操立世子的初心。

可是曹植和杨修还是不知收敛。曹操经常要试探曹丕和曹植的才干，每每拿军国大事来征询两人的意见，杨修就替曹植写了十多条答案，曹操一有问题，曹植就根据条文来回答，因为杨修是相府主簿，深知军国内情，曹植按他写的回答当然事事中的，曹操心中难免又产生怀疑。后来，曹丕买通曹植的亲信随从，把杨修写的答案呈送给曹操，曹操当时气得两眼冒火，愤愤地说：“匹夫安敢欺我！”

又有一次，曹操让曹丕、曹植出邺城的城门，却又暗地里告诉门官不要放他们出去。曹丕第一个碰了钉子，只好乖乖回去，曹植闻知后，又向他的智囊杨修问计，杨修很干脆地告诉他：“你是奉魏王之命出城的，谁敢拦阻，杀掉就行了。”曹植领计而去，果然杀了门官，走出城去，曹操知道以后，先是惊奇，后来得知事情真相，愈加气恼。不但对杨修动了杀心，而且也开始疏远曹植。

有一次，曹操率兵亲征，曹植特意做了文章来歌功颂德，讨曹操的欢心，同时也向大臣们显示自己的才能。但是曹丕却伏地而泣，长跪不起，什么话也不说，就是趴在那里痛哭流涕。曹操十分惊讶，问他为何如此伤心。曹丕便哽咽道：“父王年事已高，还要领军亲征，作为儿子，我心里又担忧又难过，觉得自己实在是太不孝了，不能替父亲分忧，所以如此悲伤。”

一语惊四座，满朝肃然，大臣们都为曹丕的仁孝而感动，连曹操都深深为之动容。相反，曹植的表现却让人觉得他没心没肺，丝毫不为父亲的亲征而担心，只知道炫耀自己，实在是有悖孝道，恐怕也不能做好一国之君。这件事使得曹丕在曹操心目中的分量加重了，天平倾向了他那一端，曹植日渐被冷落。

而在这之后，又发生了两件非常严重的事情。

建安二十二年，趁着曹操外出期间，曹植借着酒兴私自坐着王室的车马，擅开王宫大门司马门，在只有帝王举行典礼才能行走的禁道上纵情驰骋，一直游乐到金门，他早把曹操的法令忘到九霄云外去了。曹操大怒，处死了掌管王室车马的公车令。从此加重对诸侯的法规禁令，曹植也因此事而日渐失去曹操的信任和宠爱。随即，曹操诏令曹丕为世子。从此，曹植的人生陷入难以自拔的苦闷和浓浓的悲愁之中。

建安二十四年，曹仁被关羽围困，曹操让曹植担任南中郎将，行征虏将军，带兵解救曹仁。结果曹植在出征前酩酊大醉，曹操派人来传曹植，连催几次，曹植仍昏睡不醒，曹操一气之下取消了曹植带兵的决定。这是曹操给曹植的最后一次机会。

曹操在去世前曾评价他的几个儿子："我深爱三子曹植，但是他为人虚华，不诚实，嗜酒放纵。二子曹彰有勇无谋，四子曹熊身体多病难以保全。只有长子曹丕，为人笃厚恭谨，可继我业。"

当曹操的死讯传来时，曹氏兄弟都在外地，但表现各不相同。曹丕在邺郡，当他得知父亲的棺椁即将到来时，便率领大小官员出城十里，披麻戴孝，伏道迎入城中，显得哀戚难忍，孝感动天。而曹植却一向是将自己的君子之风放在首位，虽然听闻使者来传达哀信，仍端坐不动，并未显得有多么悲哀，虽说如此很有狂士之风，但是未免让大臣们觉得他不孝。

于是在曹操死后，曹丕顺理成章地登上了魏国的王位。

看来，曹植只适合当个不拘小节的文学家，难以成为纵横捭阖的政治家。曹植不如曹丕有谋略，这是他的致命缺点。

名为藩王，实同囚虏

曹丕称帝之后，对曹植严加防范。据《世说新语·文学》中说，有一次，他命曹植在七步之内作诗一首，如做不到就将行以大法（处死），而曹植不等其话音落下，便应声而吟出六句诗来。此诗因为限在七步之中作成，故后人称之为《七步诗》。据说曹丕听了以后“深有惭色”。后来，曹丕迫于母后卞氏的压力，只好将曹植数次徙封。曹植的生活从此发生了变化。他从一个过着优游宴乐生活的贵族王子，变成处处受限制和打击的对象。

黄初三年四月，三十一岁的曹植被封为鄄城王，邑二千五百户，也就是在这次被封王之后回鄄城的途中，他写下了著名的《洛神赋》。在《洛神赋》中，曹植描摹了一位美丽多情的女神形象，把她作为自己美好理想的象征，寄托了自己对美好理想的倾心仰慕和热爱；又虚构了向洛神求爱的故事，象征了自己对美好理想梦寐不辍的热烈追求；最后通过恋爱失败的描写，以此表现自己对理想的追求归于破灭。

曹丕病逝后，曹叡即位，壮心不已的曹植急切地渴望自己的才能得以施展，他曾多次慷慨激昂地上书曹叡，要求给予政治上的任用，拳拳之心可以使铁石心肠之人动容。但过于冷静理智的曹叡却心如古井，不起微澜，对于曹植的种种表白和要求，只是口头上给予嘉许而已。曹叡对他仍严加防范和限制，处境并没有根本好转。

四十一岁那年，曹植在深深的忧郁中病逝，遵照遗愿，将其葬于东阿鱼山。后人称之为“陈王”或“陈思王”。

刘桢：建安风骨的一面旗帜

高风跨俗刘公干

刘桢的作品气势激宕，意境峭拔，不假雕琢而格调颇高。他与王粲合称“刘王”。清代刘熙载说“公干气胜，仲宣情胜”，这是从对比中揭示了二人各自的长处。

世人把刘桢同曹植合称曹刘，也是从气格方面着眼的。集中体现其风格的是《赠从弟》三首，抒写诗人的胸怀志节，具有悲凉慷慨、高风跨俗的气概。

而刘桢创作的弱点是辞藻不够丰富，所以钟嵘在《诗品》中说他“气过其文，雕润恨少”。他与王粲各有一篇《大暑赋》，在文采上的差异是很明显的。同样面对动乱的社会，遭遇坎坷的人生，他更多地是表现个人愤慨不平的情感，因此他的作品中总是充盈着慷慨磊落之气。正如他自己所说，风霜越迫愈严，越能体现松柏坚贞挺拔的本性。这种精神和气骨造就了刘桢诗歌俊逸而奇丽的风格。

不过刘桢的文学造诣不凡，五言诗尤为诸子之尊，今存的诗歌只有十五首。《汉魏六朝诗歌鉴赏集》中评价他的诗为：“思健功圆，以特有的清新刚劲，为人们所激赏。不仅称美于当世，并且光景常新，能楷模身后。”他的诗

作多以壮美山川为背景，借景抒情，少数为酬答之作。《赠徐干》诗被钟嵘评作“五言之警策也”。《赠从弟》三首为其众诗之著，第二首又为三首之最，诗为：“亭亭山上松，瑟瑟谷中风，风声一何盛，松枝一何劲。冰霜正惨凄，终岁常端正，岂不罹凝寒，松柏有本性。”钟嵘的《诗品序》说：“曹公父子，笃好斯文；平原兄弟郁为文栋，刘桢、王粲为其羽翼。”可见，刘桢文学创作的贡献之大。

他最著名的赋作有《鲁都赋》《黎山阳赋》《遂志赋》《瓜赋》《大暑赋》《清虑赋》等。他的赋文风格独特，“积极于宣时，校阅于世，进御之赋千有余首”（《文心雕龙·注释》）。他一改粉饰太平的世俗，以清新的笔调，娴熟的技巧，朴实准确的语言，纵古合今的大气，描写家乡的风土人情和优美的自然风光。讥讽时事，咏物抒情，实现了汉赋内容由宫廷转向社会，由帝王转向平民的转变。篇幅由长篇宏制转向短小精粹，为以后的文学发展开创了先河。

投入建安文学朋友圈

刘桢五岁能读诗，八岁能诵《论语》《诗经》，赋文数万字。因其记忆超群，辩论应答敏捷，而被众人称为神童。

11岁时，因避兵乱，刘桢随母兄躲至许昌，在驿馆中结识曹植。曹植被刘桢的饱学所折服，为进一步深层密交，将其领到丞相府，日夜解文作赋，志同道合，关系日笃。后来他又结识孔融等其他五学子，他们常聚论学问，“仰齐足而并驰，以此相服”。

待其成年之后，刘桢希望际遇明君，施展自己的政治抱负。然而，汉末政治极为腐败黑暗，社会危机深重，统治者镇压黄巾军起义后，各地军阀据地称雄，中国陷入分裂、动乱之中。据有中国北方的曹操，政治较为开明，任人唯才，广揽文学之士。

这使得当时渴望中国统一、怀有济世抱负的有志之士，如山阳王粲、北海徐干、陈留阮瑀、汝南应玚，以及刘桢等，纷纷从四面八方奔赴曹操治下的邺城，一时人才荟萃，形成以曹氏父子为首的文学集团，并由于他们的诗文大多描写汉末动乱的社会现实，抒发统一、治国的豪情壮志，慷慨多气，悲凉豪壮，从而形成了“建安风骨”，对后世文学的发展产生了深远影响。

刘桢是建安文学集团的重要成员，与曹氏关系密切。在诗文中，他把曹操比作起于丰沛、统一中国的汉高祖刘邦；把曹氏的知遇，比作礼贤下士的信陵君（见《赠五官中郎将四首》)。他把统一中国的希望寄托在曹操身上。投曹之初，他被任命为丞相掾属，追随曹操南征北讨，参谋军机。

天性傲骄，雄辩滔滔

刘桢不仅文才出众，机敏雄辩之才也称道当世。曹丕在任五官中郎将时赠给刘桢一条廓洛带，后来设计师死了，新任设计师不会，曹丕就想把送给刘桢那条借过来，当个参照。但直说太无趣了，于是就玩起了文字游戏。曹丕写信给刘桢，揶揄说：“夫物，因人而贵，故在贱者之手，不御尊之侧。今虽取之，勿嫌其不反也。”意思是说，物因人而生贵贱，贱人用过东西是没有资格再被贵人用的，而贵人用过的东西也不可轻易再给贱人；你要有心理准

备，这带子我取来用过之后，就不一定再给你了。”

刘桢一看，曹丕这是在嘲笑自己地位卑微啊，讽刺自己不配戴象征尊贵的廓洛带，要收回原赐。但刘桢并未折腰，执意不交，在一次同文堂相会之时，他旧事重提道：“世间珍玩美物，哪一样不是先经贱人之手，再得尊者享用？华屋初成，是盖房子的先站在屋檐下，嘉禾成熟，先尝到的是种地的农夫，东西的贵贱又岂因在贵人贱人之间易手而生变化。我也不是舍不得给你，实在是我就这么一件好东西，要是在公子您眼里也觉得稀罕，就留着吧。不过，我还没听说那个高贵的人送人东西还往回要的呢！”

这一番妙论，把曹丕都说笑了，对刘桢更欣赏有加，既感叹他的博学善喻，更佩服他口若悬河，不卑不亢，恭中有贬，贬中隐褒之辩才，从而放弃了索带的念头。

刘桢雄辩之例很多，他的辩才像常胜利器，有时化险为夷，有时遇逆成畅，有时逢暗则明。

刘桢性傲，不拘礼法。一次曹丕宴请朋友圈这帮人，酒酣忘情，命夫人甄氏出拜，座中诸人都匍匐于地，不敢仰视，唯独刘桢平视不避。一是因曹丕夺袁熙之妻，二是因为甄氏有夫再嫁不忠不贞。曹丕对此并未介意，而曹操听说后，要治以不敬之罪。经过援救，才“减死输作”，罚为苦役。

刘桢被罚做苦役的地方在京洛之西的石料厂。有一次，曹操到石料厂视察，众官吏与苦力都匍匐在地，不敢仰视。唯独刘桢未跪，照常劳作。曹操大怒，走到刘桢面前，刘桢放下锤子，正言道：“魏王雄才天下皆知，刘桢身为苦力，何敢蔑视尊王。但在魏王府数年，常闻魏王教诲，做事当竭尽力，事成则王自喜，事败则王亦辱，桢现为苦力，专研石料，研石是对魏王的敬忠，所以桢不敢放下手中活。”曹操听后，又问：“你磨的石头怎么样？”

刘桢把石头比作自己，道：“这石头是从荆山采来的，外表布满五色花

纹，内里具有和氏璧的美质，琢磨不会增加它的光泽，雕刻不会增加它的美丽花纹。因为它的本性十分坚贞，自然天成。”

刘桢的意思是这石头本来就很美，后期加工都是画蛇添足。正如我一样，天生我才，出类拔萃，你再让我做苦役，进行劳改也是多余的。

曹操听后笑了，知道刘桢借石自喻，就赦免了他，但终身再未受到重用。这对刘桢自然是一次极为沉重的打击，在《赠徐干》一诗中流露出他的痛苦心情。

建安二十二年，北方瘟疫流行，刘桢染病去世。曹丕为此极为悲惋，为他整理遗文，作出评价，并追思往日“行则连舆，止则接席”“酒酣耳热，仰而赋诗”的亲密交往，不胜痛悼。

嵇康：魏晋风度一面不倒的旗帜

风姿特秀，土木形骸

嵇康的诗文书法琴艺都达到了相当高的水准，是位多才多艺的全能型学者。嵇康是竹林七贤的领袖人物，崇尚自然，怡悦山林，追求恬静闲适和超然自在的生活。他是一位出色的文学大师，他的诗气峻辞清，深刻犀利。他还精通音律，是当时著名的音乐理论家和演奏家。他写的《琴赋》，特别是洋洋七千言的《声无哀乐论》，倡导自然和谐，呼唤心灵回归，在当时音乐与自

然、音乐与情感关系的大论辩中独树一帜。

嵇康风度非凡，《世说新语·容止》中写道：嵇康身长七尺八寸，风姿特秀。见者叹曰："萧萧肃肃，爽朗清举。"或云："肃肃如松下风，高而徐引。"好友山涛称其"站时就如孤松独立；醉时就似玉山将崩"。哥哥嵇喜在《嵇康别传》里，夸耀他是"正尔在群形之中，便自知非常之器"。然而，嵇康却有"土木形骸，不自藻饰"的个性倾向，据同时代的颜之推在《颜氏家训》里记载，当时上层男士，崇尚阴柔之美，非常重视个人修饰，出门前不但要敷粉施朱，熏衣修面，还要带齐羽扇、麈尾、玉环、香囊等各种器物挂件，如此方能"从容出入，飘飘若仙"。与那些脂粉扑面，轻移莲步的矫揉做作者相比，嵇康的"不自藻饰"是非常特立独行。

嵇康旷达狂放，自由懒散，"头面常一月十五日不洗，不大闷养，不能沐也"，再加上他幼年丧父，故而经常放纵自己，"又纵逸来久，情意傲散"。成年的他接受老庄之后，"重增其放，使荣进之心日颓"。在懒散与自由里孕育着嵇康的狂放和旷达。

嵇康轻时傲世，对礼法之士不屑一顾。向秀曾叙述其与嵇康的友谊："余与嵇康、吕安，居止接近。其人并有不羁之才。然嵇志远而疏，吕心旷而放。"钟会陷害吕安时，给其安上的一个罪名就是"言论放荡，非毁典谟"。

嵇康之死，不是因为他犯了什么死罪，而是因为他雅好慷慨、不拘礼法、率性坦荡、特立独行的精神和蔑视权贵的态度。

 不阿权贵，藐视功名

嵇康崇尚老庄，讲求养生服食之道，主张“越名教而任自然”的生活方式。他常修炼养性服食内丹之事，弹琴吟诗，自我满足。他赞美古代隐者达士的事迹，向往出世的生活，不愿出仕为官。

嵇康曾经游于山泽采药，得意之时，恍惚之间忘了回家。当时有砍柴的人遇到他，都认为是神仙。到汲郡山中见到隐士孙登，嵇康便跟他遨游。孙登沉默自守，不说什么话。嵇康临离开时，孙登说：“你性情刚烈而才气俊杰，怎么能免除灾祸啊？”嵇康又遇到隐士王烈，一道入山中，王烈曾得到石头的精髓饴糖，便自己吃了一半，余下一半给嵇康，却凝结为石头。又在石室中见到一卷白绢写的书，立即喊嵇康去取，而书就再也不见了。王烈于是感叹道：“嵇康志趣不同寻常却总是怀才不遇，这是命啊！”

嵇康蔑视官场不屑权贵，大将军司马昭欲礼聘他为幕府属官，他跑到河东郡去打铁，躲避征辟。嵇康在锻铁的同时，也锻造了自己的灵魂。

有一次，司马昭的宠儿钟会写了一篇叫作《四本论》的政论文，想请嵇康给指点指点，评论评论，最好是写个推介性的序什么的。钟会知道，嵇康眼高于顶，架子大着呢，怕被嵇康拒绝丢面子，所以就悄悄地把文章从墙外丢进嵇康的院子里。嵇康呢，把钟会的文稿当作生炉火的引子了。这梁子就算结下了。又一次，钟会带着一帮文坛的朋友来访。嵇康懒得理他，连头都没抬。钟会尴尬了一会儿动身要走，嵇康问话了，很幽默：“何所闻而来？何

所见而去？”钟会答得也很机巧：“闻所闻而来，见所见而去。”这就把钟会彻底得罪了，从此忌恨在心。鲁迅说：“这也是嵇康杀身的一条祸根。”祸患就在于嵇康得罪的不是一个君子而是一个小人！

嵇康玄学思想的核心是“越名教而任自然，非汤武而薄周孔”。这是一朵带刺的玫瑰，它的芒刺直指以周公自居的司马昭和被统治者当作幌子的虚伪的礼教。嵇康的社会理想是“不以天下私亲，宁济四海蒸民”。他向往唐虞社会及其之前的公天下，这就把唐虞之后“宰割天下以奉其私”的罪恶统治都否定了。《晋书》记载：“山涛将去选官，举康自代，康乃怀涛书告绝。”山涛为人敦厚，他推荐嵇康做官本是一番好意，却惹得嵇康怒不可遏。嵇康一篇《与山涛绝交书》写得十分痛苦。嵇康这封绝交书无疑是一篇与当权者决裂的宣言，难怪“大将军（司马昭）闻而怒焉”（《魏氏春秋》）。结果惹恼了权贵，埋下了祸根。

一曲广陵成绝响

嵇康有个朋友叫吕安，妻子长得十分漂亮，被他的哥哥吕巽奸污了。吕巽做贼心虚，反污吕安不孝告到司马昭那里。司马昭标榜以“孝”治天下，不孝可以定死罪，吕巽这样做是将亲弟送上断头台，简直禽兽不如。嵇康怎么也想不到朋友圈子里冒出这么一个阴险的无赖，当即宣布与吕巽绝交，绝交书每个字都气得发抖。嵇康拍案而起为吕安出庭作证。他走进的是一个等他等了很久的卑鄙的陷阱。嵇康为朋友抱不平被打入死牢，罪名是“不孝者的同党”。

嵇康入狱后，人们奔走呼号竞相营救。《世说新语》说“豪俊皆随康入狱”。司马昭怎么也想不明白，已是死囚的嵇康怎么还有心思在狱中写诗？更想不通还有那么多人无意于他的官场却很乐意陪嵇康蹲牢房。司马昭有点心慌有点犹豫，还有点酸溜溜的嫉妒。就在这时，小人钟会报复的机会来了，他在司马昭面前煽动说：“嵇康，有卧龙之才，之前又打算协助毌丘俭，幸而山涛将他劝住了；然而嵇康与其好友吕安等人‘上不臣天子，下不事王侯，轻时傲世，不为物用，无益于今，有败于俗’，若是不杀他们，恐怕无以正风俗。”钟会对司马昭的心思摸得很透，短短几句话就结果了曾讥讽过他的嵇康。

据《晋书》记载，行刑那天，有三千太学生聚集刑场为嵇康请愿，这在中国历史上是绝无仅有的。正因太学生们请愿，促使司马昭决意处死嵇康。面对死亡，嵇康泰然自若，一曲《广陵散》成千古绝响！

嵇康临死之前，没有把自己的一双儿女托付给自己的哥哥嵇喜，没有托付给他敬重的阮籍，也没有交给向秀，而是托付给了山涛，并对自己的儿子嵇绍说：“巨源（山涛字）在，你不会成为孤儿了。“

在嵇康死后，山涛没有辜负嵇康的重托，一直把嵇绍养大成才。山涛和王戎，在嵇康被杀害之后，对嵇绍一直都特别的照顾。他们尽到了朋友应尽的道义与责任，使得这个孤弱的孩子，即使失去了父亲，却还拥有他们慈父般的关怀与教导，不再那么无依无靠，这就是成语“嵇绍不孤”的由来。

阮籍：一生常在酒醉中

爱吹口哨的“文混子”

阮籍这个人一向蔑视礼教，好酒，醉后便睡在卖酒的美妇身旁，因其行为怪异，美妇的丈夫也不认为他有什么不轨。

一次，他嫂子要回娘家，按照礼教，男女有别，他不得去送行，可阮籍不仅为嫂子饯行，还特地送她上路。一些道学夫对此指指点点，阮籍满不在乎地说：“孔孟礼教，与我何干？”

还有一次，他听说隔壁有一未嫁之女因病夭折，竟也不顾世人议论，跑到灵前大哭一场，尽哀而还。

一天，阮籍和友人在下棋，忽然有人来报其母去世，友人知其事母至孝，力劝他速速回家，阮籍则坚持下完棋，然后饮酒三斗放声大哭并吐血。母亲去世，他并不特别安排丧事，友人裴楷前来吊唁，却只见阮籍醉卧在地，裴楷依礼教跪地哭悼，哭完就走，也并不在乎阮籍对他的不理睬。

阮籍常用白眼对付礼俗之辈，用青眼接待知音。嵇康的哥哥嵇喜前来吊唁，阮籍翻着白眼，致使嵇喜不快而去。嵇康知道后，由于了解阮籍的性情，就干脆提着酒坛挟着琴去看他，阮籍果然高兴。

阮籍在服丧期间，依然无视礼法，我行我素，参加司马文王的宴会，喝

酒作乐，但他这些无视礼教的行为在当时却得到了上流社会的认同。

阮籍曾到山东的东平游玩过。一日，他漫不经心地对司马昭说很喜欢那里的风土人情，司马昭立即让他到东平做官。

阮籍骑着毛驴到了东平衙门，发现办公之地全由层层的墙壁隔开，官员彼此不便沟通，办事效率极低。阮籍于是下令拆了所有墙壁，办公环境一下大为改观，宽敞明亮，官员也不再敢偷懒，效率大增。做完这一切后，阮籍在东平逗留十来天后，就骑着驴儿回到了洛阳。

拆墙办公是阮籍一生唯一一次在官场上做的实事，李白曾作诗称赞道：阮籍为太守，乘驴上东平。判竹十余日，一朝化风清。

阮籍嗜烈酒、善弹琴，喝酒弹琴往往复长啸，即吹口哨。

据《世说新语·栖逸》记载：阮籍吹的口哨声可以传到几百步远。一次，阮籍去拜访苏门山中的一位真人，他对着真人谈天说地，激扬文字，可真人却似听而不闻，一声不响，连眼珠子都不动一下。

阮籍无奈，就干脆对着真人吹起了口哨，这下真人开了尊口："请再来一次。"阮籍再次长啸，然后就下山了。

到了半山腰，山谷中忽然回荡起悠扬的啸声，阮籍抬头望去，原来是真人在长啸不已，幽妙和谐。受到真人啸声的感染，阮籍写出了著名的《大人先生传》。

继阮籍后，吹口哨便在士族青年中流行起来。

不过，随着年龄的增长，阮籍的这种狷狂逐渐被他自己掩藏起来。

他和"竹林七贤"其他诸人一样，都对当时混乱的政治感到厌烦，亦都不喜欢攀附权贵。但所谓"树欲静而风不止"，像他们这种声名在外的人，自然成了政客们"招贤纳士"的首要目标。

我能连醉六十天

阮籍名盛之时，正逢曹爽、司马懿夹辅曹芳，二人明争暗斗，朝堂上波涛汹涌，政局十分险恶。曹爽慕阮籍之名，曾召其为参军，但阮籍托病辞官归故里了。正始十年，司马懿发动“高平陵之变”，诛杀曹爽，开始独专朝政。

此后，司马昭便屠戮异己，很多人被牵扯进去，家破人亡。阮籍原本向着曹魏皇室，对于司马昭谋权篡位之举甚为不满，但他同时又感到“蚍蜉撼树谈何易”，尤其在司马懿诛杀何晏、邓飏这班人，致一朝天下“名士减半”之后，阮籍终于放弃“狷狂姿态”，转为自全之计。他决定不涉是非，或是闭门读书，或是游山玩水，或是长醉不醒，或是缄口不言。钟会是司马昭的心腹，曾多次探问阮籍对时事的看法，阮籍都用酣醉的办法获免。司马昭本人也曾数次同他谈话，试探他的政见，他总是以发言玄远、口不臧否人物来应付过去，使司马昭不得不说“阮嗣宗至慎”。

为了拉拢阮籍，为自己树立“礼贤下士”的招牌，司马昭又想到了与阮籍联姻。阮籍有一个女儿，不但长得眉清目秀，而且德才兼备。于是，司马昭便准备让自己的儿子司马炎娶阮籍女为妻。

事先听到消息的阮籍这下为难了。如果答应这门亲事，有损自己名誉不说，更是害了女儿；但倘若不答应，惹怒了司马昭，恐怕自己一家人的性命就难保了。

思来想去，阮籍决定以酒避祸，他将自己喝得酩酊大醉，而且只要一醒，

就抱着酒坛子狂喝，一直喝到烂醉如泥。结果，媒官来一次见阮籍醉得不省人事一次，根本就无法开口。最后，只得如实回禀司马昭。

司马昭不死心，亲自上阵。但一连十数次，遭遇的都是和媒官一样的场面，且阮籍一醉就是六十天。这令司马昭哭笑不得又无计可施，最后只得作罢。

不过，有时阮籍迫于司马昭的淫威，也不得不应酬敷衍。他接受司马昭授予的官职，先后做过司马昭父子三人的从事中郎，当过散骑常侍、步兵校尉等，因此后人称之为“阮步兵”。他还被迫为司马昭自封晋公、备九锡写过“劝进文”。因此，司马昭对他采取容忍态度，对他放浪佯狂、违背礼法的各种行为不加追究，最后得以终其天年。

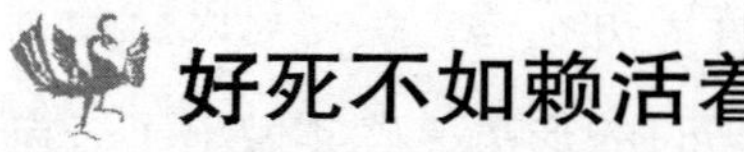

好死不如赖活着

阮籍不仅诗文写得好，而且借酒避世一世更是被后人广为称道。在当时的环境下，倘若他与嵇康一样，誓与司马氏势不两立，对抗到底，那么司马氏是绝不会手下留情的，天下名士已减半，还差你这一个！

于是，他索性装聋作哑、借醉避祸。他放荡却又隐晦，往往给自己留一些余地，是故他的下场要比嵇康好得多。透过史料我们可以看出，阮籍自保的手段主要有两样：

狂饮。阮籍饮酒不仅是因为他天性不羁，同时也是对环境的一种应对。当时，“司马昭之心路人皆知”，阮籍名声盛传，多说势必招祸，只得把舌头喝得僵硬，才能缄口不言，而且即使他有什么说错了，也可以以“醉酒”为

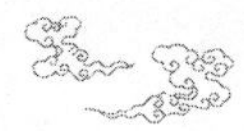

由，得到别人的原谅。

用语晦涩。阮籍的诗文写得非常好，不过他的作品有一个特点——虽慷慨激昂但隐而不显。南宋诗人颜延年曾这样说道：“嗣宗身仕乱朝，常恐罹谤招祸，因兹发咏，故每有忧生之嗟。虽志在刺讥，而文多隐避。百代以下，难以情测。”

可见，阮籍用语晦涩、喜用典故，并不是他在故弄玄虚，显示学问，而是为求自保的不得已而为之。在当时，司马氏为使臣民达到思想上的统一，费尽心机地要将所有文化名人结合。阮籍岂能看不透统治阶层的嘴脸？但有了好友嵇康的教训，阮籍又怎会拿鸡蛋去碰石头，轻易得罪他们，所以只能将心中的苦闷、惶恐、愤恨借意象朦胧、语言晦涩的诗词发泄出来。

不言而喻，阮籍的醉非真醉，而是身醉心不醉，是在装糊涂给别人看，却把清醒留给了自己。

千百年来，世人对于阮籍的评价褒贬不一，见仁见智、争论不休。其中有一种说法认为阮籍气节不够，未能像嵇康那样宁折不弯，与司马氏抗衡到底。这种说法未免有些偏激。诚然，阮籍迫于当时的形势，确实做出了一点妥协。但细思之你会发现，阮籍的这种妥协不过是一种变相的抗衡。他被迫成为司马氏的“幕僚”，但终日纵酒狂歌，既不开罪司马氏亦不肯为其出力，他深知司马氏意在借用自己的声名为政治加分，于是想方设法撇清自己与司马氏的关系。常言说得好：“好死不如赖活着。”阮籍的做法，可以说是一种既能自保又不失原则的处世智慧。

第五卷　红颜往事

长息伊人成往事，红颜薄命古今同

世间大道，一阴一阳。每一个英雄辈出的时代，都少不了女人增光添彩。在众多男人角力的三国时代，女人们粉墨登场，她们是历史上耀眼的女子，也是悲苦可怜的女人。她们虽然只是作为男人的附庸而存在，成为叱咤风云的历史人物的陪衬。但她们离奇跌宕的身世和不可复制的命运，又无不是一个时代与历史的精彩缩影。

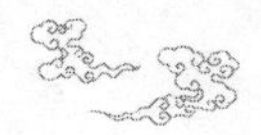

貂蝉：四大美女中唯一的虚像

司徒妙算托红裙

貂蝉最早出现于《三国演义》之前身《三国志平话》中。貂蝉是关西临洮人氏，貂蝉只是她的小名，本姓任，是吕布的原配妻子，两人在家乡失散后流落异方，沦为王允的婢女。

王允得知其身世后心生一计，设家宴款待太师董卓，让貂蝉与董卓见面。王允又设宴招待吕布，让他与原配妻子相会，并承诺改日让他们正式团聚。之后王允便送貂蝉到董卓家，董卓误以为是王允献给自己的厚礼，喜出望外，当晚便共赴云雨之好。吕布得知董卓的行为后，勃然大怒，提剑入堂杀死醉倒的董卓。

不过正史《后汉书》中，从未提及貂蝉之名，无论是《王允传》还是《董卓传》中都未提及，仅在《吕布传》中露出了貂蝉的一个虚像：当年董卓曾为区区小事怒杀吕布，被吕布敏捷地躲过，后来两人重修于好，董卓又派吕布去看守自己的内宅，不料吕布竟乘主人不在，与董卓的贴身婢女暗中相恋。因畏惧奸情被董卓发现，吕布求见王允，和盘托出与董卓不和的真相，指望得到他的援助，结果反过来却被王允所利用，指使他将赴宫廷开会的董卓一举杀死。这里出现的婢女，被认为是貂蝉的原型，但她本是董卓的婢妾，与司徒王允并无干系。

在《三国演义》中，貂蝉出生在东汉末年江陵的一个没落家庭。自幼人才出众，聪敏过人，因而被选入汉宫，任管理宫中头饰、冠冕的女官，故称“貂蝉”官。因遭十常侍之乱，避难出宫，她被司徒王允收留并认为义女。王允一家对她可谓有救命之恩。由于长期寄人篱下，貂蝉养成了一套善于察言观色的本领。再加上生性聪慧，更具有一种善解人意，嘴甜心细的品性。貂蝉不但颇得王夫人的欢心，就连王允本人也对她另眼相看。

自火烧洛阳，迁都长安后，把持朝政的董卓仗着勇冠三军的义子吕布更加为非作歹。一天，百官在朝堂议事，突然吕布来到董卓身边，耳语数句，董卓点了点头，吕布来到司空张温身边，一声令下，将张温揪下朝堂，不久，侍从将一红盘托张温头入献。董卓命吕布劝酒，把人头在各人面前一一呈过，然后说道：“汝等人对我孝顺，我不害你们，我是受天保佑的人，害我的人一定会失败。”一个大臣就这样无缘无故地被杀了。王允惊惧的同时，免不了兔死狐悲。

天已很晚，王允仍站在荼蘼架旁想着白天的事情。他知道要除董卓，就必须先离间董卓和吕布的关系。忽然他听到在花园的另一端也有人在暗暗叹息，他悄悄走过去，发现是貂蝉。王允问貂蝉：“你有什么伤心事，竟于深夜在此长叹，能不能告诉我。”貂蝉先是感谢王允的救命之恩，希望能够感恩图报。接着话锋一转，讲到她最近总见王允愁眉不展，特别是今晚更是坐立不安，料想一定有重大的事情十分棘手，最后她表示，王允需要她做些什么，她一定万死不辞。王允静静地听着，突然眼前一亮，计上心来，立即叫貂蝉跟他到画阁中去。进了画阁，王允说出一番话来，吓得貂蝉花容失色。王允跪拜在地，貂蝉跟着跪倒，面对收容抚养她的恩人，她再次发誓，万死不辞。

第二天，王允就将家藏的明珠数颗，令匠人嵌成一顶金冠，使人秘密送给吕布。吕布一介武夫，贪财重利，很容易就被抓住了弱点。吕布大喜，当即赶到王家致谢。王允盛情招待，当酒饮至七分醉时，貂蝉从内室款款而出，吕布立刻被其迷倒。醉意重重中，王允告诉吕布，愿意把貂蝉嫁给他做妻子，

又欲擒故纵地说："要不是怕董卓起疑，一定会留吕布在家里过夜。"吕布在依依不舍中，喜滋滋地离去。王允计谋的第一步宣告成功。

纵深发展，吕布怀恨

接着就是第二步。又一个早朝完毕，王允邀请董卓到他家去做客，说道："我想请太师到草堂赴宴，不知可不可以？"董卓马上说："司徒乃国家之元老，既然来日有请，当赴。"第二天傍晚，王允穿着朝服迎接董卓，三拜五叩，称赞董卓，把董卓比作姜子牙、周公。董卓还未饮酒，就已经醉醺醺了。夜幕降临，酒桌上，王允唤貂蝉在众人簇拥下飘然而至，轻歌一曲，曼舞一支。董卓心花怒放，立即命令近前来唱，一曲还未唱完，董卓叫貂蝉为他把盏。董卓轻轻地问："多大年龄？"貂蝉幽幽地答道："贱妾还不到二十岁。"董卓笑道："真神仙中人也！"王允立即说："老臣想把此女献与太师，不知是否满意？"董卓色眯眯地说："美人见惠，何以报德？"一边说着"尚容致谢"，一边就急急起身，王允跟着亲自送貂蝉随着董卓到相府。

王允送董卓回来刚到家门口，就被吕布拦住。吕布一把揪住王允，怒骂："老贼戏我！"拔剑就要砍。王允立即告诉吕布，董卓把貂蝉带走，是要为吕布主婚，并要吕布把王允自己家中的一些珠宝带走，说是给貂蝉出嫁做首饰。吕布立即兴冲冲地赶到相府。但当吕布来到相府时，董卓正和貂蝉在内室情话绵绵。吕布等了一夜，第二天早晨得到的答复是："夜来太师与新人共寝，至今未起，可能是太劳累了。"吕布一听大惊，马上偷偷地来到董卓卧房后偷看。貂蝉刚好起床梳头，发现了偷看的吕布，立即蹙起眉头，做出忧愁不安的样子，假装不断用手帕擦拭着泪眼。

董卓终于正式接待了吕布。几句寒暄后，吕布总不见董卓提起为他主婚的事，就痴痴地站在那儿看董卓吃早饭。这时貂蝉故意在绣帘后走来走去，引起吕布的注意，甚至不惜露出半个脸蛋来，以目送情，霎时，吕布神魂荡漾。董卓当即警觉，见吕布频频侧身迎里而望，恼怒地说："布儿无事就走吧。"吕布一肚子不高兴地回到家中，他的妻子不知趣地问他："你今天莫非被董太师批评了？"吕布一反常态地说："太师怎能批评我！"

董卓自纳貂蝉后，情色所凝，月余不出理事。吕布一切都明了了，但越是如此，他越思念貂蝉。终于，吕布利用董卓午睡的机会溜进了董卓的卧室。貂蝉在床后探半身望着吕布，以手指心而不转睛。吕布感激得频频点头表示明白她的意思。貂蝉用手指董卓，强拭泪眼，吕布的心都碎了。

董卓蒙眬中醒来，看到了吕布，猛然回身，看见貂蝉在屏风后面。董卓羞愧愤怒，责问吕布："你敢戏我爱姬吗？"唤左右驱逐吕布，令其今后不许入堂。吕布怀恨回家。

鱼死网破凤仪亭

貂蝉终于将事态引向了高潮。没过多久，她就将吕布引到了相府后花园中的凤仪亭，边哭边诉说自己如何思念吕布，董卓又如何将自己侮辱。现在自身已污，不得服侍英雄，愿死在吕布面前，以绝吕布的思念。话没说完，貂蝉就手攀曲栏，望荷花池便跳，慌得吕布一把将其抱住。貂蝉乘势倒在吕布怀中，挑动吕布反对董卓，说道："妾在深闺，闻将军之名，如雷贯耳，以为当世一人而已。谁思反受他人之制！妾度日如年，愿将军怜悯而救之。"董卓因久未见貂蝉，便到后花园中寻觅。只见吕布把他的方天画戟放在旁边，

抱着貂蝉正说悄悄话。盛怒之下，董卓抢过画戟就刺，吕布掉头便走。董卓体胖，赶不上，就飞起一戟，却被吕布一拳打落在草中。吕布与董卓的关系彻底破裂。

董卓带着貂蝉回到房中后，就离开了相府。王允乘机把吕布接到家中，痛斥董卓把吕布的貂蝉抢走，声称要为吕布报仇。一番同仇敌忾，刺杀董卓的计划便周密完成。

“千里草，何青青；十日卜，不得生。”这一首当时流行在长安街头的童谣，预示着董卓快要死了。此时，轻车都尉李肃奉命到郡坞去见董卓，说是天子有诏，欲会文武大臣于未央殿，商议将帝位传给太师之事。董卓心花怒放地起程进京，一路上车轴断了，马髻头断了，而且路上狂风大作，尘土蔽天，董卓大惑不解，认为这些都是不祥之兆。李肃却解释说：“弃旧换新，将乘玉辇金鞍；万岁登基，必有红光紫霞，这些都是吉兆。”董卓在走进未央殿时，被埋伏在殿内的军士伏击，一戟刺透董卓咽喉的就是吕布，李肃却把董卓的人头割在手中。

貂蝉的归宿和影响

董卓既死，朝野欢声雷动，吕布在兵荒马乱中找到貂蝉，带回家中，终偿夙愿。然而吕布最后终被曹操战败，自缢而亡，貂蝉落入了曹操的手中。貂蝉此后的命运传说纷纭，有的说是自刎而死，有的说曹操为笼络关羽连同赤兔马一起把她送给了关羽，关羽留下骏马却斩杀了美人。貂蝉是《三国演义》中唯一一个被重点塑造的女性，但在书中某些地方她被描述为红颜祸水。

事实上，正是由于貂蝉的功劳，才有了王司徒连环计的实施，才有了吕

布大闹凤仪亭的高潮，才有了凶横无忌、权倾一时的董卓的罪有应得。貂蝉存在的意义正在于在男人争霸的世界中显示出了一个绝色女子的胆量与智慧，正是这种非凡胆量的展示与高度智慧的运用，加速了汉末军阀战乱时代的结束，促成了一代雄才曹操、刘备、孙权等人的崛起，从而使已经风雨飘摇的汉室江山得以延续。总之，貂蝉作为女间谍的鼻祖之一，亲身实践了美人计和连环计，为国锄奸，为后世所传扬。

蔡文姬：命运多舛的作词作曲家

一嫁成寡妇

唐代诗人李颀曾为命运坎坷的蔡文姬发出如此感慨：“蔡女昔造胡笳声，一弹一十有八拍；胡人落泪向边草，汉使断肠叹归客。”关于她的婚姻，丁庚在《蔡伯喈女赋》中是这样说的：“伊大宗之令女，察神惠之自然；在华年之二八，披邓林之耀鲜。明六列之尚致，服女史之语言；参过庭之明训，才朗悟而通云。当三春之嘉月，时将归于所天；曳丹罗之轻裳，戴金翠之华钿。羡荣跟之所茂，哀寒霜之已繁；岂偕老之可期，庶尽欢于余年。”

蔡文姬是汉代著名学者蔡邕的独生女儿。蔡邕不仅是大文学家，也是大书法家，还精于天文数理，妙解音律，在洛阳是文坛的领袖。蔡文姬生活在这样的家庭里，耳濡目染，受其父的影响很大。她很小就十分博学，善于言辞，既博学能文，又善诗赋，兼长辩才与音律。

蔡文姬第一次出嫁，远嫁河东卫家。她的丈夫卫仲道是太学出色的士子，可惜好景不长，不到一年，卫仲道便因咯血而死。两人无子女，蔡文姬遭到卫家嫌弃，认为她“克死丈夫”。正年少气盛、心高气傲的蔡文姬，受不了这种歧视，她不顾父亲的反对，愤而回家，成了年轻的寡妇。

二嫁受屈辱

东汉末年，社会动荡，时局变幻。董卓被吕布诛杀以后，因董卓曾重用过蔡邕，蔡邕也被收付廷尉治罪杀了头。此后，更为激烈的军阀混战接踵而来。这时，羌胡番兵趁机掠掳中原一带，攻城略地，马边悬男头，马后载妇女，蔡文姬与许多妇女一起被羌胡番兵掳到了匈奴。在去往匈奴的途中，蔡文姬饱受了番兵的凌辱和鞭笞，这年她二十三岁。

蔡文姬第二次出嫁，被迫嫁给了虎背熊腰的匈奴左贤王，还为左贤王生下两个儿子。在匈奴生活了十二年，蔡文姬学会了吹奏“胡笳”，学会了一些异族的语言，但她更饱尝了在异族异俗生活的痛苦。这十二年里，蔡文姬忍受着双重屈辱，一是作为汉人，她被胡人劫掠至胡地；二是作为女人，她被迫嫁给胡人为妾。儿子出世以后，匈奴左贤王对蔡文姬宠爱有加，蔡文姬也渐渐安于抚养两个儿子。但她始终期待自己能够生回故园，死埋家乡。

十二年后，蔡文姬归乡的愿望得以实现。当时，曹操基本扫平北方群雄，把汉献帝由长安迎到许昌，后来又迁到洛阳。当上丞相以后，曹操挟天子以令诸侯，在统治稳定之际，曹操回忆起少年时代老师蔡邕对他的教导。当他得知蔡文姬被掠到了南匈奴时，他立即派周近做使者，携带黄金千两，白璧一双，要把蔡文姬赎回来。只是，此时蔡文姬归汉，已然多了另一桩心痛：

只要回归故国，就得舍弃自己的两个亲生儿子！

蔡文姬多年被劫掠是痛苦的，可忽然要离开胡地，回归故园，舍弃已然共同生活了十二年的夫君和两个年纪尚小的儿子，而且此一别关山重重，大漠遥遥，几乎是永别。离开胡地时，她与儿子和夫君相拥泣号。在汉使的催促下，蔡文姬在恍惚中登车而去，车轮的转动中，十二年的生活，暮暮朝朝涌上心头，这段惨痛的经历，留下了动人心魄的《胡笳十八拍》。

三嫁救丈夫

蔡文姬在汉使周近的卫护下回到故乡陈留郡，发现家乡满目疮痍，到处是断壁残垣，已然无法居住。此时，曹操为了让恩师蔡邕血脉传承，又为文姬择一夫婿，此人便是屯田校尉董祀。董祀正值鼎盛年华，论年纪比文姬小许多，生得一表人才，通书史，谙音律，自视甚高。对董祀来说，原本不会想到要娶一个年长自己许多、已结过两次婚还生过两个胡儿的中年女人为妻，他的内心深处还是有些嫌弃这段婚姻，只是迫于丞相曹操授意，无奈中只得接纳文姬为妻。

蔡文姬与董祀结婚这年，是公元 208 年，这年爆发了著名的赤壁之战。蔡文姬这时已经三十五岁。在三十五年的生涯里，她已饱经战乱之苦，经历了与父亲、两个夫君、两个儿子的生离死别，内心中充满挫折与伤痛。冰雪聪明的她，对于董祀对自己的感情，是心中有数的。但此时的蔡文姬，已经没有了年少时愤而离家的那种勇气，可能是因为她已经历了太多，父亲的死也让她无所依靠，她有些麻木，面对命运，只想迁就。在蔡文姬的诗作《悲愤诗》中，她这样谈论这段老妻少夫的关系：“托命于新人，竭心自助厉，流离成鄙

贱，常恐复捐废。”此诗表露了一个女人生怕丈夫嫌弃自己过去的惊恐，自我认知的“鄙贱”，在家中不被爱的地位，以及担心再度失婚遭到抛弃的心情。

蔡文姬这次婚姻，起初并不十分和谐。精神的创伤和对胡地两个儿子的思念，令她时常神思恍惚。而丈夫的冷落，更加重了她的自卑感。与此同时，董祀面对冷淡的婚姻，也做出了变相的“抗争”。仅一年后，董祀就犯下了死罪，曹操判其斩首。文姬闻讯蓬首跣足地赶往丞相府求情。曹操正在大宴宾客，公卿大夫、各路骚使坐满一堂。听说蔡文姬求见，曹操对在座的说：“蔡邕之女在外，诸君谅皆风闻她的才名，今为诸君见之！”蔡文姬走上堂来，跪下来。在严冬季节，她头发凌乱、打着赤脚，令众人大为惊讶。曹操心中不忍，命人取过头巾鞋袜为她换上。蔡文姬哀伤地讲清来由，在座宾客都感叹不已，曹操说：“事情确实值得同情，但文状已去，为之奈何？”蔡文姬恳求：“明公厩马万匹，虎士成林，何惜疾足一骑，而不济垂死一命乎？”说罢又是叩头。曹操念及昔日与蔡邕的交情，又想到蔡文姬悲惨的身世，倘若处死董祀，文姬势难自存，于是立刻派人快马加鞭，追回文状，宽恕了董祀。董祀此后感念蔡文姬的救命之恩，对她态度好转，两人的婚姻由此得以继续。后来，夫妻双双看透了世事，溯洛水而上，居于风景秀丽、林木繁茂的山麓之中，平安地度过了晚年。若干年以后，曹操狩猎经过这里，还曾经前去探视。

千古绝唱“十八拍”

《胡笳十八拍》是古乐府琴曲歌辞，是感人肺腑的千古绝唱，是蔡文姬和着血泪写成的。“对首草兮犹不忘，弹鸣琴兮情何伤！今别子兮归故乡，旧怨平兮新怨长！泣血仰头兮诉苍苍，胡为生兮独催此殃！”这仿佛是这个不幸女

子的自弹自唱，琴声正随着她的心意流淌，随着琴声、歌声，她仿佛正行走在一条由屈辱与痛苦铺成的长路上。

南匈奴人在蔡文姬去后，每于月明之夜卷芦叶而吹笳，发出哀怨的声音，模仿蔡文姬的《胡笳十八拍》，成为当地经久不衰的曲调。中原人士也非常盛行以胡琴和筝来弹奏《胡笳十八拍》，据传中原的这种风尚还是从她最后一个丈夫董祀开始的。

《胡笳十八拍》的艺术价值很高，后代有过许多评论。郭沫若还创作了新编历史剧《蔡文姬》，在现代舞台上再现了“文姬归汉”的历史场景，影响巨大。

蔡文姬传世作品除《胡笳十八拍》外，还有《悲愤诗》，它是我国诗史上文人创作的第一首自传体的五言长篇叙事诗。该作在艺术上采用现实主义的手法，通过典型的细节描写，具体生动地表现各种场面，使人犹如亲临其境，“真情穷切，自然成文”，激昂酸楚，在建安诗歌中别构一体，在我国诗歌发展史上有着重要地位。

曹操的文学成就也称得上是震古烁今，他特别爱书，尤其是难得一见的好书。一次闲谈中，曹操表示很羡蔡文姬家中原有的藏书。当蔡文姬告诉他家中原本所藏的四千卷书籍，几经战乱，已全部遗失时，曹操流露出很深的失望之情。但当听到蔡文姬还能背出三百篇时，曹操又大喜过望，立即说：“既然如此，可命十名书吏到尊府抄录如何？”蔡文姬惶恐答道：“妾闻男女有别，礼不授亲，乞给草笔，真草唯命。”

最终，蔡文姬凭记忆默写出了四百篇文章，且文无遗漏。这不但满足了曹操的心愿，蔡文姬的才情也可见一斑。蔡文姬是一个博学多才的女子，然而她的婚姻是不幸的，命运是凄惨的。虽然有人认为“蔡文姬受辱虏庭，诞育胡子，文辞有余，节烈不足”，但《后汉书·列女传》为她立了传，说明她不曾因多次嫁人而受人歧视。

明人陆时雍在《诗镜总论》中说：“东京风格颓下，蔡文姬才气英英。读

《胡笳吟》可令惊蓬坐振，沙砾自飞，直是激烈人怀抱。”盛称蔡文姬的资质与修为，一个博学多才的好女子，命运是如此凄惨，婚姻生活如此不幸，令世人感到悲凉与叹息！文姬亦擅长书法，其文笔宋刻《淳化阁帖》有收录。蔡文姬一生，特别是归汉后，继承父亲的遗志，撰写了《续后汉书》，这不能不说是她对祖国古代文化作出的卓越贡献。

甘夫人：刘备最对不起的女人

姿容绝美堪比玉人

虽然根据史料推断，刘备似乎没有曹操那般好色，但他的女人也不少，不过，多数都比他死得早。刘备在年轻的时候，就有算命先生说他克妻，后来他在老家果然“数丧嫡室”。但是他的女人缘还是很不错，下面说说刘备最对不起的一个女人——甘夫人。

甘夫人出身贫寒，小时候村里会看相的人说她：“长大后必定身份尊贵，地位可以尊贵到皇宫里去居住。”甘夫人一生随刘备颠沛流离，在一起依附刘表的时候，她怀了身孕，梦见北斗星从她口中滑入，因此给孩子起名为“阿斗”。

甘夫人的美貌估计可比貂蝉、甄宓、大小乔。史书记载，她十八岁时，皮肤白得像玉一样，姿态妩媚，容貌美艳。当时刘备担任豫州牧，驻扎在小

沛。刘备将甘夫人召到自己的内室纱帐中，然后从屋子外面往里看去，甘夫人就如同皎洁的月光照耀下的霜雪一样。

此时有一河南人献给刘备一个三尺高的白玉美人，刘备把玉人放到甘夫人后面，白天和将士们讲说军谋，晚上就抱着甘夫人同时摆弄那个白玉美人，而且常说玉是世上最珍贵的东西，所以人们常用玉来比喻君子，把白玉雕成人形，难道不可以用来玩吗？甘夫人的皮肤与白玉美人一样洁白润泽，看到的人都分不清哪个是真人，哪个是玉人，那些被刘备宠爱的人不是嫉妒甘夫人的美，而是嫉妒那个玉人。

甘夫人看到刘备这个样子，经常想把这玉人毁掉，于是劝诫刘备说："当初子罕不把白玉当作宝，《春秋》对其大加赞美。如今吴国和魏国尚未消灭，怎能把这种妖物放在怀里玩呢？荒淫惑乱会产生怀疑，希望你以后不要这样。"刘备听到甘夫人这番话，深感惭愧，于是把白玉美人搬走。当时的君子们听说此事，都对甘夫人大加赞赏，他们都议论甘夫人是位"神智妇人"。

徐州两遇险，丈夫结新欢

在《三国演义》中，甘夫人出场次数虽然不多，却很有存在感。她的命运，就是刘备的落难史。

刘备虽然对甘夫人非常宠爱，但在危难关头，刘备对待妻儿的态度与他那位老祖宗刘邦相差无几。

刘备与甘夫人新婚不久，吕布趁刘备与袁术鏖战时袭击徐州，甘夫人被俘，刘备转驻广陵、海西。糜竺与陈登辗转找到刘备，为了安慰刘备，糜竺便将妹妹送给了刘备，并将家产倾囊而出充作军资。刘备正是穷困潦倒的时

候，好像天下掉下一个馅饼，不仅使危军复振，而且还得到一个美女相伴。他写信给吕布请他送还家眷，互释前嫌。吕布只是为了得到徐州的地盘，与刘备本来没有什么个人恩怨，便做个人情，将家眷送还了刘备，并且还让没有地方安身的刘备驻扎在徐州的小沛。甘夫人回来后才发现，刘备战场失意情场得意，又娶了一个小妾，不过古代男人三妻四妾倒也正常，因此也没大吵大闹鸡飞狗跳。吕布归还了甘夫人，但是刘备与吕布已经互生嫌怨。建安三年春，吕布派人去河内买马，半路上被张飞将马匹都抢走了，吕布正愁没有借口，藉此便遣部将高顺、张辽率兵攻打小沛。刘备知道自己的力量不支，飞书向许都的曹操求救。

论打仗，刘备哪里是吕布的对手，曹操大部队还没到来，刘备的队伍和曹操的先锋部队就已陷落，刘备再一次单身逃遁，甘夫人又一次落入吕布之手，这一次，还多了个糜夫人。

刘备跑到了梁地，正仓皇穷蹙的时候，曹操亲自督兵前来救他。这一次马到功成，吕布被吊死在白门楼，甘夫人和糜夫人侥幸逃出生天，回到刘备身边。

二遭弃乱军之中

衣带诏事件发生以后，刘备叛离曹操，躲到了徐州。曹操亲自东征刘备，刘备又被打败，逃往青州投奔袁绍的儿子袁谭，关羽被擒，甘夫人和糜夫人再一次双双被老公丢下，成了人妻控曹操的俘虏，好在有关羽在侧守护。

后来，经过多方打探和验证，关羽得知刘备人在河北袁绍处，于是带着甘夫人和糜夫人一起逃离曹营，回到刘备身边。这时，正是官渡之战时期，

袁绍虽然拥有兵力上的绝对优势，但在与曹操的交战中并没有占到多大便宜。刘备越看越觉得形势不妙，有了离开袁绍的打算。他暗中派人去荆州联络感情。刘表对刘备的投奔表示了热烈的欢迎，亲自率众出城迎接，厚相招待，不过却没有重用刘备，只安排他驻扎新野，成为自己的北藩。甘夫人就在这个时候，生下了阿斗。刘备和老婆孩子也算过了一段安稳的日子。

曹操北征乌丸后，亲自率军南下荆州。不久，刘表病逝，次子刘琮接任后即不战而降，却不敢将此事告知给刘备，刘备对此事也并不知情。刘备有所发觉后，遣人去问刘琮，刘琮令宋忠召刘备宣旨。而当时曹操军已经到达宛城，刘备听闻大惊，又叱杀宋忠，于是率众逃亡。

曹操派遣曹纯率领五千号称天下骁锐的虎豹骑追击刘备军。刘备军与民众十余万，粮食辎重繁多，行军迟缓，曹军虎豹骑在当阳长坂追上刘备军，刘备军虽拥大众，但披甲者少，迅速被曹操军击溃，慌乱中，刘备又一次丢下了老婆孩子，仅率赵云、张飞、诸葛亮等数十骑逃之夭夭。幸亏赵云发现两位夫人没有跟上来，及时返回，保护甘夫人和刘禅，舍命与曹军拼杀，才使得甘夫人与刘禅幸免于难。至于糜夫人，《三国演义》中说她为了不拖累赵云，投井自尽，而正史中，糜夫人至此便未再提及，至于她是生是死，死于何时，都是个谜。

赤壁之战后，刘备占据了大半个荆州，甘夫人也就此告别了颠沛流离、屡屡被弃被俘的苦难命运，然而，如花似玉的她却在此时得了重病，不治而亡。这一年，她才二十一岁。

未亡人的追思

甘夫人死后，刘备又先后娶了孙夫人、吴夫人，但我们从头数来，除了吴夫人，貌似跟随刘备的女人命运都不太好。至于甘夫人，她从嫁到死，虽为刘备诞下后主刘禅，但名分也不过是刘备的一个小妾。而刘备呢，有一句非常出名的话，“兄弟如手足，老婆如衣服”，似乎在这个枭雄眼里，女人的地位永远比不上他的事业、他的兄弟。

直到甘夫人故去多年以后，刘备兵败夷陵，退居永安宫，感觉自己离大限之日不远了，才想起那个与他耳鬓厮磨，共患危难的如花美眷，这一思念，如黄河泛滥，一发不可收拾。于是下诏，追封甘夫人为皇思夫人，迁甘夫人灵柩到蜀国安葬，从此以后甘夫人才有了个有分量的名分。

刘备死后，根据他的遗愿，甘夫人与他合葬在了惠陵。刘备戎马一生，见过很多女人，也娶了很多女人，唯有甘夫人最清苦。她出身普通人家，很识大体，很懂事，给刘备带来了很大的帮助。遗憾的是，她没能看到刘备称帝的那一天。

刘备死后，诸葛亮上表刘禅，追谥甘夫人为昭烈皇后。生不能享福，死后也算有了个皇后的名分。

二乔：红颜薄命姐妹花

姐妹同嫁豪杰郎

话说江东庐江郡人乔玄有两个女儿，即大乔和小乔。姐妹俩天生丽质，美得像两朵花，特别令人叫绝的是，她们二人的美都本自天然，从不用涂脂抹粉，可是脸庞却总是似桃花鲜嫩，白净中透着红润。甚至她们洗过脸的水都是粉红粉红的，日久天长，把门口的井水都染红了，当地人于是称这口井是“胭脂井”。两人恰似仙女下凡，而小乔生得比姐姐更胜一筹，真是人见不愿走，鸟见不愿飞，月亮想与她比容，花儿欲与她赛貌。姐妹俩不仅窈窕多姿，还博学多才，精通文墨，非同一般女子，所以远近闻名。

再说东吴有两位声名显赫的英雄，周瑜和孙策。周瑜家住舒城，而汉末大乱，吴侯孙坚把家小送到舒城避乱，孙、周二家正是邻居。孙策和周瑜两个人，每天一出门便见面，一见面就在一起玩，成为非常要好的朋友。两人同年，孙策只大周瑜两个月，都长得魁梧英俊、仪表堂堂。两家一合计，共同为他们请了一个文武双全的老师，每日教他们习文练武，于是孙策和周瑜便成了师兄弟。

这一年，孙策和周瑜都已长到十八岁，学成业就，先生非常欢喜，跟周瑜和孙策的父母商量以后，带着两个弟子去乔家提亲。先生深知两个学生天资聪颖，又兼勤奋好学，日后定能成大器，非美女佳人不能匹配。乔玄见两个年轻人魁梧英俊，与两个女儿十分相配，心中暗许。

倘若东风不与周郎便

折戟沉沙铁未销，自将磨洗认前朝。

东风不与周郎便，铜雀春深锁二乔。

这是唐代著名诗人杜牧写的那首脍炙人口的诗——《赤壁》。最后两句意思是说如果周瑜不是借助东风发动火攻而打败了曹操，东吴很有可能战败，那样的话，江东二乔也会被掳到铜雀台充当曹操的玩偶了。虽然赤壁之战并不是为了二乔，但如果曹操打赢了掳走二乔也不是没有可能。这就给多情而又富有想象力的艺术家们想象空间，他们按照各自的美学观点去理解杜牧的诗，并大加引申，创作出形形色色有关二乔的绘画、诗词、戏曲、小说。其中，影响最大的自然是罗贯中在《三国演义》中的艺术虚构。

罗贯中并没有模糊赤壁之战的重要政治意义，但出于“尊刘贬曹”的思想倾向，他有意突出曹操“好色之徒”的形象，渲染了曹操窥觑二乔美色的主观意图。罗贯中在《三国演义》第44回和第48回两个篇章中，都不是要写二乔，但无意之中却从不同的侧面映衬出二乔惊人的美丽。对于二乔，罗贯中却始终惜墨如金，以至于后人只知其姓，不知其名，实在是一大憾事。此外，有关二乔的身世和归宿，《三国演义》中也交代不详，这就更使得两位美人的生平事迹充满了传奇色彩。

那么，曹操有没有可能窥觑二乔的美色呢？非常有可能！

首先需要说明的是，诸葛亮智激周瑜的那句“揽二乔于东南兮，乐朝夕之与共”是不成立的，历史上没有这一段，纯粹是罗贯中先生为了创作需要

而杜撰的。因为曹操建铜雀台的实际年份是公元 210 年，而赤壁之战发生在公元 208 年，时间上对不上。

但是，我们不能说曹操建造好铜雀台以后，没有动过这个心思。

曹操好人妻，他的女人中常有“战利品”，如秦宜禄的妻子杜夫人，张绣的婶婶邹夫人，当然，还有那个他想据为己有却被儿子截和的甄宓，二乔国色天香，号称三国美女之首，又是死敌孙权的嫂子、周瑜的妻子，按照曹操的嗜好，他建好铜雀台以后，有没有想过揽二乔呢？并不能排除这种可能。

我们可以想象一下，倘若东风不与周郎便，倘若曹操赤壁之战大获全胜，倘若曹操在建造好铜雀台以后又一次挥兵征讨东吴，并成功了，那么，二乔最终的归属似乎就真的不需要猜想了。

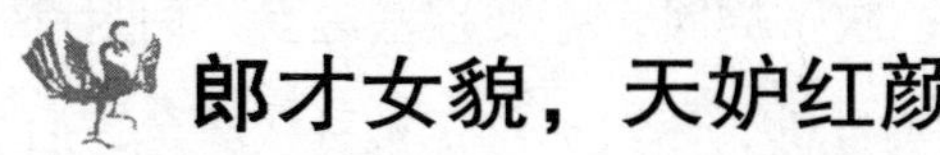

郎才女貌，天妒红颜

一对姐妹花，同时嫁给两个天下英杰，一个是雄略过人、威震江东的“孙郎”，一个是风流倜傥、文武双全的“周郎”，按照传统看法，堪称郎才女貌，美满姻缘了。

然而，二乔是否真的很幸福呢？史书上没有说。不过，从有关资料分析，至少可以肯定，大乔的命是很苦的。她嫁给孙策之后，孙策忙于开基创业，东征西讨，席不暇暖，夫妻相聚之时甚少。仅仅过了一年，孙策就因被前吴郡太守许贡的家客刺成重伤。孙策生命垂危，回到吴国，使人寻请华佗医治。不料华佗已往中原去了，只有徒弟在吴国。徒弟说：“箭头有药，毒已入骨，其疮难治。”可怜孙策没有死在激烈的战场，而是死在一个穷途末路的人手中，年仅二十六岁。

孙策死时，周瑜守御巴丘，得到快报，星夜赶回来奔丧。吴太夫人领着孙权出来，当面将孙权托付给周瑜。

当时，大乔充其量二十出头，青春守寡，真是何其凄惶！从此以后，她只有朝朝啼痕，夜夜孤衾，含辛茹苦，抚育遗孤。岁月悠悠，红颜暗消，一代佳人，竟不知何时凋零！

小乔的境遇比姐姐好一些，她与周瑜琴瑟相谐，恩爱相处了十一年。在这十一年中，周瑜作为东吴的统兵大将，江夏击黄祖，赤壁破曹操，功勋赫赫，名扬天下；可惜年寿不永，在准备攻取益州时病死于巴丘。一代名将，才三十六岁，竟然就这样死去了。

当时，小乔不过三十岁，乍失佳偶，其悲苦也可以想见。周瑜留下二子一女，是否皆为小乔所生，史无明文，由于周瑜的特殊功勋，孙权待其后人也特别优厚：其女嫁给孙权的太子孙登，若不是孙登死得早了一点（亡年三十三岁），当皇后是没有问题的；长子周循，娶了当朝公主，拜骑都尉，颇有周瑜弘雅潇洒的遗风，可惜“早殇”；次子周胤，亦娶宗室之女，后封都乡侯，但因“酗淫自恣”，屡次得罪，废爵迁徙，不过最终仍被孙权赦免，后生病而亡。

当然，有关二乔和孙策、周郎的故事，很大程度上属于后人的美好愿望。从史书的“纳”可以看出，二乔在家中的地位仅仅是妾。在那个时代，妾就算再受宠，在家中也没有地位可言。妾的名字不能入家谱，也不能同丈夫一起参加宗族祭祀活动，妾的家族也不能归入丈夫的姻亲之列。不过对于乱世中的二乔而言，能嫁给天下闻名的英雄，也算是一个不错的归宿了。

岁月悠悠，红颜暗消，一代佳人，孤寂凋零！姐妹俩只有在无边寂寞、无穷追忆之中消磨余生了。“自古红颜多薄命”，相对死于非命者，二乔总的来说算不得大不幸，但她们同样也掌握不了自己的命运！

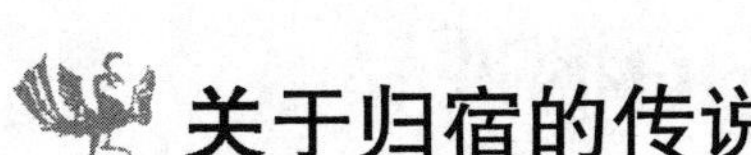

关于归宿的传说

在安徽潜山县，有一个关于“胭脂藕”的传说，其中涉及大、小乔的归宿问题。别处的藕是白色，而潜山的藕却带浅浅的粉红色，据说那一带原先不产藕，是由大乔、小乔兴起来的。

吴侯孙坚死了以后，传位给孙策。孙策骁勇善战，身先士卒。有道是大将难免阵前亡，他在一次交战中身负重伤，临死前，传位给弟弟孙权，嘱咐他一要将东吴治理好；二要把寡嫂照顾好。

古语说，“老嫂如母”。孙权对大乔十分敬重。不管国事多忙，每天都要前去向她问安。时间长了，大乔很过意不去，便提出要回归故里，安居乐业，孙权再三挽留，后来只好答应了。

临行前，大乔什么也不要，只让孙权给准备好了一大车藕种。她说：“我到建业这么些年，最喜爱这里的荷，它不但高洁无私，而且通身是宝，所以想把它带回家乡去种，也让乡亲们受点益。”

回到故里后，大乔在老宅附近，开了几十亩水塘种藕。她虽然不施粉黛，可洗脸水总是红色的，泼入荷塘，天长日久，藕也慢慢变成粉红色了。后来，周瑜因操劳国事，积劳成疾也死了。小乔跟大乔一样，也回到故里，跟姐姐一起精心培植莲藕，还年年把藕种分给乡亲。几年下来，荷塘越开越多，因为藕都是粉嘟嘟的，人们称它作“胭脂藕”。又因为这藕是二乔传下来的，人们又叫它“美人藕”。

孙夫人：枭雄勾斗下的牺牲品

无可奈何的出嫁

孙夫人，现在广为流传的名字是“孙尚香”，至于真实名讳，正史及野史中均未提及。

在小说中，孙夫人身世大致与正史一致，是枭雄孙权的妹妹，在赤壁大战后嫁给刘备，后被接回东吴，然而细节与结局多有所不同。

在被称为《三国演义》之祖《三国志平话》中，周瑜上书孙权，教使“美人计”，进权妹予刘备为孙夫人，打算让孙夫人刺杀刘备。然而孙夫人看见了神迹，于是放弃了东吴的暗杀计划，助刘备返回。后来刘备入蜀，孙权遣舟船以迎孙夫人，孙夫人带着后主刘禅回吴，幸得赵云与张飞勒兵截江，方重夺刘禅。并被张飞辱骂，于是羞惭投江而死。

在罗贯中的《三国演义》中则称孙坚与吴国太有一女，名为孙仁，可能就是下文的孙夫人。吕范曾称孙夫人“美而贤”。周瑜同样欲使“美人计”，不过目的变成了诱使刘备丧志而疏远属下。在吴国太和诸葛亮的锦囊妙计安排下，假婚成真姻。后面事迹基本相同，但孙夫人没有被张飞骂死，此后孙夫人也没有再出现过。

我们知道，小说和真实的历史总是有些出入的。

历史上，周瑜建议扣押刘备，确有其事，也曾想过使用美人计，但要使用

的美人不是孙夫人，这一计策也没有被采纳。当时，周瑜上书孙权说："刘备是个枭雄级别的人物，而且有关羽、张飞熊虎之将辅助，肯定不会久居人下。我觉得应该把他骗到东吴来，给他盖华丽的房子，多赏赐他一些江南美女，让他玩物丧志，与关张二将疏远。"但孙权认为，曹操在北方势力太大，现在应该广揽英雄；而刘备又绝非可以轻易制服的人，所以没有采用周瑜的意见。

历史上，孙权也确实把妹妹嫁给了刘备，但并不是要打荆州的主意，而是因为赤壁大战后，刘备的势力和声望越来越大，孙权想要和他交好，共同对付曹操。

事实上，这就是一桩不折不扣的政治联姻，而孙夫人，不幸成了政治博弈的牺牲品。

孙夫人当初中意刘备吗？不得而知。我们以常理推断，一个青春正茂、云英未嫁的少女，又是江东郡主、金枝玉叶，让她去嫁一个年过半百、数婚再娶，而且传闻"克妻"的糟老头子，她真的愿意吗？纵然这个人和皇族有点沾亲带故，而且名声还很不错。但在当时，天下英雄论长相、实力、年龄优于刘皇叔的，也不是找不到。

奈何，生在这样的人家，往往身不由己。她的婚姻掺杂了太多的政治与利益因素，这也就注定了她婚姻的不美满。

短暂而不美满的婚姻

据史书记载，孙夫人不仅容貌端庄，而且才思敏捷，又有着和父兄一样的刚猛个性。她和刘备的婚姻也不像演义中说的那样，美女爱英雄，夫唱妇随。而是"侍婢百余人，皆执刀侍立。备每入，心常凛凛"。颇有巾帼英雄气

概的孙夫人，竟在自己宅内安排了一百多名手执利刀的侍女，于是刘备每次到这里来，心里都忐忐忑忑。《资治通鉴》中对这段话有个评语，“恐为所图也”。从侧面，我们似乎也能看出，他们二人的夫妻关系并不太好，虽说是亲人，彼此却都有着对待敌人般的猜忌和防范。也正因为这个原因，法正一直劝说刘备与孙夫人保持距离。

这个时候的刘备，可以说根本体会不到新婚燕尔的愉悦，他北畏曹操之强盛，东惧孙权之威胁，而身侧的孙夫人就仿佛闺中的敌国，一道被刘备视为祸患。

后来，刘备索性以“以权妹骄豪，多将吴吏兵，纵横不法”为由，新建了一座城，让孙夫人带着她的从属独自去居住，这座城被后人称作“孱陵城”或“孙夫人城”。这还不放心，又让大将赵云专门负责管理。以现在的思维来看，与其说是管理，倒更像是看守。也有说法称，此城是因为孙夫人猜忌刘备，所以自己筑城，不与刘备同住。在刘备的地盘自己筑城，和刘备闹分居，如果刘备不同意，似乎不能成立。但不管怎样，这二人的夫妻关系显然是称不上恩爱的。而他们短暂的婚姻也随着刘备的出征，画上了句号。

这一别，阴阳两隔

建安十六年，刘备率大军西进益州，孙权闻知，便派遣舟船来接孙夫人回娘家，并叮嘱将刘备的儿子阿斗也带回东吴。后来赵云、张飞“勒兵截江，乃得禅还”。从此，孙夫人和刘备的姻缘一刀两断。

至于她为什么要抱着阿斗回去。有人说，是为了给东吴带回去一个人质，有人说，是与孩子有了感情，舍不得分离，又想着回娘家看看就回来，所以便带了

去。至于真实情况，已然不得而知。只知这一别，她与刘备便是阴阳两隔。

重返东吴的孙夫人当时才二十出头的年纪，而在那个没有处女情结，甚至可以说人妻很抢手的时代，无论是正史还是野史，都没有关于孙夫人再嫁的只言片语。也就是说，很有可能，从这时起青春年少的孙夫人就开始过了上“守活寡”的生活。也许在此后漫长的岁月中，孙夫人要承受的不单单是孤独与寂寞，还有来自方方面面的压力——在东吴人眼里，她始终带着敌人刘备的印记，而在蜀汉看来，她是里通东吴、背弃丈夫、劫持幼主的不良妇人。所以刘备称帝后，并没有给她任何封号，阿斗即位后，也没有对她进行追封，蜀汉的史官仅称她为“夫人”，并未给她单独立传。这个因为兄长和丈夫的博弈而被牺牲的女人，最后反而被兄长和丈夫所不容。

或许是出于对这位苦情女子的同情，民间并不觉得她应该被张飞骂死，因为这一切似乎并不是她的错。所以一直流传着她在刘备亡故后投江而死的故事。人们还为她建造了不少祠庙，或称枭姬娘娘，或称灵泽夫人。也许，孙夫人的在天之灵多少会得到些慰藉吧。

甄宓：无端嫁得薄情郎

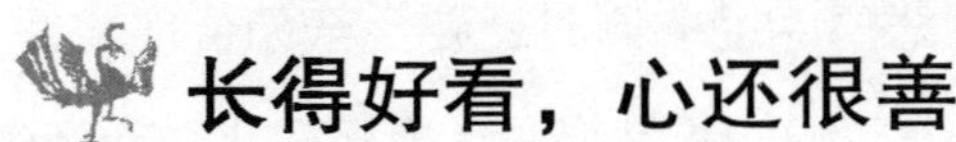

长得好看，心还很善

甄宓，曹丕的媳妇，曹植的嫂子，曹操的儿媳妇，很多人说，她才是三国第一美女。因为貂蝉只是投怀送抱，让小人着迷；二乔，虽然天姿国色，

但史学家对其不过寥寥数笔，她们的名声更多是凭借那两位千古风流的夫君；而甄宓却能让三国第一枭雄、三国第一位王朝建立者、三国第一才子父子三人着迷，这才是真正的天香国色。当然，关于甄宓和曹家父子扑朔迷离的关系，只是后人的臆断和推测，但甄宓，的确美得让人惊艳。

甄宓幼年丧父，然而她并没有因此显得缺乏教养。八岁那年，家门口来了杂技团，家里人和几个姐姐都爬上阁楼扒着窗户看，只有甄宓安静如初。马戏团走了以后，姐姐们都像看怪物似的看着她，甄宓却说："这些杂耍不应该是女人看的。"说这样的话，并不表示她守旧，而是她明白，看杂耍对女子而言并没什么用，只是凑热闹罢了。

甄宓还非常喜欢读书写字，常常借用哥哥的笔墨纸砚，哥哥有意逗她，说："你应该多学学女红，针线活才是女人的本分，读那么多书干什么？难道想当女博士？"甄宓一本正经地回答："凡是古代贤淑的女人，没有一个不是从前世的成败中吸取经验教训，引以为戒，不读书又能学到什么？"

当时有会看相的人曾说："这个女孩子将来一定贵不可言！"

那个时候，天下大乱，灾荒连年，老百姓们为了有口饭吃，纷纷卖掉家中值钱的东西。甄家是大户，甄宓的父亲和爷爷都做过官，家里有几年都吃不完的存粮，于是家人乘人之危以粮食换金银珠宝。十几岁的美少女甄宓知道后皱起了眉头，说："现在世道这么乱，为什么要买那么多宝贝呢？难道没有听说过'匹夫无罪，怀璧其罪'？这些都是引来灾祸的不祥之物啊！"接着，她又劝母亲把家里的粮食都捐出来赈济乡亲，广布恩惠。家里的大人很是惭愧，觉得自己的思想觉悟还不如个少女，于是开仓放粮，济人危难。

甄宓十四岁那年，二哥去世，二嫂悲痛欲绝的同时还要含辛茹苦地操持家事，抚养子女。甄母性格严厉，对几个儿媳妇不是很好，甄宓几次劝母亲："二哥不幸早死，二嫂年纪轻轻就守寡，照顾唯一的孩子，从道理上讲，您对待她要当成是儿媳妇，爱护她像自己的女儿。"被甄宓这么一说，老太太也觉得自己太不近人情了，之后真的就把儿媳妇们当成女儿一样看待。

这种美若天仙又善良得如菩萨一般的女子，万里也挑不出一个来！袁绍听说甄宓的种种事迹以后，便为自己的次子求婚，于是，甄宓嫁给了袁熙。

从他的女人，变成他的女人

建安九年，甄宓原本安定平和的生活被打破。这一年，曹操率军攻陷邺城，曹丕不顾父亲的禁令，带兵闯进袁绍府中，一进正堂，就看到一老一少两个妇女正抱在一起痛哭。曹丕认得老年妇女是袁绍妻子刘夫人，再看身旁那女子，虽然穿着粗布衣裳，蓬头垢面，但依然遮不住玉貌花容的光华，曹丕一霎时由杀气腾腾的修罗，变成了温柔多情的公子。他轻轻挽起甄宓的发髻，用衣袖仔细地、轻轻地拭去甄宓脸上的污垢，但见甄宓“玉肌花貌，有倾国之色”，曹丕当时就醉了，连忙改口说：“我是丞相的儿子，是专门来保护你们的。”说完，按着宝剑坐在屋中，当起了佳人的护花使者。

曹操来到以后，看到甄宓的第一眼也被打动了，又看见儿子在一旁正襟危坐，守护袁氏婆媳，心中了然，发自内心地赞叹了一句：“这才能够当我的儿媳妇啊！”于是为曹丕做主，纳了甄宓。

《世说新语》上另有说法。说曹操打下邺城的第一件事就是召甄宓来见，至于目的，估计是为了在收编敌人部队的同时，收编敌人的女人吧，毕竟，他一直都是这么做的。谁知，左右告诉他，您儿子已经去了。事已至此，曹操来到袁绍府中看到曹丕时，只得改口说：“老子这次打仗就是为了帮你小子抢甄宓！”但对甄宓的特殊感情，一直压抑在心中，而在有生之年，他一直对甄宓照顾有加。关于此种说法，不知真假。

贤良淑德，孝顺婆婆

曹丕初得甄宓，自然喜爱得不得了，小夫妻之间的事情不做赘述，没几年，甄宓先后为曹丕生下儿子曹叡和女儿东乡公主。甄宓虽被曹丕专宠，但骨子里的那份贤良和温婉一直未变，她承担起了曹丕贤内助的角色，对曹丕妻妾中有宠的，劝勉她们努力上进，对无宠的，安慰开导，并常常建议曹丕说：“古时黄帝子孙繁盛，是因为妻妾多的缘故。所以夫君也应该多娶出身优越美好的女子，让子嗣旺盛。”曹丕听了心里非常舒服，这种不争风吃醋的女子，哪个男子不喜欢?

曹丕的原配夫人任氏，原是大户人家的千金小姐，性格任性，有点小霸道，总和曹丕闹矛盾。甄宓来了以后，曹丕更加冷落她，二人的关系已然无法愈合。曹丕当上世子以后，更觉得忍无可忍无须再忍，于是打算一纸休书将她扫地出门，甄宓连忙劝解：“任姐姐是乡党名族，不论德、色，我都比不上，为什么要休她?”曹丕说：“这女人太任性，性子急，不温柔，心中对我的怨恨已久，所以必须休了她。”甄宓急哭了，说：“我受你宠爱，所有人都知道，他们肯定会说你休任姐姐是我捣的鬼。往上我怕公婆说我自私，往下其他妻妾会数落我受专宠之罪，希望你能重新考虑！”但是，曹丕并没听从劝告，还是将任氏给撵了出去。

建安十六年，曹操西征，随行的卞夫人途中生病，甄宓随着曹丕留守邺城，相隔遥远不能侍奉问安，心中担心不已，常常流泪。身边的人告诉她，说卞夫人病好了，甄宓不信，伤感地说道：“夫人在家，老毛病常犯，每次都得很久痊愈，现在怎么好得这么快?你们不用这样安慰我！”这样一来，她反

而更加忧心了。后来得到卞夫人来信，说身体已经恢复，甄氏才开心起来。

大军回到邺城，甄宓赶紧出城迎接，看到卞夫人以后思念和欢喜之情一起涌了上来，情不自禁流下眼泪，周围的人无不被感动。卞夫人见甄宓这么关心自己，也忍不住流泪，说道："真是难得的孝顺儿媳啊！"

郎心如铁，美人断魂

曹丕称帝以后，收纳了汉献帝的两个女儿，又有一直备受宠爱的郭贵嫔在侧，逐渐喜新厌旧，甄宓红颜未老恩先断，新人在笑，旧人在哭。

郭贵嫔，即郭女王，后来的文德郭皇后。据说，她从小就有与众不同的言谈举止，因此父亲很是看重，曾感叹道："此乃吾女中王也。"说她有"女中王"的气度，便在闺名之外，为她取字为"女王"。

郭女王的少女时代非常不幸，是在颠沛流离中度过的。她的双亲和兄弟都在乱世中不幸死去，她自己则由官宦人家没落在铜鞮侯家中。建安十八年，她因美貌得以进入曹丕府邸，郭女王的聪颖明慧、理智冷静很快引起了曹丕的注意，并且崭露头角。为曹丕夺取魏王世子之位多有助力，所以很受曹丕喜爱。

甄宓的聪明，更多地表现在家庭内部，而郭女王却拥有参与政治斗争的智谋。在曹丕与诸兄弟争夺魏王世子的过程中，郭女王屡出奇谋，为丈夫出谋划策，所以史书中才将曹丕的登位加上了一句"后有谋"。毕竟，皇位争夺中有太多不能对外人言的阴谋诡计，所以仅一句"后有谋"就代表了许多。郭女王的才智谋略，为曹丕的最后胜出乃至最终称帝铺开了一条广阔的道路。

曹丕最终如愿以偿地当上皇帝，不用说，郭女王在他心目中更是旺夫之

极。因此，在随后的册立皇后问题上，曹丕迟迟没有做出决定，他事实上已经偏向于与自己情投意合的郭女王。

而对年纪已将四旬的甄宓来说，更糟的是她面对的还不仅仅是同样已不年轻的郭女王。自打曹丕称帝，他身边的美女便层出不穷。希望巩固权位的将相大臣们都上赶着把自己家的女儿往魏宫里塞。很快，在这群年少的美女中，又有李贵人、阴贵人成为曹丕的新宠。

远在邺城连丈夫的面都见不着的甄氏，实际上已经陷入了四面楚歌的绝境。

甄宓既是曹丕长子长女的生母，更大得婆婆的欢心，顺理成章应该成为曹魏后宫的皇后。可是事实却让很多人惊讶不已。曹丕仅封甄宓为“夫人”，却同时也封郭女王为“贵嫔”。

在曹魏初年后宫有夫人、昭仪等五等，后增为十二等，以贵嫔、夫人为最高，以下依次为淑妃、淑媛、昭仪、昭华、修容、修仪、婕妤、容华、美人、良人。贵嫔是曹丕新设立的等级，地位仅次于皇后。也就意味着此时郭贵嫔的地位已经超过了甄夫人。

更糟糕的是，此时的甄宓已经整整两年没有见过曹丕一面了。这时，人人都能看到甄宓的处境，也都知道曹丕对她的感情基本上已经所剩无几。想来，后宫中的诸位美人对甄氏这位正室的攻击不可能少了。

无法肯定地说，郭女王没有参与这些攻击，但以她的智慧与为人来看，她绝不是攻击得罪凶狠的那一个。毕竟，曹丕不是傻子，你攻击得越起劲，越有可能给他留下心肠歹毒的印象，深谙政治博弈的郭女王不可能不明白这一点。

在曹丕当上皇帝的第二年，守着活寡的甄宓便有了怨言，这些话不知怎的传到了曹丕的耳朵中，他勃然大怒，由洛阳遣使者前往甄宓独居的邺城旧宫，赐死了她。这还不算，曹丕还冷血地侮辱她的尸体，令将其尸体“被发覆面，以糠塞口”下葬。

可怜一个绝色美人，不但香消玉殒，连死都不得体面。

历来文人爱美人，甄宓恰是一位国色天香的绝世红颜，而人们又往往喜欢把这种罪责归于后宫争宠，一定要找个女人来背罪责。因此，郭女王似乎就成了甄宓死亡的罪魁祸首。然而事实上，就算郭女王有意争宠、迫害甄宓，倘若曹丕对她还有半点情义，她的下场也不会如此凄惨。说到底，还是多情女子遇到了负心汉。

不得不提的小叔子

说甄宓，就不能不提一提曹植，因为不管是野史、坊间传说还是影视作品，都爱把这两个人联系在一起，描绘出许多缠绵悱恻的故事来。那么，真实的历史上，甄宓和曹植之间到底有没有不足为外人道的小故事呢？

最早传出甄宓与曹植有不伦之恋的，是唐代李善在《昭明文选》中为《洛神赋》注解时讲的一个故事：

故事说，甄宓进入曹家以后，曹植以年龄小又不喜征战，遂得以与甄宓朝夕相处，两人日久生情，彼此爱慕。甄宓死后，曹植到洛阳朝见哥哥，曹丕拿出甄宓用过的金缕玉带枕给他看，曹植睹物思人，痛哭流涕。晚间，曹叡请叔叔吃饭。曹植看着侄子，想起甄宓之死，心中酸楚无比。饭后，曹叡就将金镂玉带枕送给了曹植。

在返回封地时，夜宿舟中，恍惚之间，遥见甄妃凌波御风而来，曹植一惊而醒，原来是南柯一梦。回到鄄城，曹植脑海里还在翻腾着与甄妃洛水相遇的情景，于是文思激荡，写了一篇《感甄赋》。曹叡继位后，为避母名讳，遂改为《洛神赋》。而曹叡对他那位才华横溢的叔叔，也有了仇视之心，因而

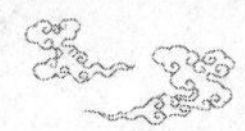

一而再再而三地转换他的封地，曹植四处漂泊，“恍如飘萍，不堪颠沛之苦，遂寂寂无欢而死”。后人有诗云：“君王不得为天子，半为当年赋洛神。”

这是个感人至深的故事，甚至连背景都交待得清清楚楚。然而从年龄上看，这个故事似乎并不成立。正史上，甄宓跟随曹丕那年，二十一岁，曹植只有十三岁，还是个什么都不懂的小屁孩。所以坊间“曹植先倾慕甄宓，只是被曹丕捷足先登”的说法，不太经得起推敲。

再看曹丕的态度。曹丕当上皇帝以后，对于曹植可以说处处提防，步步紧逼，巴不得找个借口将其置之于死地。就看这个情势，倘若曹植和甄宓之间有一丝说不清的瓜葛，他就绝不会有活路。

退一万步说，曹丕明知道自己的弟弟爱慕自己的媳妇，就算他大度不计较，和刘备一样“兄弟如手足，女人如衣服”，也不至于在甄宓死后，还把她的遗物拿出来给曹植看，硬生生把自己帽子上的颜色再染一染吧。

再说说曹叡，后世给他的评价是处事沉着、刚毅，明识善断，他即位不久就政由己出，使几个辅政大臣形同虚设。这样的一个人，怎么会拿着母亲的遗物送给传言有私情的叔叔？

要知道，曹丕和曹叡父子，可没有一个是智障。更何况，曹丕的小气、猜忌、心狠是出了名的，怎么可能容忍这样的事情。所以，甄宓和曹植有不伦之恋，可能性不大。或许是人们觉得，只有这样的才子，才能配上这样的佳人吧。

第六卷　奇人异事

白鹤高飞不逐群，天下人间一片云

三国里的人，不强活不成，一强就生出各种各样的雄悍人物，但更多的是俗世俗人。

还有一些人，不奇就不成，不奇不留名，这一奇，就演绎出了各种各样匪夷所思的事情。

三国第一“仙儿”：左慈

一个被仙化的真实人物

左慈，这个人在历史上是存在的，庐江郡人，《后汉书》《搜神记》《三国志》等都有关于他的记载，他的家乡至今还保留左慈的各种遗迹。左慈是个方士。方士，在当时社会是个非常特殊的群体，老百姓传言，他们善炼丹药，还有神通，而且往往很神秘。他们虽然很有名气，但并不属于名流，算得上是江湖人士。方士这个群体，大体就是道士的前身，而左慈在当时，应该是方士中的佼佼者。

左慈可能很有些本领，起码具有被当时人因不解而迷信的本领，比如炼丹、魔术一类，但肯定被夸张和虚构了。而且左慈这个人据说寿命很长，比绝大多数人都长寿很多，当时的人弄不清楚怎么回事，所以以讹传讹，众口铄金，就把他说成神仙了。

左慈这个人之所以能一直被人们记住，是因为在传说中他与当时顶尖的几个人都有交集，而且还都占了便宜，所以一直被人们津津乐道。

传说里，有一次左慈占星，预测出汉朝气数将尽，天下将要大乱，忍不住感慨道：“在这乱世中，官位高的更难保自身，钱财多的更容易死。所以世间的荣华富贵绝不能贪图啊！”于是隐居起来钻研道术，他在天柱山精修苦

炼道术，在一个石洞中得到一部《九丹金液经》(《三国演义》中为《遁甲天书》)，学会了使自己变化万端的方术。然后开始了一段神奇的旅程。

到底有多么神奇，多么玄幻？我们去看看。

三羊换命救吕蒙

传说，吕蒙二十岁那年，有一天神医华佗路过他家，察颜观色，诊断出他身患绝症。于是言明了自己的身份，然后劝吕蒙准备后事，说他最多还能活两年。吕蒙得知对方是神医华佗，又听说自己就两年寿命，惊骇之余，连忙长跪不起，求华佗救自己一命。华陀医者仁心，指点吕蒙，他说："你的病已不是我能治，你现在速去找管恪先生，管恪身有异术，你去求他说不定还有救。"吕蒙听后，不敢担耽，按照华佗给的地址急去找管恪。

管恪也是个热心肠，吕蒙前来求助，便满口答应，可仔细一推算，发现吕蒙天生短命，只有二十二年阳寿，不由尴尬不已。管恪虽号称神卜，但那是算卦的本事，并没有起死回生的能耐，只好坦言相告，自己无能为力。

不过他又告诉吕蒙，去买些羊回来，宰杀卤熟，带着羊肉去路边小亭等候。说今日中午，有一跛足独眼的老者从此经过，你必须请他进来吃羊肉，等他吃完，对他大礼参拜，求他救你。不言而喻，这个人就是左慈。

吕蒙依言，用尽所带银两买回三只羊，煮熟以后来到路边亭。中午时分，果见一跛足独眼的老者经过，便依管恪所教请老者吃羊，那老者也不客气，一口气将三只羊吃了个干净。吕蒙又如管恪所教，长跪不起，向老者求助。左慈听完吕蒙的话，对他说："如让我帮你延寿，我实在办不到，不过我也有

办法保你阳寿尽时不死，你只管回去，待你二十二岁生日时，我自会前来助你。”说罢，左慈化一阵清风去了。

吕蒙虽是半信半疑，却也无法，再去找管恪，不料人去楼空。无奈，吕蒙只好先回家。果然，刚过二十一岁，吕蒙便得了大病，而且一日比一日重，待快到二十二岁生日时，已经卧床不起。吕蒙此时只期盼那老头能信守诺言。

吕蒙生日的前一天，左慈果然来了，他也不多说话，只让吕蒙闭眼，吕蒙依言闭上眼睛，只听耳边风声作响。待再睁眼时，吕蒙已在一山洞内，洞内空无一物，也不知左慈何在，吕蒙怕自己一睡不起，也不敢睡觉。

吕蒙在山洞里待了一夜，天亮的时候发现自己还没有死，知道这生死关是闯过去了，喜出望外，出得洞外，见左慈坐在洞门口，便问其中缘由。左慈只告诉他，他借山洞的小千世界，帮吕蒙躲过了阴司勾魂，阴司遍寻不着吕蒙魂魄，害怕回去受责，已将他的姓名从勾魂牌上去掉。

之后吕蒙回家，发现时间已经过去了一个月，心中更是惊讶，他只是在山洞待了一晚而已。家人告诉他，他走后，家人常梦见官差到家中找他，就是找他不到。吕蒙始信左慈之言并非虚假。

手段神奇戏曹操

传说，曹操听闻人们传说左慈的故事，就把左慈召来，想留为已用。他宴请宾客，有意试探左慈的手段，于是笑着环顾各位宾客说："今日贵宾聚会，山珍海味大致齐备了。所缺少的，只是吴国松江中的鲈鱼做的鱼末子了。”左慈说："这容易搞到。”于是他要了一只铜盘，装满水。用竹竿安上了

鱼饵在盘中垂钓。一会儿，便钓出一条鲈鱼。曹操热烈鼓掌，宴会上的人都惊讶不已。曹操说："一条鱼不能使宴席上的宾客都吃上，有两条才好。"左慈就又下饵钓鱼，一会儿，又钓出一条，与前一条一样，都有三尺多长，新鲜可爱。曹操便亲自走上前去把它做成鱼末子，赐给宴席上的每个人吃。曹操说："现在已经搞到了鲈鱼，遗憾的只是没有蜀国的生姜作佐料。"左慈说："这也容易。"曹操怕他在近处买，就说："我过去曾派人到蜀国买锦缎，你可以命令别人去告诉我委派的人，让他多买二端（四丈为一端）。"左慈走了，一会儿就回来了，搞到了生姜，又对曹操说："在卖织锦的店铺里见到了您所派遣的人，我已命令他多买二端。"后来过了一年多，曹操所委派的人回来，果然多买了二端织锦。曹操问他，他说："去年某月某日，我在店铺里遇见一人，他把您的命令传达给了我。"曹操惊惧，暗中打算杀掉左慈。

曹操一起杀左慈的念头，左慈就知道了，就向曹操请求放他一条老命，让他回家。曹操说："为什么如此急着走呢？"左慈说："你要杀我，所以我请求你放我走。"曹操说："哪里哪里，我怎么会杀你呢。既然你有高洁的志向，我就不强留你了。"曹操为左慈设酒宴饯行，左慈说："我就要远行了，请求和您分杯喝酒。"曹操同意了。当时天气很冷，酒正在火上烫着，左慈拔下头上的道簪搅和酒，片刻间道簪都溶在了酒中就像磨墨时墨溶入水中一样。一开始，曹操见左慈要求喝"分杯酒"，以为是自己先喝半杯然后再给左慈喝自己剩的半杯，没想到左慈先用道簪把自己的酒杯划了一下，酒杯就分成了两半，两半中都有酒，相隔着好几寸。左慈先喝了一半，把另一半杯子给了曹操。曹操不太高兴，没有马上喝，左慈就向曹操要过来自己都喝了。喝完把杯子往房梁上一扔，杯子在房梁上悬空摇动，像一只鸟将向地上俯冲前的姿势，要落又不落，宴席上的客人都抬头看那酒杯，好半天杯子才落下来，但左慈也不见了。一打听，说左慈已回了他自己的居处，这一来曹操更想杀掉左慈，想试试左慈能不能逃过一死。曹操下令逮捕左慈，后来有知道左慈去

处的人密告给曹操，曹操又派人去抓，一抓就抓到了。

其实并不是左慈不能隐遁脱逃，是故意要给曹操见识一下他的变化之术。于是左慈让抓他的人绑上投入监狱。典狱官打算拷问左慈，却发现屋里有个左慈，屋外也有个左慈，不知哪一个是真左慈。曹操知道后更加怀恨，就命令把左慈绑到刑场杀掉。左慈却突然在刑场上消失了。于是命令紧闭城门大肆搜捕。有些搜捕者说不认识左慈，官员就诉说左慈一只眼是瞎的，穿着青色葛布衣扎着葛布头巾，见到这样的人就抓。不一会儿，全城的人都变成了瞎一只眼穿青葛布衣扎葛巾的人，谁也无法分辨哪个是左慈。曹操就下令扩大搜捕的范围，只要抓住就杀掉。后来有人见到了左慈，就杀了献给曹操，曹操大喜，尸体运到一看，竟是一捆茅草，再到杀左慈的地方找尸体，已经不见了。

刘表、孙策都被虐

传说，后来有人说在荆州看见了左慈，荆州刺史刘表也认为左慈是个惑乱人心的妖道，打算将他抓住杀掉。

刘表带着兵马出来炫耀，左慈知道刘表是想看看他有什么道术，就慢慢走到刘表面前说：“我有些微薄的礼物想犒劳你的军队。”刘表说：“你这个道士孤身一人，我的人马这么多，你能犒劳得过来吗？”左慈又重说了一遍，刘表就派人去看是什么礼物，见只有一斗酒和一小扎肉干，但十个人抬也没抬动。左慈就自己把肉干拿来，把肉一片片削落在地上，请一百个人拿酒和干肉分发给士兵。每个士兵三杯酒一片肉干。肉干吃起来和平常的味道一样，

一万多士兵都吃饱喝足，但酒器中的酒一点也没少，肉干也没吃光，刘表的一千多宾客也都喝得大醉。刘表大吃一惊，打消了杀害左慈的想法。

几天后，左慈离开刘表，来到东吴的丹徒县，拜访方士徐堕。徐堕门前有六七个宾客，还停着六七辆牛车。宾客骗左慈说徐堕不在家。左慈知道宾客骗他，就告辞走了。左慈走后，宾客们就看见牛车在杨树梢上走，爬到树上再看，牛车却没有了。下了树，就见牛车又在树上走。还有的牛车轮子中心的圆孔里长出了一尺长的荆棘，砍都砍不断，推车又推不动。宾客们大惊失色，急忙跑去报告徐堕，说有一个瞎了一只眼的老头来访，我们见他是个凡俗之辈，就骗他说主人不在，老头走后，牛和车就发生了这种怪事，不知是怎么回事。

徐堕一听说："啊呀，这是左慈公来拜访我，你们怎么能骗他呢！快点追，也许能追回来。"于是宾客们分散去追，追上左慈后都向他磕头谢罪。左慈消了气，就让客人们回去，他们回去一看，牛和车都恢复了原样。

传说孙策杀了方士于吉后，左慈去见孙策，孙策也想杀左慈。有一次，孙策想从后面给左慈一刀。左慈穿着木屐拿着个竹杖慢慢地走，孙策在后面手持兵器追赶却总也追不上，这才知道左慈有道术，不敢再杀他。

这大体就是左慈的神奇故事，是不是很玄幻，简直就是三国的魔术大师。也许有人会说，这怪力乱神的事情，怎么可能见载于正史？根本不可能发生！为《三国志》作注的裴松之对此提出了自己的看法，他说："这等神仙之术，高深莫测，我个人觉得这是迷惑众人的手段。"

三国第一愤青：祢衡

怀才不遇狂放子

祢衡年少时就有文采和辩才，但是傲得不行，喜欢针砭时事，除了自己，几乎不把任何人放在眼里。他说自己“天文地理，无一不通，三教九流，无所不晓，上可致君于尧舜，下可配德于孔颜”。这般自恋，整个三国独一无二。

兴平时期，祢衡在荆州避难，后到许都游学。当时许都刚刚建立，读书人、谋士，都从各地集中到这里。祢衡虽然有才名，但一直没有得到别人赏识，所以自认为怀才不遇，整天发牢骚。有人问祢衡说：“为什么不去投奔陈长文（陈群）、司马伯达（司马朗）？”祢衡不屑一顾：“我怎么能和杀猪卖肉的人结交呢！”

有人又问他：“荀文若（荀彧）、赵稚长（赵融）怎么样？”祢衡说：“荀文若可以借他的脸去吊丧，赵稚长可以让他管理厨房膳食。”

祢衡在许昌待了很久，只与两个人关系还好，一个是孔融，一个是杨修。他经常说：“我大儿子孔文举，小儿子杨德祖。其余的人平平庸庸，不值得提。”孔融也有文人的狂放气，并不在意祢衡的话，反而和他非常投缘。两人经常在一起聚会，喝多了就互相吹捧，祢衡夸孔融“仲尼复生”，孔融称祢衡是“颜回不死”。

屡次三番辱曹操

既然是好朋友，那就应该相互帮助，孔融见祢衡一直找不到出路，日子过得颠沛流离，就上疏向汉献帝推荐祢衡，并多次在曹操面前称赞他。曹操听过祢衡的名声，又有孔融的举荐，就准备见见他，但祢衡却端起了架子自称狂病，不肯前往，而且对曹操还多有狂言。

曹操派人再召，并决定给祢衡个下马威。他召集手下文臣武将，在府中设宴“款待”祢衡，见过礼后，曹操故意不给祢衡设座位。祢衡一下子就狂气勃发了，仰天大喊：“这天地之间，怎么一个人都没有！”这话明显是冲着所有人去的，在场的有一个算一个，谁听见了，就算骂到你了。

曹操生气归生气，还是决定以理服人，就说：“我帐下文武无数，皆是当世英雄，何谓无人？”

“那你倒是说说，你手下都有什么英雄？”祢衡直接和曹操较上了劲儿。

曹操骄傲地说道：“我手下荀彧、荀攸、郭嘉、程昱等人，皆是机深智远，那都是萧何、陈平之才；许褚、李典、乐进，勇不可当，比岑彭、马武还要厉害；吕虔、满宠为从事，于禁、徐晃为先锋；夏侯兄弟天下奇才，曹子孝世间福将。你怎么说无人呢？”

祢衡很轻蔑地一哼，“就他们？荀攸我看他只配看守坟墓，程昱守大门倒不错，郭嘉能念念诗词，张辽可以用来打鼓，许褚适合放牛，徐晃可用来杀狗等等。”这下子曹操帐下的人都想一刀剁了他，张辽刀都要拔出来了，曹操更是恨得牙根直痒痒，但因为祢衡的才气和名声，又不能杀他，否则会落下

不能容才的坏名声。

曹操听说祢衡擅长击鼓，就任命他为鼓吏。有一次曹操大宴宾客，检阅鼓吏们的鼓曲。各鼓吏上场前都脱掉原来的衣服，换上鼓吏的专门服装。轮到祢衡上场，他也不换衣服，径直来到场上演奏《渔阳三挝》，容貌姿态与众不同，鼓曲声音节奏悲壮，听到的人无不感慨。曹操找茬儿问祢衡，为何不按规定着装？祢衡也不答话，当场就脱衣换装，把自己脱得赤条条的。在场的男士连忙扭头，怕辣眼睛，女士都慌忙用袖子挡住自己的脸。曹操大骂祢衡无礼。祢衡反驳说："欺君罔上才是无礼，我露露父母给的这清白曼妙的身体就无礼了？"

曹操怒不可遏，问："你清白？谁污浊？"

祢衡大声回答道："你不识贤愚，是眼浊；不读诗书，是口浊；不纳忠言，是耳浊；不通古今，是身浊；不容诸侯，是腹浊；常怀篡逆，是心浊！小爷我是天下名士，你拿我当鼓吏用，和大奸臣阳货轻慢孔子，臧仓诋毁孟子没什么两样！你如此轻贱名士，还想成霸业？"

当时孔融在场，害怕曹操一怒之下斩了祢衡，连忙说："祢衡罪同胥靡，不能发明王之梦。"这里有个典故，传说殷高宗武丁梦见天赐贤才，醒来后派人寻找，结果找到奴隶傅说，于是任用他为大臣，辅佐国政，使殷朝兴盛起来。（胥靡：刑徒名，这里指服劳役的囚徒，也指傅说。）全句意思为：孔融说："祢衡的罪和傅说相同，只是不能引发您的求贤之梦。"曹操被孔融将了一军，想杀祢衡也不好杀了，于是作罢。

孔融回来严肃批评了祢衡，祢衡口头答应去给曹操赔罪。曹操得知还挺高兴的，心想终于驯服这头野驴了。祢衡倒是真来了，他穿着普通单衣、缠着普通头巾，手里拿着三尺长的大杖，坐在相府门口，用大杖捶着地大骂曹操。曹操气坏了，对孔融说："祢衡这小子，我杀他就像杀死鸟雀、老鼠罢了。但这个人一向有虚名，远近的人会认为我不能容他。"于是令祢衡前往荆

州为使，还表示，如果刘表来降，就让祢衡做公卿。祢衡当然不肯，曹操就让人准备三匹马，命令二个士兵夹持着祢衡，强行把他送到刘表那里去了。

独留狂骨在，魂兮不归来

刘表及荆州的文人们，早就知道祢衡的大名，对他的才学十分佩服，所以对他很不错，礼节周到，把他奉为上宾。刘表让祢衡掌管文书，荆州官府所有的文件材料，都要请祢衡过目审定，在工作上可以说对他放手任用，十分信任。但祢衡就是改不了他那目空一切的毛病。

有一次，祢衡外出，刚好有份文件要马上起草，刘表于是叫来其他文案人员，让他们共同起草。这帮人“极其才思”，好不容易把文件写好了，谁知道祢衡一回来，拿起文件草草看了一眼，说这写的什么玩意，狗屁不通，当面就给撕得粉碎，还给扔地下了。接着，他要来纸笔，一蹴而就重新写了一篇交给刘表。他写的这份文件因“辞义可观”，甚得刘表好感，但是却把刘表手底下的文案人员给得罪了个精光。

这还不算，渐渐地他又不把刘表放在眼里了，说起话来夹枪带棒、含沙射影的。刘表本来气量就小，自然不能容忍祢衡的放肆和无礼。但他也不笨，知道曹操是想借他的刀杀祢衡，他才不担这个恶名，于是又把祢衡打发到江夏太守黄祖那里去了。黄祖是个大老粗，性子急躁，刘表是想效仿曹操借刀杀人、

祢衡初到江夏，黄祖对他也很优待，也让他做文案工作，负责文件起草。祢衡也确实有能耐，凡经他起草的文件，孰轻孰重、孰疏孰亲，都处理得很

恰当。黄祖拉着祢衡的手说：“先生，你写的都合我的心意，和我心中要说的话一样啊。”

祢衡和黄祖的长子黄射相处得很不错，其实他要稍微收敛一点，对周围的人礼貌些，在这里就能过得很好。然而他又故态复萌：有一次黄祖在战船上设宴会，问祢衡许都有什么人物，祢衡还是那句，大儿孔文举，小儿杨德祖。黄祖又问：“你看我呢？”祢衡说：“你呀，庙中的神像，受祭祀，却不灵验。”意思是说，黄祖其实是一个木偶。这话说得黄祖在众宾客面前非常下不来台，于是骂他两句，他疯劲儿上来了，大骂黄祖是个“死老头”。黄祖非常生气，想要打他。祢衡更是大骂，黄祖气愤到极点，就下令杀祢衡。黄祖的主簿早就恨祢衡入骨了，生怕黄祖反悔，二话不说就把祢衡拉出去杀了。黄射得到消息后，顾不上穿鞋，光着脚跑来救祢衡，但还是晚了一步。事后，黄祖醒过味儿来，知道落入别人借刀杀人的圈套，也很后悔，可是人头已落地，只能将祢衡厚葬。

消息传到许昌，可把曹操乐坏了，说：“让你毒舌，自找死路，该！”

千百年来，人们把祢衡的死归罪于曹操，抑或刘表、黄祖，然而他的死又何尝不是自作自受。其实细分析，祢衡这个人是追求功名的，但又自视甚高，容不得别人对自己有丝毫的怠慢。他渴望得到当权者的赏识，又极力掩饰这种企盼。当现实不能吻合他的理想时，他就以扭曲的自尊心来对抗权力，不给任何人留有余地，最终，自己也没有了余地可走。

三国第一毒妇：孙鲁班

当年长公主，先后两丈夫

那时候孙权还年轻，纳了淮阴美女步氏，步氏为人温和，不骄不妒，宫中人都非常喜欢她。步氏虽不是孙权原配，却是孙权最宠爱的女人。然而，步氏并没有给孙权诞下麟儿，只生了两个女儿：孙鲁班与孙鲁育。也正因如此，孙权称帝时，想立步氏为皇后，遭到群臣反对，认为步氏一非原配二无子嗣，请奏立长子孙登的母亲徐氏为后。孙权拗不过满朝文武，索性就不立皇后了。虽然没有正式当上皇后，东吴宫中所有人、包括孙权都将步氏称作皇后。依步氏的为人来看，她生养的女儿品性应该也不会太差，可事实上她的长女孙鲁班，几乎可以说是三国中最恶毒的女人。

或许是因为步夫人的原因，所谓爱屋及乌，孙权对孙鲁班和孙鲁育也极为宠爱。

黄武年间，孙权为太子孙登聘娶周瑜之女为太子妃，又将周瑜长子周循召为孙鲁班的驸马。

周循，有这样一个堪称千古风流人物的爹，还有一个天香国色的妈，以及这样耀眼的家世，小伙子想必是当年东吴少女们心目中的白马王子，事实上，史书也记载，周循颇有周瑜之风，文武全才。

嫁了这样一个如意郎君，小姑子又极有可能是未来的皇后，夫君的前途可以说无可限量，自己的身份也将无比荣耀，孙鲁班这时一定是非常得意的。

然而，天有不测风云，事情说变就变了，美好的梦竟说破灭就破灭了。

先是丈夫周循结婚没多久就病死了，留下年纪轻轻的孙鲁班独守空房；接着，她觉得可以倚重的妹夫兼兄弟孙登，也死在了老爹孙权的前面。孙鲁班这时的世界应该是坍塌的，仿佛一下子成了被世界抛弃的女人。

孙权心疼女儿，不忍心她年纪轻轻守活寡，就又为她物色了一个丈夫。这个丈夫全琮也不错，其父全柔是孙氏宿将，也是世家。全琮本人富有谋略，年轻时便已远近显名，因功封卫将军、左护军、徐州牧，娶了孙鲁班以后，又一直做到大司马，其功名成就远在周循之上。因为嫁给了全琮，孙鲁班在史书上又有了一个“全公主”的称号。

事情发展到这个阶段，一切正常，孙鲁班如果安安分分地做个全夫人，东吴朝堂也许就会少了很多血腥，然而，一切从“二宫并阙”以后，彻底变了。

姑侄为奸，祸乱东吴

“二宫并阙”，前面我们讲过，是孙权老年时办的一件糊涂事，导致东吴朝堂朋党相争。当时支持太子孙和的，多是正人君子，其中就包括孙鲁班的妹夫、孙鲁育的丈夫骠骑将军朱据；支持孙霸的，多是皇亲国戚，比如孙鲁班母亲的娘家人步骘、孙鲁班的现任丈夫全琮、孙鲁班的堂侄孙峻等，这个孙峻和孙鲁班后来发生了很多难以启齿的故事。

按照阵营来看，孙鲁班应该是支持孙霸的。但不是，她两个都不支持，应该说，她两个都反对。问题就出在孙和和孙霸的母亲王夫人身上。

究竟是什么时候、什么原因，谁也说不清，孙鲁班与王夫人结下了不知什么仇、什么怨。估计是后宫女人之间一些鸡毛蒜皮的小事吧。总之，孙鲁班看王夫人很不顺眼，自然也觉得王夫人对自己很不友好，于是生怕王夫人的任何一个儿子当上皇帝，自己没有好果子吃，于是极尽挑拨之能事，在孙权耳边大说王夫人和太子的坏话。于是就有了“王夫人在孙权卧病时面露喜色”的故事。

赤乌十二年，全琮病死。和自己意见相左的丈夫死了，孙鲁班终于可以大展拳脚了。

这个时候的孙鲁班已然半老徐娘，再嫁高位权臣、世家子弟的可能微乎其微，她索性也不再嫁了，转而寻找“志同道合”的伙伴。

她的这个伙伴就是孙坚的弟弟孙静的曾孙孙峻，按辈分应该叫孙鲁班堂姑妈。孙峻这个人长得一表人才，年少时就显现出骁勇果敢，精明强干，胆大刚决的一面，又因为是皇族中人，很受孙权器重。不过孙峻的人品不咋地，他在东吴后宫出出入入，经常和孙权的侍妾乱搞男女关系，只是瞒得比较严实，老昏的孙权一直不知道。

孙鲁班和孙峻两个人，各有所图，看着对方也都顺眼，没什么扭捏和害羞就在一起了，做出来很多辣眼睛的事情，有违人伦，此处就不细表了。

这两个同样心肠狠毒的人躺在床上一商量，很快就在太子人选上达成了共识——皇七子孙亮。

因为被孙和和孙霸的事情闹得极为头疼，孙权这时已有了改立孙亮的想法，所以对孙亮很是留心。孙鲁班敏感地捕捉到了这个信号，于是和孙峻商议，由孙鲁班出面鼓动孙权将自己夫家人全尚的女儿小全氏嫁给孙亮，而全尚的妻子正是孙峻的姐姐，然后，两个人一里一外为孙亮唱赞歌。这样一来，

倘若孙亮登基为帝，两个人也就都有了靠山。

事情按照孙鲁班和孙峻的设想顺利地进行着，孙峻开始大肆攻击太子，力主立孙亮为储，孙鲁班时不时地就在父亲耳旁吹吹风。孙权这个时候年老昏聩，在“二孙”及其支持者的鼓动下，终于下了决心。

那一年，先是太子孙和被废，接着鲁王孙霸被杀，而后支持孙和的朱据被人暗中指使伪旨赐死，东吴朝堂自此血雨腥风骤起。至于指使者何人，后世推断很可能是孙峻和孙鲁班。朱据去世后。孙鲁育再嫁给车骑将军刘纂。

停不了的杀戮

废掉太子，除掉鲁王，并没有让孙鲁班停止她的政治杀戮。

孙权病重之时，对自己曾做过的蠢事感到非常后悔，想以“侍父疾”的名义，重新召回废太子孙和。孙鲁班自然百般阻挠，孙权只好作罢。

孙权死后，遗诏孙峻与诸葛恪、滕胤共同辅政。孙亮即位后，诸葛恪一度执掌朝政，他是孙和妻子张妃的舅舅，有传言说诸葛恪想迎立孙和。于是，孙峻暗中联合孙亮，将诸葛恪及其死党以赴宴为名诱入宫中，在宴席上将诸葛恪杀害，夷灭其三族。

孙鲁班与孙峻以诸葛恪事件为借口，剥夺孙和的王印玺绶带，将他流放到新都，又将孙和赐死。张妃不愿独活，自杀而亡，举国上下为之悲伤。

此时的孙鲁班和孙峻似乎已经杀红了眼，除掉孙和还不罢休，又将屠刀举向了自己的亲妹妹。

孙鲁育因为初嫁朱据，又被称为“朱公主”。朱公主遗传了母亲步夫人的

良好秉性，规规矩矩，和善温婉。只因当初和前夫一起支持过孙和，好心劝过姐姐不要因为一己私怨干涉扰国家大事，便在孙鲁班心里种下了仇恨的种子，成了眼中钉、肉中刺，同胞姐妹，竟欲杀之而后快。

机会终于来了！

五凤元年，故太子孙登之子孙英，因不满孙峻擅权，谋划除掉他，事情泄露后自杀；

五凤二年，孙峻的叔父孙仪与张怡、林恂等策划诛杀孙峻，事亦败，自杀。

孙鲁班趁机向孙峻举报，说孙鲁育也是主要参与者。孙峻二话不说，把孙权的亲女儿、堂堂的吴国公主也给杀了，杀完还不厚葬，草草埋在了吴国的乱葬坟石子岗。

孙鲁育的冤死，并没有给此事画上句号。

孙鲁育与前夫朱据育有一女，品性纯良，相貌出众，被孙权选为琅琊王孙休的王妃。孙鲁育出事的时候，孙休夫妇远在封地，并不知情。当噩耗传来，朱王妃哭得几乎昏厥过去。谁承想，这边正哀伤，那边已开始追查。逼得琅琊王不得不将妻子送上京城，接受审讯和盘查。送别路上，夫妻俩抱头痛哭，仿佛生离死别。

所幸朱王妃生性恬淡，从不参与政治事务，孙鲁班有斩草除根之心，却抓不住外甥女的把柄。孙峻虽然狠毒，但做事比孙鲁班还是公正一些，他认为朱王妃早已远嫁，和琅琊王远在千里之外，怎么可能参与她母亲的事呢？朱王妃这才躲过了这一劫。

这一次，穷途末路

太平元年，孙峻梦见被诸葛恪冤魂索命，惊惧发病而死，后事托付给堂弟孙綝，孙綝开始专权。逐渐长大的孙亮不甘受人摆布，对孙綝怨恨很深。

孙亮自幼多受孙鲁育照顾，与姐姐感情很好，当年姐姐被杀，他还是个孩子，无能为力，如今长大成人，便思索为姐姐翻案。孙亮知道孙鲁育之死与孙鲁班有关，便质问孙鲁班："你为什么说鲁育姐参与谋杀孙峻？"孙鲁班吓坏了，连忙扯谎说："我确实不知道实情，都是朱据的两个儿子朱熊、朱损告诉我的。"朱损是孙綝的妹夫，孙亮旧仇新恨一起涌上心头，借口降诏怒责朱熊与朱损。孙綝劝谏，孙亮不买他的账，派丁奉诛杀了朱熊与朱损。自此，孙綝和孙亮的矛盾完全激化。孙鲁班也不知道，这一次她捅了个马蜂窝。

孙亮欲摆脱孙綝的控制，暗中与孙鲁班、全尚、刘承谋划除掉孙綝。召全尚之子全纪千叮万嘱："你回去秘密通知你父亲，千万别让你母亲知道。她是孙綝的堂姐，又不明白国家大事，恐怕应为护短泄露军情。这就耽误大事了。"

全纪领命而去，告知全尚，然而全尚谋事不密，果然告诉妻子。全尚妻心疼弟弟，密告孙綝，孙綝连夜抓捕全尚，杀死刘承，废孙亮为会稽王，又改立琅琊王孙休为帝，是为吴景帝。

其后，孙亮的封地会稽传出谣言，说孙亮将返回建业复辟，而孙亮的侍从亦声称孙亮在祭祀时口出恶言。孙亮被再贬为候官侯，丧命于押送途中，死因不得而知。小全后独自幽居在候官二十余年，直到吴亡后才得以返回吴郡。

这个时候的孙鲁班失去了所有的靠山，而朝堂上掌权的，可以说都是她的仇人。

孙綝不杀孙亮夫妇，想来也不是因为心胸豁达、高风亮节，只是不想背上“弑君”的恶名罢了。但此时权倾朝野的他，要对付一个失了势的女人还不绰绰有余？于是，孙鲁班被孙綝政治流放，日子过成什么样可想而知。

不久后，孙休定计除孙綝，夷灭孙綝三族，又耻于与孙峻、孙綝同族，将二人族籍从族谱中削除，称之为“故峻、故綝”。随后，孙休下令，掘出孙峻棺木，取出其陪葬印绶，将棺木砍碎后直接将其尸体埋葬，以此追究他当年杀害鲁育公主的罪行。

这个时候，被残杀的孙鲁育终于平冤昭雪，她的女婿成了真真正正的皇帝，她的女儿成了堂堂正正的皇后，至于杀害她的罪魁祸首孙鲁班，会有怎样的结局？史书上没有详细记载，留给后人无尽的想象空间。

三国第一丑女：阮氏

吓得新郎不进房

诸葛亮的老婆黄月英，众口相传，是三国有名的丑女，同时，也是三国有名的贤妇。

据说黄月英长得又黑又小，一头黄发，身形猥琐，俗不可耐，因此得名

“阿丑”。但黄月英能诗善文，博学多识，相夫教子，勤劳持家，成就了诸葛亮“功盖三分国，名成八阵图”的千秋大业。

其实在三国时期，还有一个更加丑陋，但同样智慧非凡的女人，她就是魏国大臣许允的老婆阮氏。

阮氏有多丑呢？史书上没详说，但却把她与嫫母、钟无艳、孟光并称为中国古代四大丑女，其实力可见一斑。

据说，阮氏女结婚的合卺礼行毕，丈夫许允就再也没有进过新房，当真是被她的容貌惊到了。家人深深为此忧虑。正逢许允有客来访，阮氏命令婢女去探看，婢女回来后回报说：“是桓郎来访。”桓郎，就是桓范。阮氏一听桓范来了，很自信地说：“放心吧，桓郎一定会劝姑爷入房的。”

事情果然被阮氏言中了。桓郎对许允说：“阮家既然嫁丑女于你，应该别有深意，你最好仔细观察行事。”许允听了桓范的话，再一次跨进新房。但他一见妻子的容貌，拔腿又要往外溜。阮氏料想他这次出去再不会重新进房，便抓住他衣服的前襟不让他走。

许允就对她说：“妇有四德（封建礼教要求妇女具备的妇德、妇言、妇容、妇功四种德行），你符合几条？”

阮氏撇撇嘴，回答：“我除了长得不行，别的都行！但是男子有百种高尚的品行，您具备其中几种呢？”

许允自负地说：“我百行具备。”

阮氏立刻反唇相讥：“百行以德为首位，你喜欢美色，不欣赏美德，怎能称为百行皆备呢？”

一番话，说得许允小脸通红，心怀惭愧，从此夫妻相敬相爱，感情和睦，琴瑟和谐，阮氏还给许允生了两个大胖小子。

应对有策，料事有神

古语说，“以貌取人，失之子羽”。孔子因为子羽身材粗短，相貌丑陋，而且笨嘴拙舌，就觉得他不是学习的料，婉言拒绝收其为徒。子羽被孔子拒绝以后，回家就埋头苦读，培养自己的德行。数年以后，他到南方游历讲学，跟他求学的有三百多人。子羽的声誉传遍当时各诸侯国，可谓狠狠地打了孔子的老脸。

许允以貌取人，则差点失了贤内助。要说这个阮氏，真比一般妇女厉害了好几个档次，她不仅才思敏捷，能言善辩，而且洞察力极强，看事情总是很准，也很有韬略。

许允担任吏部郎时，选拔的官吏多是他的同乡，魏明帝曹叡因此遣虎贲卫士来抓他。许允被押出大门时，阮氏追了出来，告诫他说：“贤明的君主只能以理说服他，千万别装可怜求宽恕。”

许允被押上大殿以后，魏明帝质问他，许允用妻子教的方法，以理服人，不卑不亢地回答说：“孔子说过，要举荐你所了解的人。我的同乡就是我所了解的人。陛下可以考察看他们是否称职。如果不称职，我自愿请罪受罚。”魏明帝经过考察以后，确认任用的人都很适当，二话不说就把许允放了。他看到许允的衣服被弄坏了，还下诏赐给许允新衣服。

许允刚被抓捕时，一家老小都吓坏了，哭声不绝，只有阮氏镇定自若，还不断地安慰大家：“别担心，我老公一会儿就会回来的。”她还亲自下厨熬了小米粥，等许允回家吃饭。果然，没过多久，许允就安然无恙地回来了，还带回一套新衣服。

洞察福祸，救二子于水火

若干年后，镇北将军刘静去世，朝廷调许允为镇北将军，持朝廷符节都督黄河以北的各项军务。许允成了封疆大吏，眉飞色舞，高兴地对妻子说：“好日子就要来了，我终于可以不再担心有祸事发生了！”而阮氏却忧心忡忡，叹息说：“灾祸就是从此开始的，怎么说不会有祸事呢？”果然，又被阮氏一语言中。

许允临行前，新皇帝曹芳诏命宴会群臣，特别招引许允坐在自己身边。分别时，许允失声痛哭。这可就招了司马氏的忌恨，再加上他与“保皇党”李丰、夏侯玄等人交好，于是还没等他上路，司马师就授意别人弹劾许允放散公物，交廷尉治罪，许允最终死在流放乐浪的路上。

当门生跑来告诉阮氏这个噩耗时，阮氏正在织布，她听了没有哭，只是淡淡地说：“早知道会这样。”为了避免司马师杀害许家后人，仆人想把许允的两个儿子藏起来，阮氏摆摆手，不关孩子们的事，他们暂时没有生命危险。

后来，阮氏带着全家搬到许允墓地附近。司马师派钟会去祭拜许允。说是祭拜，其实是监视，试探一下许允的儿子们。司马师交代，如果许允儿子的才能赶上或者超过他父亲，就把他们抓起来。

许允的儿子为此咨询母亲，阮氏说：“你们虽然品行优良，但才能并不大，只管诚恳地和钟会说话，就没什么可担心的了。也不必太过悲伤，钟会不哭了你们也不哭了。还可以稍稍问一点朝中的事情。”儿子们按母亲说的话

去做了。钟会回去后，把情况告诉了司马师，许允的儿子们就幸免于难了。

许允死后，在阮氏的悉心教导下，长子许奇在晋武帝年间被提拔为祠部郎，司马炎称赞其才德，时论称其夷旷。次子许猛有治理才学，晋惠帝年间担任司隶校尉。

三国第一神医：华佗

盛名之下，地位卑微

现在看来，华佗在祖国医学界有着颇高的地位，但在他当时所处的时代，事实上华佗的地位并不怎么样。

华佗在正史中有传记，在陈寿《三国志》以及范晔《后汉书》中都有《华佗传》，这相较于绝大多数古代医者而言，是项难得的殊荣。但是，史书中对于华佗的家世、早年经历等，并没有确切记载。这是因为，在华佗生活的三国时代，医生的地位处于社会下层。这一点，从正史的两个传记中也可以看出，《三国志》将华佗收入《方技传》，《后汉书》则把他列入《方术传》。在古代，把从事医、卜、星、相类职业的人，统称为方士，也就是说，华佗当时的社会地位和占卜算命的那些人差不多。又加之，华佗生在那样一个诸侯争霸，军阀混战的时代，很多史料都已遗失，所以关于华佗的故事，我们只能更多地从民间传说中寻找答案了。

传说，华佗少年时代曾跟一位姓蔡的大夫学过医。他聪明勤奋，很得师父赏识。有一天，师父把华佗叫来，说道："你已学了一年，认识了不少药草，也懂得了些药性，以后就跟师兄们学抓药吧！"谁知，师兄们欺负他年幼老实，一杆戥秤你用过了我用，就是不让华佗沾手。华佗心想，若将此事告知师父，几位师兄必定会受到责怪；但不说又怎么学抓药呢？思来想去，还真让他琢磨出个办法——每当师兄们把药称完包好，他总要看着师父开单的数量，用手掂量一下药包，心里默默记着，等闲下时再偷偷将掂量过的药包用戥秤称量，对证一下。日久天长，手上的功夫越来越熟练了。

有一回，师父让华佗抓药，见他竟不用戥秤，抓了就包，顿时怒形于色，严厉斥责："你知道吗？抓药是人命关天的大事。你这样随手就抓，岂不是拿人的性命开玩笑！"华佗笑笑说："师父，错不了，不信你称称看。"师父半信半疑地拿过华佗包的药，逐一称了分量，竟然跟自己开的分量分毫不差！他又开了个新药方，让华佗再抓几服，结果还是准确无误。师父十分惊奇，反复询问华佗的好手艺是怎样练出来的。华佗见隐瞒不住，只好如实讲了。师父听了，激动地说："能继承我医道的，必定是华佗啊！"

外科手术之鼻祖

华佗首创用全身麻醉法施行外科手术，被后世尊之为"外科鼻祖"。他不但精通方药，而且在针术和灸法上的造诣也十分令人钦佩。华佗到处走访了许多医生，收集了一些有麻醉作用的药物，经过多次不同配方的炮制，终于

把麻醉药试制成功，他又把麻醉药和热酒配制，使患者服下、失去知觉，再剖开腹腔、割除溃疡，洗涤腐秽，用桑皮线缝合，涂上神膏，四五日除痛，一月间康复。因此，华佗给它起了个名字——麻沸散。

据日本外科学家华冈青州的考证，麻沸散的组成是曼陀罗花一升，生草乌、全当归、香白芷、川芎各四钱，炒南星一钱。

如果需要灸疗，也不过一两个穴位，病痛也就应手消除。如果病患集结郁积在体内，扎针吃药的疗效都不能奏效，应须剖开割除的，就饮服他配制的“麻沸散”，一会儿病人就如醉死一样，毫无知觉，于是就开刀切除患处，取出结积物。病患如果在肠中，就割除肠子病变部分，洗净伤口和易感染部分，然后缝好腹部刀口，用药膏敷上，四五天后，病就好了，不再疼痛。开刀时，病人自己并不感到疼痛，一个月之内，伤口便愈合复原了。

他所使用的“麻沸散”是世界史最早的麻醉剂。华佗采用酒服“麻沸散”施行腹部手术，开创了全身麻醉手术的先例。这种全身麻醉手术，在中国医学史上是空前的，在世界医学史上也是罕见的创举。

心理医生，养生大师

华佗善于应用心理疗法治病，有一郡守得了重病，华佗去看他。郡守让华佗为他诊治，华佗对郡守的儿子说：“你父亲的病和一般的病不同，有瘀血在他的腹中，应激怒他让他把瘀血吐出来，这样就能治好他的病，不然就没命了。你能把你父亲平时所做过的错事都告诉我吗？我传信斥责他。”郡守的

儿子说：“为了能治好父亲的病，有什么不能说的？”于是，他把父亲长期以来所做不合常理的事情，全都告诉了华佗。华佗写了一封痛斥郡守的信留下，郡守看信后，大怒，派捕吏捉拿华佗，没捉到，郡守盛怒之下，吐出一升多黑血，他的病就好了。

华佗也是中国古代医疗体育的创始人之一。他不仅善于治病，还特别提倡养生之道。他曾对弟子吴普说：“人体欲得劳动，但不当使极耳，动摇则俗气得消，血脉流通，病不得生，户枢不朽也。”华佗继承和发展了前人“圣人不治已病，治未病”的预防理论，为年老体弱者编排了一套模仿猿、鹿、熊、虎、鸟等五种禽兽姿态的健身操——“五禽戏”。

他的学生吴普施行这种方法锻炼，活到九十多岁时，听力和视力都很好，牙齿也完整牢固。五禽戏是一套使全身肌肉和关节都能得到舒展的医疗体操。华佗认为“人体欲得劳动……血脉流通，病不得生，譬如户枢，终不朽也”。“五禽戏”的动作是模仿虎的扑动前肢、鹿的伸转头颈、熊的伏倒站起、猿的脚尖纵跳、鸟的展翅飞翔等。相传华佗在许昌时，天天指导许多瘦弱的人在旷地上做这个体操，说：“大家可以经常运动，用以除疾，兼利蹄足，以当导引。体有不快，起作一禽之戏，怡而汗出，因以着粉，身体轻便而欲食”。

不耻下问的故事

传说，华佗成名以后，来寻他诊治的人非常之多。某日，有一年轻人前来看病，华佗询问检查过后得出结论：“你所患之病为头风病，药倒是有，只是药引子无法寻找。”

“需要用什么做药引子呢？”

“生人脑。”病人闻言吓了一跳，这药引确实无法寻找，于是，只得失望地回家了。

一段时间以后，年轻人又遇到一位老医生，老医生问他：“你可曾找人看过？”

“我找华佗看过，他说要用生人脑做药引。”

老医生摇摇头，说道：“不必非用生人脑，你去找十顶旧草帽，熬汤喝了就可以。记住，一定要找人家戴过多年的。”

年轻人依言而行，果然药到病除。

又一日，华佗偶遇年轻人，见他精神抖擞，不似有病模样，于是惊讶地问道：“你的头风病治愈了？”

“是啊，多亏了一位老先生。”

华佗将事情了解清楚，心里非常敬佩那位老医生。他决定向老医生请教，将他的经验学来。但他知道，如果人家知道他是华佗，肯定不会收为徒弟。于是，他将自己扮成一名普通人，跑到老医生那里当起了徒工。

直至三年以后，老医生外出，华佗在为人治疗疑难杂症时被老医生看穿了身份。老医生对华佗的好学精神极为钦佩，将自己多年的行医经验及所得偏方倾囊相授。从此，历史上便有了这样一段虚心求教、不耻下问的美谈。

死于“医患纠纷”

对于华佗，除了他妙手回春的医术，读者最关心的可能就是一代神医惨遭杀害的真相了。

华佗是曹操杀的，这一点毋庸置疑，见于正史，曹操也因此背上了千古骂名，但关于曹操杀华佗的原因，就出现了两个不同版本。

曹操有头痛的毛病，早年，他这病曾被人治好过，不过这个人不是医生，而是一个“文学家”，就是建安七子中的陈琳。史书记载，官渡之战爆发，陈琳作《为袁绍檄豫州文》，痛斥了曹操，言辞辛辣，骂人不带脏字，颇有鲁迅先生的风采。曹操当时正苦于头风，病发在床，结果一看到这篇檄文，惊出一身冷汗，翕然而起，头风顿愈。

头疼暂时是好了，但并没有根除，后期又再次发作。

这时有人跟曹操说，民间有一个叫作华佗的人，是个神医，药到病除。曹操一听，如同抓住了一根救命稻草，立马派人征召华佗，事情从这里开始，有了不同版本。

《三国演义》中说，华佗见到曹操以后，主张先服用“麻沸散”，然后用利斧劈开头颅，取出“风涎”。曹操一听华佗这个治疗方案，怒火冲天。认定华佗是想要为关羽报仇，在给他下套。于是二话不说将华佗投入狱中，最终将其杀之。这段记载，借助影视、媒体的影响，流传甚广。

但史学家认为，这是小说中虚构的情节，华佗能用“麻沸散”做外科手术不假，但从未有史料表明华佗要给曹操做开颅手术治病。史学家认为，华

佗真正的死因是冒犯并触怒了曹操。

曹操将华佗召来，留在身边。每次发病时，华佗就用针刺他的鬲俞穴，头痛马上就能止住。但华佗心系百姓，不愿做王公贵族的专用医生，于是谎称妻子有病，告假回家，任曹操怎么催促，就是不肯回来。曹操很生气，便派人去查看；如果他妻子真的病了，便赐小豆四千升，放宽假期期限；如果胆敢欺骗，就逮捕入狱。

结果，华佗的谎言被拆穿，随即被打入大牢，经审讯验实，华佗供认服罪（汉律：1. 欺君之罪；2. 不从征罪）。荀彧向曹操求情说："华佗的医术确实高明，关系着人的生命，应该包涵宽容他。"曹操说："不用担忧，天下就没有这种无能鼠辈吗？"终于把华佗在狱中拷问致死。死前，华佗曾将集毕生心血写成的医书交给狱卒，说："这本书可以用来救人。"狱卒不敢收，华佗也不强求，便将书一把火烧了。后来，曹操爱子曹冲病危，曹操悔不当初，叹息道："悔不该杀那华佗，要是华佗在必定能救我冲儿。"